Si vous pensez que j'ai révélé des secrets, je m'en excuse.
Si vous pensez que tout cela n'est qu'un tissu d'absurdités,
Prenez-y plaisir...

DRUGPA KÜNLEG
1455-1570

Für meine Livia zum Geburts-
tag, many, many happy returns

Dein

Georges, 5. Aug. 92

JERÔME EDOU   RENE VERNADET

TIBET

LES CHEVAUX DU VENT

Introduction à la culture tibétaine

PREFACE DE MAURICE HERZOG

Dessins de Carlo Luyckx

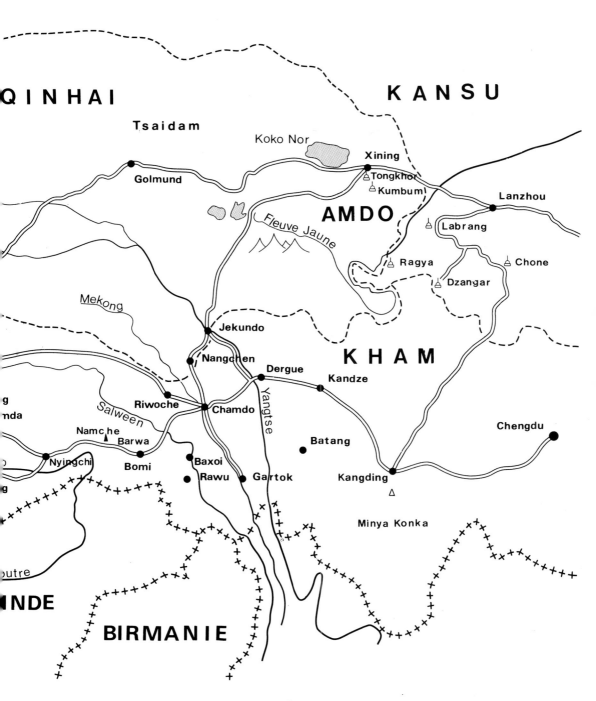

PREFACE

Il est plusieurs manières d'approcher la réalité. La plus directe pour notre esprit rationaliste, consiste à décrire ce que l'on voit. Bien sûr la méthode est quelque peu simpliste. Elle est évidemment la marque de notre éducation cartésienne.

Il est pourtant bien illusoire de procéder de la sorte. S'enrichir des méditations accumulées au cours des âges est un souhait ardent pour l'homme d'occident, dès l'instant qu'il est conscient de la finalité de son existence. Malheureusement le besoin absolu d'objectivité l'empêche de réaliser ce rêve.

Inquiets de constater qu'un domaine aussi déterminant de la connaissance échappe à notre analyse, nous supposons au surplus et bien à tort, que ces méditations ne sauraient s'ajouter générations après générations, mais seulement se répéter. Ainsi les plus hautes civilisations se trouvent condamnées car chacun sait que, faute d'évoluer, elles meurent.

Telles sont les réflexions suscitées en moi par René Vernadet et Jérôme Edou à propos de leur ouvrage « Tibet - Les chevaux du vent ».

Effectivement, celui qui ne fait que passer — ainsi puis-je désigner aussi aimablement que possible le touriste - ne retiendra de ce pays que les hauts plateaux inhospitaliers et les médiocres bâtisses où les « indigènes » se réfugient pour échapper à l'inclémence du climat. De la sorte, l'étranger trouvera-t-il à se repaître de la misère et de la saleté, synonymes dans son esprit d'authenticité. En passant, il versera une petite larme sur ces pauvres gens déshérités par le sort et, en revanche, vitupérera contre toute amélioration de leur condition de vie mettant en péril la couleur locale.

La vérité est ailleurs. On s'en serait douté après lecture de ce qui précède. D'ailleurs comment l'imaginer cette vérité ? On ne la découvre qu'avec son cœur. On ne la partage qu'avec son âme. Le monde sensible a donc des limites plus étroites qu'on ne le croit.

Nécessairement préparé et instruit de longue date, un voyage sur le Toit du monde ne constitue à mes yeux qu'un parcours spirituel. Si l'on accepte de bien réfléchir et de bien sentir, ces témoignages vous entraîneront, cher lecteur, dans une exploration dont la résonance vous amènera peut-être à vous reconsidérer vous-même.

Ai-je bien dit ci-dessus déshérité ? Non, il s'agit à l'inverse de richesses. Quelle émotion d'aborder une terre de sainteté pétrie par la foi d'êtres humains que la matérialité de l'existence ne semble aucunement concerner !

Puis-je suggérer à celui ou à celle d'entre-vous qui en accepterait l'idée de se laisser imprégner par ces textes et ces photos et, ce faisant, de bien vouloir avancer à petits pas ? Le respect est dû, cela va de soi, à ceux qui aspirent à une initiation. La période est fragile, chacun le sait. Au-delà des prémices cependant, la démarche sera plus assurée, et le risque d'une conviction morte-née, moindre.

René Vernadet et Jérôme Edou ont investi dans ces pages une part importante de leur raison de vivre. Comment ne pas les écouter avec la plus grande attention ? En faisant nôtre leur savoir et en participant à leur expérience, nous vibrerons en harmonie avec eux. Sous leur conduite et avec leurs conseils nous accomplirons un véritable pèlerinage.

L'axe de l'univers est au Kailas, la montagne sacrée où Shiva demeure. De leur côté, les bouddhistes voient dans ce sommet le nombril du monde. Ses contreforts baignent dans l'eau lustrale de ses lacs bleutés. Venus de lointaines contrées, les fidèles y procèdent à leurs ablutions rituelles. Ainsi se trouve exaucé le vœu le plus cher de leur vie.

Vous donc, qui quêtez aussi la beauté, la sagesse et la sérénité, pénétrez vous de ces mystères, à l'instar de ces hommes.

Il en sera ainsi, j'en suis convaincu.

Alors vous gagnerez la paix et la certitude de ceux qui aspirent à s'élever sans cesse. Alors vous éprouverez chaque jour davantage, compassion et tolérance pour les autres.

Votre joie intérieure sera à la mesure de votre détermination.

Maurice Herzog

Table des matières

Carte générale du Tibet

Préface de Maurice Herzog

Propos liminaires

Introduction

PREMIERE PARTIE

N.B. : *les encarts sont indiqués en italique.*

DEUXIEME PARTIE

- La vie monastique
  Le lama volant
- Yogis et poètes
- Les explorateurs
  Brèves considérations culinaires
- L'architecture
- L'art du Tibet
- Quelques repères iconographiques
- Introduction à la médecine tibétaine

TROISIEME PARTIE

Propos liminaires

1. Les chevaux du vent

Le cheval du vent est un animal mythique qui emporte, au gré du vent, les prières et les souhaits des Tibétains vers les divinités et les dieux protecteurs du Pays des Neiges. Dans la tradition, le cheval représente l'esprit qui chevauche le vent de la respiration et symbolise le processus qui conduit les yogis adeptes des Tantras vers l'Eveil des Bouddhas. Imprimés sur du coton, ces drapeaux de prières protègent les hauts cols de l'Himalaya, gardent les villages et les temples du Toit du Monde de tous les maux et déploient dans toutes les directions de l'espace les souhaits pour le bonheur de tous les êtres.

Image même de la fragilité du Tibet emporté dans le tourbillon de l'histoire, les chevaux du vent témoignent de la force d'esprit de tout un peuple qui, tel le roseau de la fable, s'est courbé dans la tempête mais semble aujourd'hui renaître des cendres que l'on croyait éteintes à jamais.

2. Mythes et réalités

L'ouverture récente du Tibet au tourisme nous a incités à écrire ce livre. Notre but n'était pas de faire un guide de voyage, mais de donner à ceux qui veulent se rendre ou qui s'intéressent au Toit du Monde, un certain nombre de clés culturelles pour comprendre de « l'intérieur » ses traditions et ses coutumes millénaires et sa situation actuelle.

Nous avons ainsi orienté nos recherches dans deux directions :
— Rétablir un certain nombre de vérités sur le Tibet et sur le Bouddhisme tibétain souvent mal compris des Occidentaux qui n'y ont vu qu'un ensemble de rites plus ou moins démoniaques et qui n'y ont vu qu'un peuple de Lamas aux pouvoirs surnaturels et un ensemble de rites plus ou moins démoniaques. En démythifiant une certaine vision de ce pays, souvent romancée et parfois délibérément détournée, nous avons essayé de

cerner le sens profond de certains comportements culturels. Ceci nous fut possible grâce à la connaissance de la langue, à un important matériel ethnograhique disponible et à la transmission vivante des enseignements traditionnels en Inde et en Occident, ensemble de données dont peu de voyageurs du passé pouvaient disposer.

— Etudier les transformations survenues au Tibet depuis trente ans, qui sans transition est passé, par la Révolution Culturelle, d'un système théocratique indépendant et sans contacts avec l'extérieur, à une société matérialiste, satellite du plus grand pays du monde.

Nous avons voulu apporter notre témoignage et celui des Tibétains d'aujourd'hui sur les changements intervenus au Tibet : la destruction du patrimoine culturel et religieux, la libéralisation survenue dans les années quatre-vingts, la reconstruction généralisée à laquelle on assiste aujourd'hui, et les remous politiques qui l'agitent encore.

En cette fin du deuxième millénaire, ce pays nous offre un exemple unique d'une société traditionnelle et authentique qui constitue le véritable « miracle » du Tibet, et une sagesse vivante, presque anachronique, face au nivellement des identités culturelles et à la pauvreté des perspectives philosophiques auxquelles nous assistons à l'échelle mondiale.

3. Guide culturel

Dans la dernière partie de ce livre, nous avons essayé de décrire les principaux centres culturels et religieux du Tibet, aujourd'hui. Il nous a semblé important de confronter notre expérience et nos impressions avec les témoignages d'autres voyageurs, les récits de moines ou de laïcs tibétains enregistrés au magnétophone et les carnets de pèlerinages du passé, afin de pouvoir établir un premier relevé des richesses disparues durant les trente dernières années, celles qui ont pu être préservées et les reconstructions en cours.

L'exposé que nous en avons fait ne peut en aucun cas être considéré comme exhaustif. Ce travail de longue haleine devra être poursuivi au fil des années, et nous espérons que cette première contribution servira de point de départ à d'autres recherches afin de préserver le patrimoine de l'une des plus anciennes traditions vivantes du globe et dont nous avons tant à apprendre.

4. Transcription et translitération

Hormis de rares textes profanes, la littérature tibétaine est avant tout une littérature religieuse. Les textes canoniques et de nombreux commentaires furent traduits du sanskrit, langue sacrée de l'Inde, dans laquelle sont exprimés les concepts fondamentaux du Bouddhisme. Dans la mesure du possible, nous avons essayé de préserver les termes sanskrits. Certains, comme guru ou yoga, sont passés dans le langage courant, d'autres moins connus seront repris et définis dans le glossaire. Pour faciliter la lecture phonétique et ne pas alourdir le texte, nous avons utilisé pour les termes sanskrits, la transcription la plus usuelle, sans tenir compte des altérations (Sri au lieu de Śr).

Nous avons préservé toutefois certains concepts ou noms de divinités en tibétain lorsque ceux-ci sont utilisés couramment dans cette langue (Chenrézig au lieu d'Avalokiteshvara). Nous avons préféré, comme pour le sanskrit, une transcription phonétique à la translitération officielle, en supprimant préfixes et suffixes, souscrites et suscrites lorsqu'ils ne sont pas nécessaires à la prononciation (Trulku au lieu de sPrul sku).

Pour la prononciation, nous avons choisi une transcription utilisée dans la plupart des langues européennes pour éviter les diphtongues parfois lourdes en français (Djamgœune Kongtroul devient Jamgön Kongtrul).

Quelques règle simples permettent de s'y retrouver :

sh	se prononce	ch	comme dans Shigatsé
j	se prononce	dj	comme dans Dorjé
ch	se prononce	tch	comme dans Chenrezig
u	se prononce	ou	comme dans Guru
ü	se prononce	u	comme dans Lü (le corps)
ö	se prononce	eu	comme dans Gönkhang
ph	ne se prononce pas	f,	qui n'existe pas en tibétain,
	mais bien	ph	comme dans Phurba (p expiré).

— (skt) : signifie que le mot est sanskrit.

— (voir) : renvoie au glossaire.

— (la Voie du Milieu) : renvoie au chapitre du texte.

* *
*

Cet ouvrage, malgré ses imperfections et ses erreurs est dédié à la XVIIᵉ incarnation du Gyalwa Karmapa.

J.E. et R.V.
Bruxelles, Chamonix, Lhassa.
Les années du Singe de Feu (1987)
et du Dragon de Terre (1988)

VAJRAYOGINI *(Tib. Dorjé Naljorma)*

Dansant sur un cadavre, elle transcende toutes les passions de la vie ordinaire. Cet être céleste (Dakini) est une divinité de méditation semi-courroucée. De sa main droite elle brandit la serpe, pour trancher l'attachement à l'ego et dans la gauche une calotte crânienne remplie de nectar d'immortalité. Au sommet de son crâne, elle porte une tête de truie et son corps irradie les flammes de la Sagesse. Les Tibétains l'appellent souvent Dorjé Phagmo.

Introduction

Dans la lumière vacillante des lampes à beurre, la paisible statue du Bouddha repose au cœur de Lhassa, dans l'intimité du temple du Jokhang. Jeux d'ombres et de lumières sur les ors, les cuivres, les turquoises et les coraux, odeur forte du beurre que des pèlerins aux visages illuminés de dévotion portent en file indienne vers le saint des saints, le cœur du Tibet, le temple des temples.

Il en vient de partout de ces pèlerins, à pied, à cheval, en camions ou même en se prosternant dans la poussière, à chaque pas, pendant des jours. Et ce, depuis treize siècles sans discontinuer, depuis qu'un roi tibétain, barbare et impie, s'est converti au Bouddhisme pour l'amour d'une princesse venue avec ses statues de la lointaine Chine impériale.

Dehors, aux abords du temple, la foule grouillante et bavarde prie ses dieux, négocie son ciel, essaie de survivre d'une poignée de farine d'orge, d'un morceau de beurre de yak... et d'espoir...

Assis à même le sol, ce groupe de nomades en pelisses de peaux, abîmé dans ses prières, est insensible à la foule qui déambule devant les échoppes multicolores remplies de babioles importées de Chine. Ici, des jeunes filles affables proposent des drapeaux à prières qui, bénis, protégeront les maisons de quelque lointain village. Là, des vieilles femmes alimentent en genévrier les fours à fumigation qui ceinturent le temple et la lumière incertaine du matin tisse dans les volutes de fumée odorante, un voile d'irréalité.

Lhassa ! Lhassa ! But que tant de caravanes impatientes ont découvert après mille dangers, mille nuits dans la froidure des hauts plateaux, mille prières récitées à la face du ciel. Lhassa, dont tant d'explorateurs ont rêvé sans jamais l'atteindre. Lhassa, la Thèbes de l'Orient que dominent les vertigineuses façades blanches, ocres et pourpres du Potala !

Le Dalaï-Lama a quitté le Tibet en 1959, après l'arrivée des troupes chinoises, mais il n'a pas quitté les cœurs ; aujourd'hui encore, quelques photos du Dalaï-Lama provoquent une émeute. A Drépung, près de Lhassa, des touristes irresponsables ou inconséquents durent se réfugier dans leur car sous les assauts des pèlerins à qui ils distribuaient des photos du Pontife. La foule surexcitée les poursuivit et c'est à l'hôpital que se termina l'incident pour un gamin qui était passé à travers les vitres du car.

Le Dalaï-Lama ! Depuis six cents ans les Tibétains lui ont donné leur âme. Ces âmes se sont terrées, se sont courbées pour laisser passer vingt-cinq années de présence chinoise, de massacres aveugles, de destructions imbéciles et de « réformes démocratiques », mais elles subsistent comme des forteresses, solides et lumineuses, tournées vers l'espoir de pouvoir un jour, avant de mourir, se prosterner devant le dieu vivant.

Quatre-vingts mille Tibétains choisirent avec le Dalaï-Lama le chemin de l'exil pour se réfugier en Inde, sur le versant sud de l'Himalaya. Durant la Révolution Culturelle (1966-1976), les frontières restèrent hermétiquement fermées tandis que le pays était laissé à la folie destructrice des Gardes Rouges. Durant cette période, des milliers de jeunes Tibétains furent envoyés dans les écoles chinoises puis renvoyés dans leurs villages pour faciliter l'acceptation par le peuple des « réformes démocratiques ». Si certains ont accepté de jouer le jeu de la Chine, la plupart ont rapidement rejoint la guérilla qui, pendant quinze ans, a tenu tête à la plus grande armée du monde. Ces guerriers, nomades pour la plupart, armés de couteaux, de sabres et de vieux fusils, opposèrent une résistance admirable aux troupes de Mao, bien entraînées mais peu motivées par une guérilla à plus de cinq mille mètres d'altitude. Combattants de la foi, sur leurs petits chevaux résistants et rapides, ce sont ces « Khampas », Tibétains de l'est, qui enlevèrent en plein cœur de Lhassa, le Dalaï-Lama, afin de le soustraire aux Chinois et le conduisirent sous bonne garde jusqu'en Inde où il vit encore aujourd'hui. Malgré les invitations pressantes du gouvernement chinois, le Dalaï-Lama a toujours refusé de rentrer à Lhassa tant que l'indépendance religieuse et politique du Tibet ne serait pas garantie par la Chine.

En mars 1988, devant le Parlement de Strasbourg, le souverain a reconnu officiellement la suzeraineté de la Chine sur le Tibet et proposé une conférence internationale en vue de faire du Tibet une zone de paix démilitarisée.

Des Dalaï-Lamas, il reste aujourd'hui le Potala, ce palais céleste qui défie l'imagination et les lois de l'architecture, succession sans fin de salles, de temples, de terrasses, d'escaliers, de dieux de bronze, de terre ou de plâtre, de fresques, de trésors et de brocarts que les siècles et les générations ont engrangés là, pêle-mêle. Et dans l'ombre des temples, l'œil des divinités paisibles ou courroucées scintille dans un océan de petites lumières et de beurre. A ses pieds s'étend la ville de baraquements, de tôle ondulée et de lignes électriques, œuvre dérisoire des hommes qui voudraient anéantir au Tibet le pouvoir des dieux qui y règnent depuis plus de mille ans.

Après l'élimination de la « Bande des Quatre », la politique de la Chine vis-à-vis des minorités a changé. Les frontières se sont entrouvertes aux Tibétains et aux étrangers, les communes agricoles ont perdu de leur importance et la terre fut rendue aux paysans qui s'empressèrent de remplacer le blé d'hiver, imposé par les Chinois, par l'orge dont on fait la fameuse Tsampa, plat national du Tibet ! Mais surtout, la liberté religieuse fut restaurée, quelques moines autorisés à rejoindre leurs monastères. Les temples, rendus au culte, accueillirent à nouveau pèlerins et croyants venant adorer les dieux et alimenter les myriades de lampes à beurre.

Aujourd'hui, on reconstruit le Tibet. Partout. Des villages entiers sont mobilisés, bénévoles pour la plupart, pour faire ressortir des ruines de l'oubli et des cendres, temples et monastères. Les menuisiers taillent les charpentes, les femmes battent au rythme de leurs chants les terrasses en terre, les artistes restaurent ce qui peut encore l'être et redonnent un visage aux divinités mutilées des sanctuaires. Les moines troquent la robe de bure pour le bleu de travail à la chinoise et participent au grand œuvre. Dans ce monastère, près de Tséthang, sur le Brahmapoutre, qui fut transformé en école, on nettoie les fresques qui ont servi de tableau noir à quelques générations d'écoliers et on efface les graffitis chinois !

Ironie de l'Histoire ! Il y a vingt-cinq ans, lors de l'arrivée des armées de Mao, des moines affolés laissèrent la construction de leur monastère et se précipitèrent chez l'abbé pour lui demander ce qu'il fallait faire : fuir ? Se cacher ? Se battre ? Protéger les trésors ? « Continuez à faire ce que vous avez entrepris, achevez la construction du temple, tout simplement », fut la réponse du Maître ! La roue de la vie tourne mais l'esprit demeure... Cependant, d'autres prirent les devants et s'enfuirent en Inde, emportant sur leurs yaks reliques et textes sacrés. Les Chinois eux-mêmes avaient vidé certains temples de leurs chefs-d'œuvre avant de les livrer à la barbarie des Gardes Rouges et, en mars 1986, lors des grandes fêtes du Nouvel An, célébrées pour la première fois depuis vingt-cinq ans en présence du Panchen-Lama, de nombreux camions arrivant de Chine rapportèrent quelques centaines de statues pour les replacer dans les temples principaux de Lhassa ! Est-ce dans le seul but d'attirer au Tibet les touristes occidentaux et leurs devises comme l'affirment certains ? L'enjeu semblerait par trop dérisoire quand il y va de la survie d'une culture, d'un peuple et de ses croyances profondes. Les Tibétains eux-mêmes ne peuvent répondre, mais tous s'accordent à reconnaître la libéralisation du système et s'en félicitent et, même si celle-ci est éphémère, ils entendent bien en profiter car leurs lamas leur ont appris depuis longtemps à séparer l'acte de ses fruits et à vivre l'instant présent.

Dément ? Inutile ? Sidérant en tout cas pour notre esprit cartésien, et on ne peut qu'admirer cette volonté et cette ferveur dignes des bâtisseurs de cathédrales au Moyen-Age, à mille années-lumières de notre univers programmé par la rentablité.

Comment ne pas aimer cette sagesse, d'un autre âge peut-être, mais qui nous remue du dedans ? Comment ne pas admirer et envier un peu ces pèlerins rencontrés au hasard des chemins et qui se sont offert, yuan après yuan, la route de la ville sainte après des années d'attente et d'économie ? Brinquebalés de camions en camions, de chaleur en poussière, ils parcourent le pays sans soucis des biens matériels et des souffrances endurées. Qu'importe puisqu'ils vont vers des renaissances meilleures qui les rapprochent de la grande libération prêchée par le Bouddha !

Après vingt-cinq ans de présence chinoise, il ne s'agit sans doute plus d'aller rechercher le Tibet d'autrefois, celui du R.P. Huc ou d'Alexandra David-Neel, ces aventuriers exemplaires qui, de caravane en caravane, de Tartarie en Mongolie ont bercé nos imaginations de mille et un mystères, de magie et de miracles. Ce Tibet-là est mort, ou peut-être ailleurs, mais un autre Tibet renaît de ses cendres, moins exaltant sans doute mais plus réel. Cette énergie du dénuement, cette âpreté à continuer d'exister, cette ferveur tenace sont des paradoxes accablants mais constituent aujourd'hui le véritable héritage du Tibet dont nul n'en revient indemne...

PREMIÈRE PARTIE

LE BOUDDHA SAKYAMUNI

C'est le Bouddha historique qui vécut en Inde au VIe siècle avant notre ère. Il est vêtu des trois robes des moines. De sa main droite, il « prend la terre à témoin » de son Eveil, de la gauche il tient le bol à aumônes des moines errants.

I — Du mythe à l'histoire

Les fils de la démone

Puisqu'il n'existe aucune chronique sur l'origine du Tibet et de ses habitants avant le VIᵉ siècle de notre ère, c'est vers les mythes bouddhiques et les légendes populaires que les Tibétains se sont tournés pour rechercher leurs racines.

Au commencement, selon la légende, le Bodhisattva de la Compassion, Avalokiteshvara (Tib : Chenrezig) s'incarna sur la terre sous la forme d'un singe qui ayant fait vœu de célibat vivait dans la solitude en pratiquant la méditation. Une démone, nommée Senmo, vivait seule elle aussi mais ne pouvant supporter sa solitude, elle passait son temps à pleurer, à chanter et à pleurer encore. L'ogresse était tellement tourmentée que le singe sortit de sa retraite pour la consoler et Senmo l'implora de l'épouser. Le singe fut pris de compassion mais il ne voulut pas briser ses vœux ni interrompre sa retraite. Cependant devant l'insistance de la démone, il se rendit au Palais céleste du Potala, la demeure d'Avalokiteshvara et lui demanda conseil. Le Bodhisattva lui dit que le temps était venu de renoncer à ses vœux et d'épouser Senmo.

L'ogresse et le singe se marièrent donc et de leur union naquirent six enfants qui, selon la légende, donnèrent naissance aux six tribus qui peuplent aujourd'hui le Tibet. Mais ces enfants et leur progéniture ne trouvèrent bientôt plus rien à manger sur les arbres si bien que le singe retourna au paradis du Polala où Avalokiteshvara lui donna six sortes de grains, l'orge, le blé, le sésame, le riz, le pois et la moutarde, pour nourrir sa nombreuse famille. C'est ainsi qu'apparurent au Tibet les premiers champs près de Tséthang dans la vallée du Yarlung. Bientôt la descendance du singe et de la démone fut si nombreuse qu'elle dut se séparer et se disséminer dans toutes les régions du Tibet où, progressivement, elle s'établit en familles et en clans.

Il est étonnant de constater que les Tibétains qui furent, sans aucun doute, des nomades éleveurs avant d'être des paysans sédentaires, attribuent l'origine de leur peuple à des agriculteurs par l'intervention surnaturelle de la divinité.

Bien que cette origine soit confortée par la découverte dans le Jokhang de Lhassa d'un pilier retraçant cette légende et datant du VIIᵉ siècle, il existe cependant une autre version : un chef militaire de l'Inde, à la suite de luttes pour le pouvoir, dut fuir le pays devant les armées du Pandava et se réfugier avec ses partisans au Tibet. Ils s'y installèrent et fondèrent ainsi les premières communautés. Cette hypothèse est appuyée par une lettre écrite cent ans après la mort du Bouddha, dans laquelle Shankara Pati décrit cet exode vers le Pays des Neiges. Selon cette version, le mot Phöd, nom que les Tibétains donnent à leur pays, et qui signifie « exode » en langage parlé, proviendrait de cet événement.

D'autres sources considèrent que le mot Phöd est dérivé du mot « Bön », qui est l'appellation de la religion primitive du Tibet qui prévalait avant l'introduction du Bouddhisme vers 650 de notre ère. En l'absence d'autres éléments, c'est, semble-t-il, vers la religion Bön qu'il faut se tourner pour trouver les racines de la civilisation tibétaine.

Il est en général accepté par les chercheurs occidentaux que le Bön primitif peut être assimilé au chamanisme, tradition de l'extase répandue dans toute l'Asie Centrale et la Sibérie.

Médiateur entre le monde des esprits et celui des hommes, le prêtre bönpo comme le Chamane était chargé dans la société primitive tibétaine d'assurer la protection des récoltes, de reconnaître dieux et démons, et de pratiquer les exorcismes.

Par la transe, il parcourt les mondes non humains et communique son verdict et ses prédictions à la société humaine. Il semble bien que très tôt, ces Bönpos aient exercé un pouvoir important à la cour des souverains dont ils assuraient la protection.

Le secret

A cette époque mythique, toutes les légendes s'accordent pour considérer les Tibétains comme des barbares sanguinaires. Vivant en clans séparés, ils s'étaient appropriés les régions qu'ils occupaient. Ces clans tiraient leur légitimité soit d'une ascendance surnaturelle, grâce à un ancêtre mythique descendu du ciel, soit par identification à une montagne sacrée. Mais lorsque cette légitimité ne suffisait plus à protéger leurs territoires, ces farouches cavaliers n'hésitaient pas à faire respecter par l'épée les pâturages de leurs troupeaux de yaks et de chevaux.

Pendant des siècles, cette réputation de barbarie va rester attachée au nom du Tibet que les habitants désignent eux-mêmes sous le nom de « Pays des Neiges ». Ces familles, vivant autour d'un seigneur, sans doute dans des forteresses, sur des pitons escarpés, resteront malgré l'apparition de la royauté, la plus grande force politique du pays, dont les intrigues et les luttes de pouvoir vont alimenter les chroniques jusqu'à nos jours.

Le premier roi recensé dans les écrits bouddhiques serait apparu au Tibet sous la forme d'un jeune homme, fils d'une noble famille indienne du Bihar. Selon la légende, qui lui attribue une origine divine, il serait descendu du ciel dans la vallée du Yarlung. Lorsque les paysans, intrigués par ses traits, lui demandèrent d'où il venait, celui-ci ne comprenant pas leurs paroles leur montra le ciel. Selon les croyances chamanistes et bön de l'époque, le monde des hommes était relié à celui des dieux par une corde magique. Les émanations divines pouvaient ainsi descendre sur terre et les âmes des chefs et des Chamanes, remonter vers les demeures célestes. Ainsi, lorsque le jeune homme indiqua le ciel, son origine divine ne fit aucun doute : les villageois le placèrent sur un palanquin et le ramenèrent dans leur village pour en faire leur chef. C'est ainsi que « Nyatri Tsenpo », « celui que l'on porte à l'épaule sur un trône », devint le premier roi du Tibet. C'est à lui que l'on attribue la construction de la forteresse de Yumbulakhang qui existe toujours près de Tséthang.

Selon Butön, historien tibétain du XIIIe siècle, Nyatri Tsenpo serait né en Inde en 416 avant notre ère. Les six rois qui lui succédèrent descendirent comme lui sur terre au moyen de cette « corde du ciel » et y retournèrent de même sans laisser de dépouille mortelle derrière eux : c'est pourquoi ils furent appelés les « Sept Trônes Célestes ». Bien qu'il soit impossible de situer cet événement dans le temps, avec le huitième roi de la dynastie, il semble que l'on entre de plain-pied dans l'Histoire. A la suite d'une querelle, un de ses ministres, par ses pouvoirs magiques, amena le roi à rompre la corde, l'empêchant ainsi de remonter au ciel à sa mort. Les prêtres durent donc imaginer d'autres moyens pour le sublimer et c'est à cette époque que des chroniques tardives font remonter les « débuts d'un corps unique de rites bönpo, dont une si grande partie est consacrée à la mort et aux forces qui la déterminent » (1).

---

(1) NORBU *Le Tibet*, p. 126, Stock 1968.

Le deuxième grand événement qui marqua cette époque, fut le règne du vingt-huitième roi, Thothori Nyantsen qui serait né aux alentours de l'an 170 avant notre ère. A l'âge de soixante ans, alors qu'il demeurait dans son palais de Yumbulakhang, il reçut miraculeusement du ciel un coffret renfermant des textes bouddhiques, concernant le culte d'Avalo-kiteshvara, la divinité de la Compassion, ainsi qu'un petit Stupa en or. Ces textes étant sans doute écrits en sanskrit, personne ne fut capable de les déchiffrer et le roi les appela le « Grand Secret ». Ceux-ci furent donc scellés et le roi prédit que quatre générations après lui, un autre roi apparaîtrait qui serait capable de les traduire pour l'édification et le bonheur de son peuple. Cette scène du « secret » est toujours décrite sur le mur latéral du temple supérieur de Yumbulakhang.

Cet événement est considéré par tous les auteurs comme le premier acte de propagation de la « Sainte Doctrine » au Tibet.

Pour l'amour d'une princesse...

Alors que la Chine voyait l'avènement de la dynastie Tang, le Tibet entrait dans l'Histoire avec l'avènement du trente-troisième roi, le premier grand monarque tibétain, Songtsen Gampo (567-649).

Adepte du Bön comme ses prédécesseurs, le roi se révéla un chef militaire hors du commun. Sous les sabots des chevaux de ses guerriers, il soumit les clans et les roitelets du Tibet central, étendit son influence vers la Chine et conquit les régions de l'Ouest, le Kailash et le Ladakh ainsi que les grandes plaines du Nord (Chang Thang), soumit le Népal et atteignit l'Inde septentrionale.

Fort de ses conquêtes militaires, et afin d'établir son pouvoir politique, le roi épousa une princesse népalaise de la région de Banépa. La princesse Bhrikuti Devi, bouddhiste fervente, apporta dans sa dot plusieurs statues de valeur. Le roi ayant, à cette époque, quitté le Yarlung pour s'établir à Lhassa, se fit construire une forteresse sur la Colline Rouge (Marpo Ri) à l'emplacement de l'actuel Potala. Pour abriter les statues de la reine, il fit venir du Népal des artistes qui érigèrent au cœur de Lhassa, le temple du « Tsuq Lhakhang » connu aujourd'hui sous le nom de Jokhang, la demeure du Maître, le premier temple bouddhiste jamais construit au Tibet.

En 640, après avoir envahi les provinces chinoises du Setchuan et du Kansu, les armées tibétaines forcèrent l'empereur de Chine à signer un traité de paix humiliant. Une de clauses stipulait le mariage d'une princesse de la maison royale avec le jeune monarque Songtsen Gampo. Par la suite, l'empereur chinois refusant d'honorer ses engagements vis-à-vis de ce roi barbare et inculte, Songtsen Gampo entreprit une campagne militaire afin de forcer sa décision. Puis, fort de ses succès, il envoya son ministre Gar Tongsen à la cour impériale afin de négocier le mariage et de ramener la princesse au Tibet. L'empereur dut finalement accepter le marché, mais à la condition que le ministre Gar passe avec succès quatre épreuves.

La première épreuve consistait à réunir cent poulains à leur mère respective, juments et poulains étant séparés par un mur. Gar fit une ouverture entre les enclos et chaque poulain rejoignit sans hésiter sa mère.

Pour la deuxième épreuve, le ministre tibétain dut reconnaître sa propre chambre dans une immense demeure où toutes les pièces étaient identiques et où lui-même n'avait passé qu'une seule nuit : laissant brûler un bâton d'encens, il n'eut aucun mal à la retrouver.

Il devait, pour la troisième épreuve, passer un fil dans une perle de corail dont le trou était étroit et sinueux. Il attacha le fil à la patte d'une fourmi et un peu de miel motiva l'insecte pour qu'il trouve l'autre extrémité…

Gar avait triomphé des trois premières épreuves. La quatrième était beaucoup plus délicate : il devait en effet reconnaître la princesse Wencheng parmi cent jeunes filles vêtues de façon identique et sans l'avoir jamais vue auparavant. Gar avait voulu prendre contact avec la servante de la princesse pour qu'elle l'aide mais cela lui était interdit. A l'aide d'une longue paille passant par le lit de la rivière, il put cependant communiquer avec elle sans se faire remarquer. Elle lui indiqua que les fleurs du chapeau de la princesse seraient naturelles, tandis que les chapeaux des autres jeunes filles ne seraient ornés que de fleurs artificielles. Lorsque les jeunes filles défilèrent devant lui, Gar n'eut plus qu'à observer vers quelle jeune fille se dirigeaient les abeilles et il put ainsi découvrir la princesse ! L'empereur, devant son intelligence, ne put que tenir sa promesse et Gar ramena la jeune fille au Tibet.

Wencheng était, comme la princesse népalaise, une bouddhiste convaincue. A sa demande, Songtsen Gampo fit construire à Lhassa un autre temple pour abriter la grande statue apportée de Chine par la princesse, le « Jowo », représentation du Bouddha historique. La statue fut déposée au cœur du Ramoché dont l'entrée est tournée vers l'est, vers la Chine. Plus tard, cette statue a été transportée dans le Jokhang où elle se trouve toujours aujourd'hui.

Le règne de Songtsen Gampo fut marqué par un développement culturel, social et religieux sans précédent au Tibet. Se rendant compte de l'importance de l'écriture et sous la pression de ses deux épouses royales, le roi envoya en Inde un de ses ministres, Thönmi Sambhota, pour y étudier le sanskrit et réaliser la prophétie concernant la traduction de textes révélés au Yumbulakhang. Après des années, passées notamment au

Cachemire, Thönmi retourna au Tibet et composa un alphabet inspiré de ceux en usage en Inde, mais ne comportant que trente consonnes. En quelques années, cet alphabet fut adopté dans tout le pays et le roi l'utilisa pour ses édits. Le roi qui, lui-même, s'était converti au bouddhisme, étudia l'écriture et les textes. La tradition nous raconte qu'il fut un grand traducteur et qu'il enseigna le Bouddhisme à son peuple.

Ce mouvement intellectuel fut le point de départ de contacts culturels avec les autres voisins du Tibet, et notamment la Chine où de nombreux étudiants furent envoyés pour approfondir les sciences, la littérature et les arts. Ils rapportèrent de Chine le ver à soie, les techniques d'irrigation, l'astrologie et surtout la médecine.

Sur le plan social, Songtsen Gampo fit une loi des « dix préceptes d'or du Bouddha » et promulga un code civil en seize points régissant la vie sociale et religieuse du pays, condamnant le meurtre, le vol et l'adultère.

Ainsi, faisant suite aux conquêtes militaires de ses pères, Songtsen Gampo établit fermement son royaume comme une des plus grandes puissances d'Asie. Cependant, si le Tibet sortit progressivement de la barbarie guerrière et connut sous son règne éclairé un essor intellectuel remarquable, le Bouddhisme restait le fait de quelques-uns et le peuple demeurait fidèle au Bön. A sa mort en 649, à l'âge de quatre-vingt-deux ans, la légende nous dit qu'il fut absorbé dans une statue d'Avalokiteshvara placée dans le Jokhang et depuis lors, celui que l'on a coutume d'appeler le Père du Tibet et du Bouddhisme, est considéré par tous les Tibétains comme une émanation de cette divinité qui devint le Saint Patron du Tibet. C'est la raison pour laquelle ce roi est toujours représenté avec un Bouddha dans son chignon.

Sa tombe fut retrouvée au Yarlung dans la vallée de Chongyé par le tibétologue italien Tucci.

La fondation de Samyé

1 — Padmasambhava

Durant la période qui suivit la mort de Songtsen Gampo, si les échanges culturels avec la Chine se perpétuèrent, le Bouddhisme rencontra au Tibet de nombreux opposants, les Bönpos d'abord et la branche chinoise de la famille royale peu favorable à l'introduction de pratiques tantriques venues de l'Inde. Mazang, un puissant ministre bönpo, ordonna des déportations de moines et fit enlever la statue du Jowo de Lhassa. Il trans-

PADMASAMBHAVA

Maître indien des Tantras, il est, au Tibet, appelé Guru Rinpoché et considéré comme le second Bouddha. En pacifiant les démons du pays il permit l'établissement du Bouddhisme Tantrique au Tibet et la construction de Samyé (VIIIᵉ siècle)

forma les temples en boutiques et en entrepôts, mais la légende raconte que lorsque les moines chinois du Ramoché furent contraints de quitter le pays, l'un d'eux oublia une de ses chaussures et déclara : « La Doctrine du Bouddha retournera au Tibet ! ».

Le roi Trisong Détsen (755-797), arrière-petit-fils de Songtsen Gampo, succédant à son père Mé Agtshom, le « vieux poilu », décida de reprendre l'œuvre de son ancêtre. Bouddhiste fervent, il patronna de nombreuses traductions de textes chinois et envoya un de ses ministres, Ba Salnang, au Népal et en Inde pour inviter le grand érudit Shantarakshita de l'université de Nalanda, à venir enseigner au Tibet.

Shantarakshita, qui était sans doute le moine bouddhiste le plus marquant de son époque, fut accueilli au Tibet par le roi lui-même. Il enseigna dans le palais du Marpo Ri, la Colline Rouge, mais le bâtiment fut frappé par la foudre et les opposants Bönpos prétendirent que les dieux du Tibet étaient irrités et qu'il fallait chasser le maître indien. Shantarakshita se rendit compte que la puissance des Bönpos empêchait la propagation de la doctrine bouddhique et il retourna au Népal non sans avoir suggéré au roi d'inviter le grand maître tantrique Padmasambhava, seul capable selon lui de faire face aux obstacles qui empêchaient le développement de la foi bouddhique au Tibet.

Padmasambhava « Né du lotus », que les Tibétains appellent Guru Rinpoché était un grand yogi de l'Inde. Originaire de la vallée de Swat, il était connu pour ses miracles et ses pouvoirs supranormaux. Son approche de la religion incluait des rituels tantriques proches des techniques de magie utilisées par les Bönpos. Du fait qu'elle se rapprochait des conceptions en vigueur dans le pays, sa doctrine fut sans doute mieux acceptée par une grande part de la population liée au Bön que les enseignements dépouillés de ses prédécesseurs indiens.

Le roi tentait depuis longtemps de construire un monastère à Samyé, au sud-est de Lhassa, mais chaque nuit, le travail de la journée était détruit par des tremblements de terre et autres maléfices. Padmasambhava accepta de relever le défi des démons du Tibet. Le roi envoya donc son ambassadeur Bhanadéva à Lhassa avec une escorte de cinq cents cavaliers, pour accueillir le guru. Toute la troupe souffrait de la chaleur et les puits étaient à sec : le guru mit son bâton sur un rocher et dit : « Bhanadéva, l'eau va jaillir, tends un bassin ! ». Et l'eau coula aussitôt...

Sur les rives du Brahmapoutre, près de Samyé, le roi, entouré de sa cour, venant à la rencontre de Padmasambhava attendit que le guru le salue le premier, mais celui-ci pensait : « Ce roi est grand par son lignage mais je suis un « Bouddha en une seule vie », affranchi de la naissance et de la mort, invité ici par nécessité. Si je m'incline devant lui, la majesté de la Doctrine sera froissée. »

Il dit au roi :

> « *Je suis le Bouddha Issu-du-Lotus,*
> *Je suis Padmasambhava la Loi Sainte,*
> *Et toi, roi du Tibet barbare,*
> *Roi de la terre sans vertu,*
> *Hommes frustes et ogres t'entourent.*
> *T'appuyant sur les serfs de la famine,*
> *Tu n'as ni joie ni bonne humeur. (...)*
> *Tu es roi, tes poumons se dilatent,*
> *Grande est ta puissance, ton foie est content.*
> *Sceptre en main, hautain, tu es haut.*
> *Mais moi, Sire ! Je ne te salue pas.* »

Il dit, tourna ses mains et de son doigt jaillit une flamme miraculeuse qui brûla les habits royaux. Roi, ministres et courtisans n'y purent tenir. S'inclinant tous ensemble, ils saluèrent comme roulant à terre...(1)

Le roi fit amende honorable en comprenant la puissance du guru qui lui ordonna, pour racheter sa faute, de construire en ce lieu des stupas que l'on peut toujours voir de nos jours près de Samyé.

Padmasambhava exorcisa les démons qui empêchaient la construction du temple puis les subjugua en leur faisant promettre de servir la doctrine du Bouddha. C'est ainsi que le premier monastère du Tibet appelé « le Temple immuable et spontané », aujourd'hui appelé Samyé, fut achevé en 791.

Le guru voyagea dans tout le pays, asservissant les démons et propageant les enseignements tantriques qui constituèrent la première diffusion du Bouddhisme au Tibet. Elle donna naissance aux Nyingmapas ou école des Anciens.

2 — Le débat

Le monastère de Samyé devint bientôt un centre d'étude du sanskrit et un atelier de traduction important. Sept garçons de noble famille, choisis par le roi, y furent ordonnés moines sous la direction spirituelle de Shantarakshita. Cependant, deux tendances doctrinales opposées commençaient à s'affronter au sein même du Bouddhisme au Tibet, si bien que le roi lui-même dut intervenir ; il provoqua donc un grand débat théologique où chacune des parties en présence pourrait défendre son point de vue mais à l'issue duquel le perdant devait quitter le pays.

---

(1) Toussaint J.C., *Le Grand Guru Padmasambhava* Editions orientales, Paris, p. 254 et ss.

Ces débats eurent lieu à Samyé entre 792 et 794 en présence du roi. Le moine Hoshang fut chargé de défendre la thèse chinoise tandis que Kamalashila, invité par Shantarakshita, devait supporter la cause du Bouddhisme indien.

Cet antagonisme n'était pas seulement religieux mais politique. Le débat portait sur l'interprétation de la voie spirituelle du Mahayana et sur les moyens de parvenir à la libération ultime prêchée par le Bouddha. Pour les défenseurs du système apporté de Chine par les prédicateurs proches du Taôisme, les êtres sont déjà des Bouddhas, c'est-à-dire des êtres éveillés, même si ce potentiel n'est que latent. Comme la vérité ultime et la vérité relative sont coexistantes et facettes d'une même réalité, il n'y a pas lieu, sur le plan doctrinal, de « s'efforcer » d'atteindre cette libération, ni de pratiquer la vertu. Cette approche contenue dans les textes du Mahayana venait du Tch'an et donna naissance à la philosophie du Zen au Japon.

Pour l'école indienne, au contraire, même si le point de vue chinois se trouvait dans les textes, il était cependant nécessaire de se purifier des actes négatifs, de pratiquer les vertus telles que la générosité ou la patience et de développer la compassion afin de pouvoir révéler cette nature de Bouddha qui est en chaque être.

Dans la querelle, il semble en fait que le roi, connaissant les tendances belliqueuses de son peuple et craignant que le point de vue chinois ne favorise la paresse, ait été plus favorable à l'école indienne qui prônait la vertu et l'effort.

Lorsqu'on assiste aujourd'hui à des débats théologiques dans les monastères, on peut imaginer les scènes qui pendant deux années opposèrent les orateurs, en présence du roi, de la cour, de nombreux moines et d'une foule, ignorante sans doute, mais prête à s'enflammer, ponctuant les joutes de cris et de rires, ou assistant silencieuse aux instants solennels, tandis que se jouait le sort de la religion du Tibet...

Ce fut finalement le maître indien Kamalashila qui l'emporta et le roi proclama le Bouddhisme de l'Inde « religion d'Etat » au Tibet. Les représentants du clergé chinois durent se retirer. De grandes réjouissances accompagnèrent cette proclamation qui célébrait aussi l'achèvement de Samyé et l'établissement de l'ordre monastique au Tibet. Ces événements nous sont rapportés par un pilier de Lhassa datant de Trisong Détsen.

A sa mort, vers 797, ses fils lui succédèrent mais leurs règnes furent de courte durée et en 815, Ralpachen monta sur le trône. Durant son règne, le sanskrit fut reconnu comme langue religieuse officielle et l'effort de traduction des textes sacrés, entrepris à Samyé, se poursuivit. Le roi signa d'autre part un traité d'amitié avec la Chine et trois piliers furent érigés en 822 pour sceller cette amitié, l'un en Chine, l'autre à la frontière et le troisième à Lhassa devant le temple du Jokhang où il subsiste aujourd'hui. On peut toujours lire :

« ... Le Tibet et la Chine garderont les frontières qu'ils possèdent actuellemnt. Tout à l'Est est le pays de la grande Chine, tout à l'Ouest est le pays du grand Tibet. Désormais, de chaque côté, il n'y aura ni hostilité, ni guerre, ni prise de territoire. »

Le roi lui-même devint moine mais les privilèges accordés à l'ordre monastique suscitèrent une vive opposition parmi les défenseurs du Bön. Une sorte de taxation pour subvenir aux besoins des moines semble avoir abouti finalement à l'assassinat du roi.

Son frère aîné, Langdarma, accéda au trône royal soutenu par une coalition de ministres pro-bönpos. Les chroniques bouddhistes attribuent à Langdarma la destruction de la religion du Bouddha : les temples furent pillés et fermés, les moines dispersés, forcés de se marier ou d'embrasser la religion Bön. Après quelques années de règne (six ou treize selon les sources), le roi Langdarma fut assassiné à son tour par le moine Lhalung Palgyi Dorjé.

Dans la grotte où il s'était réfugié pour fuir les persécutions, le moine aurait eu une vision lui ordonnant d'assassiner le roi et lui indiquant les moyens d'y parvenir. Dans les replis de son vêtement, noir à l'extérieur et blanc au-dedans, il dissimula un arc et des flèches. Puis, monté sur un cheval blanc, teint en noir, il se rendit à Lhassa durant la danse des chapeaux noirs à laquelle assistait le roi. Se mêlant aux danseurs, il tua le souverain et, profitant de la confusion, s'échappa vers la rivière. Il retourna son habit, l'eau nettoya son cheval qui retrouva sa robe blanche. Déjouant ainsi les recherches, il s'enfuit en Amdo pour se repentir de son crime.

Ainsi s'achève la période royale du Tibet. Le pays, livré aux luttes de succession des descendants de Langdarma, se divisa et les ennemis en profitèrent pour reprendre les territoires conquis. Une longue période de déclin s'ensuivit pour le Pays des Neiges.

Légendes des photos des pages 35 à 46

1 — *Le Palais du Potala, résidence des Dalaï-Lamas.* (Ph. : J. Edou)

2 — *Le Potala : jeux d'ombres et de lumières* (Ph. : J. Edou).

3 — *Le Potala. Détail du Palais Rouge, qui abrite la partie religieuse du bâtiment* (Ph. : Ass. Regard. V. Ohl).

4 — *Yumbulakhang : première forteresse construite au Tibet (Vᵉ siècle), siège de la première dynastie royale* (Ph. : Ass. Regard. N. Jaques).

5-6 — *Pèlerins dans les rues de Lhassa : récitation des textes sacrés et rituels sur le Barkhor.* (Ph. : J. Edou).

7 — *Pèlerins de l'Amdo, rencontrés au hasard des chemins...* (Ph. : N. Jaques).

8 — *Statue monumentale du Bouddha-à-venir Maitreya dans le temple de Séra* (Ph. : R. Vernadet).

9 — *Dans le Jokhang, le roi Songtsen Gampo entouré de ses deux reines népalaise et chinoise (VIIᵉ siècle).* (Ph. : F. Hans).

10 — *Lama du Tsang. Musées royaux d'art et d'histoire de Bruxelles.* (Ph. : J.C. Lamy).

11 — *Sculpteur de mantras. Ces pierres votives sont disposées en caïrns ou en murs qui peuvent parfois mesurer plusieurs centaines de mètres* (Ph. : Ass. Regard. N. Jaques).

12 — *Reconstruction des œuvres d'art au Tibet. Jokhang de Lhassa* (Ph. : J. Edou).

13 — *Le Jowo : le Bouddha historique sous les traits d'un jeune homme, la statue la plus sacrée du Tibet, apportée par l'épouse chinoise de Songtsen Gampo (VIIᵉ s.). Jokhang de Lhassa.* (Ph. : Ass. Regard. V. Ohl).

14 — *Fresque du monastère de Samyé.* (Ph. : C. Chambault).

15 — *Le « Kumbum » : Stupa monumental de Gyantsé, construit en style Newar - XVᵉ s.* (Ph. : J. Edou).

16 — *Peinture de Mahakala sur un rocher* (Ph. : J. Edou).

1

4

5

6

7

8

9

11

12

13

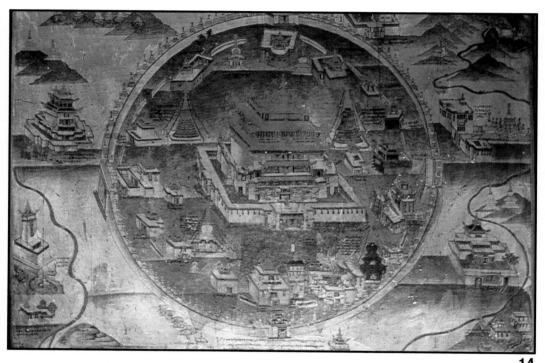

14

15

16

Le débat

Voici un extrait du débat qui opposa en 792 dans le monastère de Samyé, en présence du roi, Hoshang représentant les thèses du Bouddhisme chinois, à Kamalashila défendant la cause du Bouddhisme indien − étant entendu que le vaincu devait quitter le pays :

« (...) Puis Hoshang dit :

« Selon que l'on commet des actes vertueux ou négatifs, on renaît dans des états de béatitude ou de tourment (respectivement), de sorte que la libération du Samsara est impossible. Les actes vertueux ou négatifs sont comme des nuages blancs ou noirs qui voilent le ciel. Mais, seul celui qui n'a ni pensées ni tendances peut être libéré du monde phénoménal. L'absence de pensée, de recherche ou d'investigation fait germer la non-perception de la réalité des entités séparées. De cette façon, on peut atteindre l'état de Bouddha instantanément, comme un Bodhisattva qui atteint la sixième Terre ».

Kamalashila lui répondit :

« Tu affirmes ainsi que l'on ne doit penser à rien, mais cela signifie la négation de la plus haute sagesse analytique. Cependant, celle-ci représente le fondement de la sagesse divine de l'éveil et ce rejet conduit nécessairement à la négation de cette sagesse sublime et transcendante ».

« S'il n'y a pas de sagesse analytique, quel méditant pourra demeurer dans un état où il n'y a pas de pensée constructive ? Si l'on n'a aucune pensée concernant un élément quelconque de l'existence et si l'on ne concentre pas son esprit sur un de ces éléments, cela ne signifie pas pour autant que l'on peut cesser de se rappeler ce que l'on a expérimenté dans le passé. Si je pense : je ne dois penser à aucun élément de l'existence, cette pensée elle-même sera un souvenir intense et une activité mentale ! Si la seule absence de pensée et de conscience est considérée comme suffisante, cela signifie que lors d'un évanouissement ou d'une intoxication, on atteint cet état dénué de pensée constructive ! Ainsi, sans analyse correcte, il est impossible d'atteindre la libération de la pensée conceptuelle (...) Comment serait-il possible alors d'éliminer les passions ? Par contre, le yogi qui réfléchit sur un objet mental par la sagesse analytique juste, comprend que les éléments extérieurs et intérieurs, le passé, le présent et l'avenir sont non existants et, pacifiant ainsi les constructions mentales, il rejette les voies négatives. Ayant ainsi rejeté les voiles de son esprit, il peut atteindre l'état de Bouddha ».

A la suite de ce discours, Hoshang et ceux de sa suite furent désespérés et s'étant lapidé le corps avec des pierres, ils moururent. Cependant, selon Butön, lorsque le roi eut déclaré la victoire des Indiens, quatre bouchers chinois envoyés par Hoshang, tuèrent le Pandit Shantarakshita en lui broyant les genoux... (1).

---

(1) CHATTOPADYANA A., *Atisha and Tibet*, p. 248-249, Motilal Banasidas, Delhi 1970.

KUBERA

Gardien du Nord et dieu de la Santé, il est en général représenté avec les trois autres monarques des directions de l'espace, à l'entrée des temples et des monastères.

II - Des Lamas et des Khans

La seconde diffusion du Bouddhisme au Tibet

A la chute de la dynastie des Chögyal, les rois religieux, l'époque obscure qui suit la mort de Langdarma introduit la deuxième grande période de l'histoire du Tibet qui va voir le retour du Bouddhisme et l'éclosion du pouvoir ecclésiastique.

Nous sommes donc à l'aube du XIe siècle : les Song ont remplacé les Tang en Chine et les musulmans Ouigours occupent l'oasis de Khotan au nord-ouest du pays. A l'intérieur des frontières, il n'y a plus de pouvoir central et c'est le retour à la période prédynastique faite de rivalités entre les clans et les chefs locaux.

Ceux-ci, pour asseoir leur autorité politique, s'allient avec des chefs religieux et des monastères pour inviter des maîtres indiens ou pour envoyer dans les grandes universités de l'Inde des étudiants tibétains.

C'est le cas notamment dans l'ouest du pays où les souverains de Gugué (Shang Shung), descendants de Langdarma, sont des bouddhistes fervents. A Tsaparang, leur capitale, se crée un mouvement religieux important animé par le grand traducteur Rinchen Zangpo (958-1055). L'un de ces rois, Yéshé Öd se fit moine et pour lutter contre l'influence toujours forte des Bönpos, invita Atisha, un grand maître indien de l'université de Vikramalashila. Pour obtenir la venue d'Atisha, le roi organisa une collecte dans tout le Tibet afin de réunir suffisamment d'or pour décider les disciples indiens du maître de le laisser partir. Au cours de cette campagne, le roi Yéshé Öd fut fait prisonnier. Il convainquit son frère de ne pas payer la rançon mais de l'offrir au Pandit pour le décider. Atisha, ému par ce geste, arriva donc au Tibet de l'Ouest, en 1042. A la demande de ses disciples tibétains et de nombreux chefs religieux et laïcs, il se rendit au Tibet central, enseignant les foules, traduisant de nombreux textes.

Il fonda le monastère de Rating, près de Lhassa, qui allait devenir le siège de ses successeurs au Tibet.

Atisha était sans doute le plus grand penseur de son époque ayant maîtrisé les Sutras et les Tantras. A son arrivée au Tibet de l'Ouest, Rinchen Zangpo était un traducteur célèbre et un maître reconnu. Il invita Atisha à Töling et celui-ci lui dit :

« Grand Traducteur, quand un individu doit pratiquer tous les enseignements des Tantras assis sur son coussin de méditation, comment doit-il faire ? »

« Il doit bien sûr pratiquer chaque Tantra séparément. »

« Ce traducteur est débile ! Il était donc bien nécessaire que je vienne au Tibet ! Tous ces Tantras, ô Traducteur, doivent être pratiqués ensemble ! » et il lui enseigna le « Miroir Magique du Vajrayana ». Rinchen Zangpo l'accepta pour maître et ayant renoncé à toute arrogance, il se retira pour méditer sous la conduite du Pandit (1).

Cependant, Atisha pensant que l'enseignement des Tantras risquait d'avoir une mauvaise influence sur la morale des moines, les enseigna peu. Son enseignement était basé sur l'éthique, le développement de la compassion et sur une approche progressive de l'Eveil, fondé sur les pratiques des six vertus transcendantes (Paramitas). Cette approche, à l'inverse des tendances dominantes de l'époque, le fit passer pour un réformateur aux yeux des autres grands maîtres. Sans le critiquer ouvertement, ceux-ci s'en prirent à ses disciples, accusés d'empêcher le développement des Tantras au Tibet. Milarépa, le grand saint et poète déclara à son sujet :

« Un démon ayant pénétré au Tibet, le Vénérable Pandit (Atisha) ne put y enseigner le Vajrayana (à cause de Drom son disciple qui l'en dissuada). Mais s'il l'avait fait, le Tibet serait aujourd'hui (rempli) de saints ! » (2).

Malgré ces attaques, Atisha reste considéré comme l'un des artisans du renouveau du Bouddhisme au Tibet. Il fut à l'origine de la fondation de l'école Kadampa (ceux qui suivent la parole du Bouddha au pied de la lettre), qui fut fondée par son disciple Drom, qui allait inspirer d'autres écoles, dont les Kagyupas notamment, qui unirent les Tantras de l'Inde et les enseignements d'Atisha. Les Kadampas devaient ensuite être intégrés à l'école Guélugpa fondée par Tsong Khapa, quelques siècles plus tard.

Après treize années passées au Tibet, Atisha mourut en 1055.

_____

(1) CHATTOPADYANA A., *op. cit.*, p. 342
(2) ROERICH G., *The Blue Annals*, Banasidas Delhi 1979, p. 440

L'apogée des Sakyas

Outre le Pandit Atisha, d'autres personnalités, tibétaines cette fois, allaient marquer de leur empreinte ces XIᵉ et XIIᵉ siècles. Dromi (992 - 1072) rapporta de ses voyages en Inde de nouveaux Tantras qui furent la base de l'école Sakya qui tire son nom du monastère fondé en 1073. De même Marpa le traducteur demeura douze ans en Inde et au Népal et étudia sous la direction des mahasiddhas Naropa, Maitripa et Kuku-ripa. A la différence d'Atisha, Marpa était un homme « du monde », marié et bon vivant, dirigeant ses affaires temporelles avec poigne et dont les colères restent célèbres ! Il transmit à ses disciples les initiations rap-portées de ses voyages, la Mahamudra et les six doctrines de Naropa, alliant les techniques tantriques et les exercices de yoga. Son disciple prin-cipal, Milarépa, allait donner naissance à l'école Kagyupa dont le monas-tère principal, Tsurphu, fut fondé en 1189 par le premier Karmapa.

Ainsi, autour des ermitages et des résidences des grands maîtres, furent construits de nombreux monastères pour abriter moines et disciples. Shalu en 1040, Rating en 1056, Drigung en 1179, etc. Ces monastères, aidés par des chefs locaux, se développèrent rapidement. Ils allaient constituer des forces politiques importantes et jouer un rôle prépondérant dans l'his-toire des siècles à venir.

Au début du XIIIᵉ siècle, l'équilibre des forces en Asie Centrale allait brusquement basculer sous les sabots des chevaux des hordes mongoles. Gengis Khan soumettait la Chine et anéantissait Pékin, la capitale du royaume Kin, tandis qu'à l'ouest, sa puissance faisait vaciller la Perse. Selon certaines sources, il semble même qu'il ait razzié le Tibet en 1226. A sa mort, en 1227, son fils Godan lui succéda et, en 1240, envahit le Tibet, rasant le monastère de Rating, tuant moines et laïcs, pillant villes et villages sur son passage. Mais Godan, impressionné sans doute par le rayonnement intellectuel du Tibet, choisit comme guide spirituel Sakya Pandita, le quatrième patriarche du monastère de Sakya, érudit en renom, et il l'invita à sa cour. L'invitation était en fait un ordre précisant que le prince ne pourrait souffrir un refus alléguant l'âge avancé du Pandit ou les difficultés du voyage. La légende raconte qu'outre la conversion du prince, Sakya Pandita réussit à le persuader de ne plus jeter les Chi-nois dans les rivières *(sic)*, moyen utilisé à l'époque par les Mongols pour réduire les populations trop nombreuses...

A la mort de Sakya Pandita, en 1251, son neveu Phagpa lui succéda à la cour et Kubilay Khan devint son disciple. Le Khan n'acceptait de se prosterner devant son maître spirituel qu'en privé, mais durant les céré-monies officielles, son trône était moins élevé que celui du lama. Cette anecdote montre la puissance de l'influence du Lama tibétain sur le Mon-gol. L'autorité spirituelle des lamas et le pouvoir temporel des Khans étaient ainsi unis par cette relation de Guru à disciple qui allait lier entre eux ces lamas tibétains et les empereurs mongols et mandchous jusqu'en 1911. Durant toute cette période, le Tibet était de fait indépendant, les armées mongoles garantissant la sécurité et la prospérité des monastères Sakyapas et en 1254, Kubilay conféra à Phagpa l'autorité spirituelle et temporelle sur le Tibet en le nommant « Tishi », Précepteur impérial.

Cependant, l'empire mongol commença à se morceler en clans et d'autres lamas virent le profit qu'ils pouvaient tirer d'un tel patronage. Les Karmapas puis les Drigungs trouvèrent eux aussi auprès des chefs mongols le support nécessaire à leur développement et les rivalités s'exacerbèrent entre les factions mongoles et leurs protégés respectifs. Après la destruction du monastère de Drigung, brûlé en 1290, ces divisions internes amenèrent la chute des Sakyas en 1350, après cent ans de pouvoir temporel au Tibet.

Ces alliances politiques des monastères avec les chefs mongols ne doivent cependant pas éclipser la vie religieuse qui fleurissait partout et laisser croire que moines et lamas passaient leur temps en intrigues politiques et en guerres fratricides. En effet, malgré les luttes de pouvoir, ces trois siècles venaient de produire les plus grands saints, les plus grands érudits de l'histoire du Tibet. Le rayonnement spirituel de Sakya était célèbre et ses érudits connus dans tout le pays ; partout des lamas faisaient école et des milliers d'ascètes pratiquaient la méditation dans la solitude des ermitages. A la suite d'Atisha, des milliers de moines peuplaient les monastères Kadampas tandis que l'école Kagyupa, à l'exemple de Milarépa et de Gampopa, était un foyer intense de grands méditants. Le troisième Karmapa se rendit plusieurs fois en Chine où il présida les cérémonies du couronnement de l'empereur Témur qui le nomma « l'Omniscient Bouddha ».

Quand l'océan de sang devient océan de lait

La chute de Sakya fut précipitée par l'avènement de la famille des Phagmodrupas qui prit le pouvoir à Nédong dans le Yarlung. Grâce à l'appui des Kagyupas, des nobles et des chefs de monastères écartés du pouvoir par l'hégémonie des Sakyas, Changchub Gyaltsen prit le pouvoir au Tibet et se nomma Dési, terme tibétain signifiant « souverain », sans doute pour établir son indépendance vis-à-vis des empereurs mongols. L'empereur Juan ne put qu'entériner le fait accompli. Sous la dynastie des Phagmodrupas, le pays était, nous raconte la légende, si bien géré qu'une vieille femme transportant de l'or pouvait parcourir tout le pays sans être inquiétée (1). Cependant le pouvoir de la dynastie diminua pour être bientôt remplacé par celui des chefs de Rimpung depuis leur fief de Samdrutsé (Shigatsé) soutenus par les lamas Karmapas puis par les princes du Tsang.

---

(1) SHAKABPA W.D., *Tibet, Political History*, Potala, Publications N.Y. 1984.

Ainsi le Tibet, après la chute de Sakya puis celle de l'empire mongol, retrouvait son indépendance face aux puissances étrangères. C'est à l'époque que l'on assista à la restauration des figures historiques des « Rois de la Religion » pour redonner une identité à l'unité tibétaine et au pouvoir laïc. En 1368, les Ming remplacèrent définitivement les Mongols en Chine.

Tandis que les Karmapas établissaient leur puissance politique et religieuse au Kham, Thangtong Gyalpo (1385-1464), le fameux yogi, ouvrit les portes du Kongpo, habité par des aborigènes, et d'où il ramena le métal qui lui permit de doter tout le pays de ponts en fer. Il fonda le monastère de Dergué au Kham qui reste célèbre pour son imprimerie et sa bibliothèque.

Cependant, l'événement principal de cette époque fut l'arrivée de Tsong Khapa (1357-1419) au Tibet central.

Né d'une famille de nomades de l'Amdo, le jeune garçon fut envoyé dans les grands monastères du Tibet central. Dans le prolongement des idées d'Atisha, Tsong Khapa comprit le danger que présentaient les pratiques tantriques pour la discipline des communautés monastiques. Comme son illustre prédécesseur, il rétablit le strict célibat des moines et insista sur la nécessité d'une discipline commune. Sans condamner le Tantrisme, il mit l'accent sur l'étude des textes et la compréhension intellectuelle en tant que préliminaire indispensable à la réalisation spirituelle.

En 1409, il fonda le monastère de Ganden, près de Lhassa, d'où son école réformée tire son nom : Gandenpa ou Guélugpa, l'« école de la tradition vertueuse » qui, grâce à une organisation monastique puissante et fortement hiérarchisée, allait bientôt devenir la plus grande force politique et religieuse du pays. Invité en Chine par l'empereur Ming, il déclina l'invitation pour se consacrer à son œuvre littéraire mais y envoya son disciple Jamchen Chöjé Sakya Yéshé. En 1419, il fonda le monastère de Séra tandis qu'un autre disciple fondait Drépung sur le modèle d'un monastère tantrique de l'Inde. Ces trois universités monastiques connues sous le nom des « Trois Piliers », allaient être la base du pouvoir des Guélugpas et des Dalaï-Lamas au Tibet.

Avec la fondation du Tashilumpo de Shigatsé, l'ordre Guélugpa, soutenu par les empereurs de Chine, pouvait bientôt rivaliser avec les princes du Tsang supportés par les Karmapas. Ces luttes politiques durèrent une centaine d'années, jusqu'à ce que l'abbé du monastère de Drépung, connu plus tard sous le nom de troisième Dalaï-Lama, Sonam Gyamtso (1543-1588), se rende en Mongolie à l'invitation d'Altan Khan pour y prêcher le Bouddhisme. En effet, les Mongols n'avaient pas été définitivement convertis par les Sakyas et les Karmapas au cours des siècles passés et leur conversion effective fut l'œuvre de Sonam Gyamtso qui, outre la motivation religieuse, cherchait un appui extérieur dans sa lutte contre les princes du Tsang.

L'empereur se convertit et proclama :

« Nous, Mongols, sommes puissants car à l'origine, notre race descendit du ciel et notre ancêtre Gengis Khan étendit son empire jusqu'en Chine et au Tibet.

« La religion bouddhique apparut autrefois dans notre pays lorsque nous fûmes les bienfaiteurs de Sakya Pandita. Plus tard, nous eûmes un empereur nommé Témür durant le règne duquel notre peuple n'eut pas de religion et notre pays dégénéra comme si un océan de sang avait inondé notre terre.

« Votre visite ici a fait revivre la religion bouddhique. Notre relation de bienfaiteurs et de lamas peut être comparée à celle du soleil et de la lune : l'océan de sang est devenu un océan de lait.

« Dorénavant, Tibétains, Mongols et Chinois vivant ici devront pratiquer les dix principes du Bouddha. De plus, j'établis à partir de ce jour des règles de conduite pour les peuples de Mongolie. (...).

« En résumé, ces lois, déjà en vigueur au Tibet central, seront appliquées ici (1). »

Au cours de son voyage en Mongolie, Sonam Gyamtso fonda le monastère de Kumbum en Amdo, près du lieu de naissance de Tsong Khapa, mais il mourut sur le chemin du retour en 1588. Sa réincarnation fut découverte en Mongolie en la personne du fils d'un chef de tribu, arrière-petit-fils d'Altan Khan. Grâce à cette naissance, les liens entre les Guélugpas et les Mongols se resserrèrent. Yönten Gyamtso, quatrième Dalaï-Lama, arriva à Lhassa à l'âge de douze ans et fut confié à l'abbé du Tashi Lumpo, Lobsang Chögyen, à qui il donnera plus tard le titre de Panchen-Lama le grand érudit. En 1611, Karma Tensung Wangpo, prince du Tsang, mourut et fut remplacé par son fils Karma Phuntsok Namgyal qui était, comme son père, un fervent défenseur des Karmapas et régna sur le Tsang, le Tibet de l'Ouest et une partie de Ü (région de Lhassa). Lors d'une dispute pour la reconnaissance de la réincarnation de Péma Karpo, patriarche de l'école Drukpa Kagyu, Ngawang Namgyal dut s'enfuir au Bhoutan où il créa une monarchie religieuse qui donna son nom au pays (Druk) et reste aujourd'hui encore la seule école reconnue dans ce pays.

Le grand cinquième

A la veille de l'avènement du cinquième Dalaï-Lama (1617 - 1682), les monastères ont définitivement supplanté la noblesse laïque et celle-ci, pour ne pas perdre ses privilèges et ses domaines, s'allie avec les uns ou

(1) Cité par SHAKABPA W.D., op. cit.

les autres selon les nécessités politiques du moment. Nous retrouvons donc, en ce début du XVIIᵉ siècle, deux groupes principaux en présence, l'un au Tibet central (Ü), dirigé par les Phagmodrupas depuis leur siège de Tséthang soutenant les Guélugpas, l'autre au Tsang, à Samdruptsé, près de Shigatsé, défendant les Karmapas et les autres écoles. Au cours de ces affrontements, les monastères vaincus devaient changer d'école et embrasser celle des vainqueurs.

Ainsi, le seigneur du Tsang, Karma Phuntsok Namgyal qui s'était vu refuser une audience par l'entourage du Dalaï-Lama, marcha-t-il sur Lhassa en 1618. Ses troupes tuèrent de nombreux moines de Séra et de Drépung et les survivants se réfugièrent dans le Nord. Certains monastères Guélugpas passèrent aux Karmapas et des garnisons militaires furent installées à Lhassa. A Shigatsé, un monastère Kagyupa fut même construit au-dessus du Tashilumpo et nommé « Tashi Zilnön », l'anéantisseur du Tashi (Lumpo) !

C'est dans ce climat que le jeune cinquième Dalaï-Lama fut reconnu dans une famille Nyingmapa du Tsang. En 1622, grâce à l'appui des guerriers mongols qui détruisirent les garnisons de Lhassa, il fut intronisé dans la capitale.

Plus tard, mesurant les dangers qui menaçaient l'ordre Guélugpa, comparé à une « lampe à beurre vacillant dans l'orage », il fit appel aux tribus mongoles de Gushri Khan. Ce dernier ayant maté la rébellion des bönpos dans le Béri, marcha sur le Tsang à la tête de ses troupes, malgré les réticences du Dalaï-Lama. Après de longs mois de siège, Shigatsé dut se rendre et c'est là que l'empereur mongol conféra au cinquième Dalaï-Lama les pouvoirs temporels et spirituels sur tout le Tibet, depuis les frontières du Ladakh jusqu'à Tatsienlu. Cependant, il lui imposa la présence d'un Dési nommé par les Mongols, sorte de Premier ministre chargé de toutes les affaires temporelles du pays. C'est Sönam Chöpel qui avait été, à la tête des armées du Tibet central, l'artisan de la chute de Shigatsé, qui assura cette fonction jusqu'à sa mort.

Afin d'affirmer son pouvoir sur tout le pays et montrer qu'il était désormais le chef de toutes les écoles bouddhiques du Tibet, Lobsang Gyamtso entreprit en 1645 la construction d'un palais sur la Colline Rouge de Lhassa, à l'emplacement du temple édifié par Songtsen Gampo au VIIᵉ siècle. Ce bâtiment devait abriter, outre les appartements privés du Dalaï-Lama, des chapelles dédiées à diverses divinités, de nombreuses salles réservées à l'administration et au gouvernement ainsi que de vastes entrepôts où s'entassaient les réserves et le trésor de l'Etat.

Ce palais fut appelé le Potala, du nom de la résidence céleste d'Avalokiteshvara, établissant ainsi un lien direct entre la divinité et son incarnation terrestre, le Dalaï-Lama.

DALAI-LAMAS ET PANCHEN-LAMAS

Grâce à l'appui des armées mongoles et à la relation de guru à disciple unissant les Dalaï-Lamas à l'empereur, l'école des Guélugpas se développa rapidement dans tout le Tibet.

Peu après son intronisation, le jeune Cinquième Dalaï-Lama fut confié à Lobsang Chögyen du monastère du Tashilumpo. Celui-ci assuma le rôle de tuteur du Dalaï-Lama jusqu'à sa majorité et en signe de gratitude, ce dernier lui donna le titre de « Panchen », grand érudit, titre que ses incarnations successives se sont transmis jusqu'à nos jours, sur le trône abbatial du Tashilumpo.

Lobsang Chögyen fut le premier Panchen-Lama mais, comme pour les Dalaï-Lamas, on reconnut en la personne des précédents abbés du Tashilumpo trois incarnations antérieures et il fut donc considéré par les Tibétains comme le quatrième Panchen-Lama.

Selon la légende, un serpent jeta un jour un sort à un moine et à son jeune disciple : chaque fois qu'ils chercheraient à travailler ensemble dans le futur, leur tentative se solderait par des échecs et des querelles. Toujours selon cette légende, le moine était en fait une émanation d'Amithaba qu'incarnent les Panchen-Lamas tandis que son jeune disciple était en fait Chenrezig, incarné par le Dalaï-Lama. Selon les Tibétains, c'est de là que viendrait la rivalité entre les deux lamas et les différends qui les ont si souvent opposés.

Sur le plan spirituel, le Panchen-Lama est effectivement considéré comme une émanation du Bouddha Amithaba, principe d'où apparaît Chenrezig, le Bodhisattva de la compassion qui œuvre au bien de tous les êtres dans le monde et qui se manifeste dans la personne du Dalaï-Lama. Dans cette hiérarchie spirituelle, le Panchen-Lama est effectivement plus élevé que le Dalaï-Lama, mais cette hiérarchie mystique n'est mise en avant par certains que dans le but d'exacerber les rivalités politiques de ces deux lamas. En effet, depuis l'origine, les Dalaï-Lamas ont toujours été les chefs spirituels de l'école Guélugpa et, depuis le cinquième Dalaï-Lama, ils ont exercé les pouvoirs temporels et spirituels sur tout le pays.

Cependant, cette rivalité, malgré les profonds sentiments de respect réciproque qui animaient les deux hommes, va s'accroître au début du XXe siècle à la suite de l'expédition anglaise de Younghusband (1904). En effet, le Dalaï-Lama, se méfiant des tendances impérialistes de la Chine, va baser sa politique d'indépendance du Tibet sur une alliance avec les Anglais, tandis que le Panchen-Lama et son entourage, connu pour ses sensibilités prochinoises, va fuir les représailles qui suivirent la défaite chinoise de 1910 pour se réfugier en Chine où il fut accueilli par le Kuomintang (1923). Il mourut au Qinhaï en 1937 et sa dixième incarnation fut intro-

nisée par les Chinois l'année suivante dans la région de Kokonor, sans l'aval de Lhassa. Il fut installé dans ses fonctions à Shigatsé en 1952 par « l'Armée Populaire de Libération ».

Pendant quelques années, il va être l'outil de la propagande chinoise au Tibet mais, en 1964, lorsqu'il lui est demandé de condamner officiellement le Dalaï-Lama, il s'y refuse et devant la foule assemblée au Jokhang, déclare que le Dalaï-Lama est le véritable chef du Tibet. Démis de ses fonctions, envoyé en Chine, il disparaît. Il fut emprisonné avec de nombreux autres dissidents dans une prison d'élite près de Pékin et soumis pendant treize ans à la torture et au lavage de cerveau. Mais en 1978, il semble réhabilité et réapparaît à Pékin comme vice-président du Comité National Populaire aux côtés de Ngapo Ngawang Jigmé et de bien d'autres.

Quoi qu'il en soit, le Panchen-Lama reste une personnalité respectée par les Tibétains et lors de ses visites au Tibet central, entre 1982 et 1985, des dizaines de milliers d'entre eux se rassemblèrent pour recevoir sa bénédiction. En février 1986, il présida les cérémonies de Mönlam, le grand festival religieux de Lhassa, mais là encore, il refusa le trône du Dalaï-Lama et on dut, en hâte, lui en construire un autre plus petit. Aujourd'hui encore, ses déplacements au Tibet sont réglementés et soumis à une autorisation des autorités chinoises.

Le Dalaï-Lama, par contre, choisit dès 1959 la voie de l'exil et malgré les invitations pressantes des Chinois, il a jusqu'à présent refusé de rentrer au Tibet tant que les libertés et l'indépendance du pays ne seraient pas garanties par les autorités chinoises.

Il se peut que l'Histoire donne raison à ces deux grandes personnalités politiques et religieuses du Tibet, l'une, le Dalaï-Lama, s'exilant pour faire connaître la cause tibétaine au monde entier et préserver l'unité des Tibétains réfugiés, l'autre faisant allégeance à l'envahisseur, essayant dans la limite de ses moyens d'adoucir le sort de ceux qui sont restés sur place...

L'influence de Lobsang Gyamtso s'étendit dans tous les domaines religieux, politiques, économiques et culturels. Il établit un système de discipline et d'études dans les monastères de son ordre, mais étudia lui-même les fondements des autres écoles, Nyingmapa en particulier, ce qui lui valut de nombreuses critiques parmi ses proches. Sur le plan politique, il établit un système de gouvernement où moines de toutes les écoles et laïcs étaient également représentés, mais dont la base reposait sur les grands principes du Bouddhisme.

Toute sa vie, il sut préserver son alliance avec les chefs mongols et, lorsque les Mandchous succédèrent aux Ming (1668), il se rendit en Chine mais refusa d'engager ses armées pour soutenir les empereurs face à la révolte des princes.

Il envoya ses représentants sur la frontière ouest et ses troupes reconquirent les territoires du Purang, Gugué et Rudok. Il rouvrit les routes commerciales avec le Bhoutan et le Sikkim et rétablit le pouvoir de Lhassa sur les territoires de l'est, le Kham notamment.

Sa mort survint avant que le palais du Potala ne soit achevé et le Dési la tint secrète pendant quinze ans, nous disent les sources tibétaines, ce que contestent certains chercheurs (1). Ce n'est qu'en 1695, lors de l'achèvement du Potala, que le Dési annonça officiellement que le Dalaï-Lama était mort tandis que des signes de dissension commençaient à poindre parmi les tribus mongoles suspectant le Dési d'avoir caché le décès du Pontife pour garder le pouvoir.

---

(1) SHAKABPA W.D., *op. cit.*, p 125.

III — L'influence mandchoue

Lama et poète

Le Dési menait les affaires du pays d'une main de maître et son administration était efficace. Au courant de tout ce qui se passait, il se déguisait parfois pour aller écouter les rumeurs dans le marché de Lhassa.

On raconte à ce propos cette anecdote : un jour qu'il buvait, déguisé en homme du peuple, dans une auberge, il demanda à un buveur ce qu'il pensait du Dési et du gouverneur. Celui-ci répondit : « Mon travail, c'est de boire de la bière. Tout le reste c'est l'affaire du Dési ».

En 1697, Tsangyang Gyamtso, le sixième Dalaï-Lama, est officiellement reconnu et intronisé au Potala. Rapidement, le jeune homme allait se montrer réticent pour les réceptions officielles et les études monastiques. Malgré les efforts de son tuteur, le Panchen-Lama, il préférait les sorties nocturnes dans les mauvais lieux de la ville. Bien qu'il fût coutume de repeindre les maisons chaque année à la chaux blanche, on raconte que celles de ses maîtresses dans le village de Shol, au pied du Potala, étaient peintes en jaune, coutume qui restera jusqu'à l'invasion chinoise de 1959. Certains affirment qu'il était en fait un adepte du Tantrisme qu'il pratiquait en dehors du Potala pour ne pas enfreindre les strictes règles de discipline du palais. Fin lettré, ses poèmes font partie du patrimoine culturel du Tibet et tout le monde les connaît. S'ils parlent de l'amour humain avec beaucoup de réalisme et de beauté, ils n'en véhiculent pas moins un profond sens symbolique transcendant l'amour ordinaire. Quoi qu'il en soit, les écarts du sixième Dalaï-Lama furent peut-être l'une des causes de la désintégration de l'alliance entre le Dési, qui assurait tous les pouvoirs laissés vacants par le Dalaï-Lama, et certaines tribus mongoles.

Les descendants de Gushri Khan, les Khoshots, installés dans le Tsaïdam et les régions du Kokonor, se rapprochèrent des empereurs mandchous et marchèrent sur Lhassa, mais la guerre fut évitée grâce à l'intervention du Panchen-Lama. Cependant, en 1705, le Dési fut assassiné et Lhazang Khan, descendant de Gushri, prit le pouvoir à Lhassa et envoya le Dalaï-Lama en exil à Lhalu puis au Kham malgré la révolte des grands monastères de Lhassa.

Le Dalaï-Lama voyant passer un oiseau dans le ciel, composa ce poème prophétique :
« Prête-moi tes ailes, blanche grue
« Je n'irai pas plus loin que Lithang
« Et de là, je reviendrai... » (1)

En effet, après la mort du sixième Dalaï-Lama en exil, la nouvelle incarnation fut découverte à Lithang et envoyée à Dergué puis à Kumbum sous bonne garde.

La présence mandchoue

Lhazang Khan, qui dirigea le pays de 1705 à 1717, fut assassiné par les Mongols Dungars établis au Turkestan et ennemis des empereurs mandchous. Ceux-ci réunirent une armée de sept mille hommes qui marcha sur Lhassa mais fut massacrée à Nagchukha.

L'empereur Kang-Hsi envoya une autre armée à Lhassa, pour escorter le Dalaï-Lama, sous prétexte de le rétablir au Potala. Elle repoussa les Dungars qui durent s'enfuir. Les murs de Lhassa furent détruits et une garnison chinoise établie dans la ville tandis que le septième Dalaï-Lama, Kalzang Gyamtso, était officiellement intronisé à Lhassa en 1720.

A partir de cette date, l'empereur mandchou va imposer la présence d'un Amban, sorte de représentant permanent de l'empereur auprès du gouvernement tibétain. Son influence variera selon les époques jusqu'à la chute de l'empire mandchou en 1911. Son rôle se cantonnait au départ à diriger la garnison chinoise de Lhassa et à tenir l'empereur informé des événements du Tibet, mais il ne devait pas intervenir dans la conduite des affaires internes du pays. Profitant de la faiblesse du Tibet, le Kham fut rattaché à la province chinoise du Sétchuan tandis que l'Amdo était intégré au Qinghaï en 1724.

Cependant, les querelles entre les Tsangpas du chef de guerre Pholhana et les autres ministres reprirent jusqu'à ce que, aidé par les Mandchous, Pholhana, chef de la nouvelle administration qui reçut de l'empereur le titre de prince du Tilak, assure seul les pouvoirs tandis que le Dalaï-Lama et son père, qui étaient partisans de l'autre faction, furent envoyés en exil pendant sept ans.

_____

(1) SHAKABPA W.D., *op. cit.,* p. 135.

En 1735, le Dalaï-Lama est autorisé à retourner à Lhassa, mais quinze ans plus tard, l'Amban fait assassiner Gyurmé Namgyal, chef du gouvernement tibétain et successeur de Pholhana, qui essayait de se rapprocher des Mongols Dungars pour chasser les Chinois du Tibet. La population se déchaîne, tue l'Amban et extermine la garnison chinoise limitée à cette époque à une centaine d'hommes.

A partir de 1751, le Dalaï-Lama assura tous les pouvoirs au Tibet et fonda le Kashag, sorte de conseil des ministres nommés par lui. Ce système resta en vigueur pendant deux cents ans, malgré les difficultés et la lenteur administrative dues au fait que chaque décision devait être prise à l'unanimité, sans qu'aucun ministre n'en assume la responsabilité.

Le septième Dalaï-Lama mourut en 1757 et les Tibétains s'en souviennent comme d'un saint homme malgré les difficultés qu'il rencontra au cours de sa carrière politique.

La route du sel et les Gurkhas

A la mort du septième Dalaï-Lama, le Kashag, au lieu d'assurer lui-même l'intérim, nomma un régent tandis que Jampal Gyamtso, le jeune Dalaï-Lama né au Tsang, était conduit à Lhassa à l'âge de quatre ans (1762). Mais à la mort du régent, le Dalaï-Lama ayant refusé d'assumer les pouvoirs, le Kashag dut nommer un deuxième régent.

Depuis des siècles, les Tibétains vendaient au Népal, laines, moutons et sel et se procuraient en échange riz et pièces d'argent, monnaie courante au Tibet central.

Les échanges commerciaux se développèrent encore avec la venue de Bogle, envoyé de Warren Hasting à Shigatsé, qui implanta des comptoirs au Tibet central. Mais les Gurkhas, ayant détrôné les rois Newars et pris le contrôle du Népal, allaient entraîner les Tibétains dans une querelle concernant les impuretés du sel venant du Tibet. Les Tibétains, quant à eux, accusaient les artisans népalais d'ajouter du cuivre dans les pièces d'argent qui leur étaient destinées.

Ces querelles mineures devaient servir d'argument aux Gurkhas pour envahir les districts frontaliers de Nyanang, Rogchar et Kyirong et pour pénétrer jusqu'à Dzongka et Shégar (1788).

L'empereur de Chine, sur les conseils de l'Amban, envoya une armée pour soutenir les Tibétains, mais ses chefs semblaient plus portés à négocier qu'à faire la guerre. Les Népalais emprisonnèrent les plénipotentiaires de Lhassa et lancèrent leurs armées sur Shigatsé, détruisant sur leur passage villages, temples et monastères. L'empereur de Chine ne put ignorer cette deuxième incartade et envoya cette fois une armée qui marcha jusqu'aux abords de Kathmandu où les Gurkhas durent implorer la paix (1792).

Cette victoire eut pour répercussion de renforcer considérablement la politique de l'empereur de Chine au Népal et de ses représentants au Tibet.

A partir de cette époque, le gouvernement tibétain ne fut plus qu'un cabinet fantoche. L'empereur, fort de son succès, essaya même d'instituer un système de loterie pour découvrir les incarnations des grands Lamas. Il offrit à cet effet une urne en or, mais cette pratique rencontra une violente désapprobation de la part des officiels et du peuple tibétain tout entier. De 1804 à 1875, date de la mort du douzième Dalaï-Lama, quatre incarnations se succédèrent et toutes moururent en bas âge. Le Tibet ferma ses frontières aux étrangers et se replia dans un isolement qui se révéla fatal par la suite pour son indépendance et eut pour conséquences immédiates de laisser les Chinois puis les Anglais parler en son nom.

Dans la seconde moitié du XIXᵉ siècle, les Gurkhas envahirent pour la deuxième fois le Tibet, sous prétexte de violation de règles commerciales. Ils furent repoussés à la frontière et un accord fut signé, rendant au Tibet les villes frontalières prises par les Népalais en échange d'un tribut de 10 000 roupies.

Cependant, l'influence des mandchous commençait à diminuer au Tibet tandis que certains intérêts politiques et économiques rapprochaient de la Chine des groupes de pression ou de personnalités telles que le Panchen-Lama ou le régent Rating. Celui-ci, après avoir été démis par ses ministres, s'enfuit en Chine et essaya de convaincre l'empereur mandchou de le rétablir dans ses fonctions. Cependant, comme la Chine était en pleine guerre avec l'Angleterre et la France, l'empereur ne put qu'envoyer une lettre au Dési Shatra lui demandant d'intervenir en faveur du régent. Le Dési Shatra assura le pouvoir jusqu'à sa mort en 1864, le douzième Dalaï-Lama fut porté au pouvoir en 1873 mais mourut dans sa dix-neuvième année, deux ans plus tard.

« Comme des plumes au vent »

Avec la découverte puis l'intronisation du treizième Dalaï-Lama, Thubten Gyamtso né en 1876, le Tibet, malgré une politique résolument isolationniste, allait être l'enjeu d'une lutte d'influence pour la domination commerciale du pays entre la Russie des tsars et l'Empire britannique.

Si la Russie était représentée à Lhassa par le moine bouriat Dorjieff, celui-ci, bien que proche de l'entourage du jeune Dalaï-Lama, n'eut que peu d'influence politique. Cependant le tsar se présentant comme un fervent support du Bouddhisme chargea Dorjieff d'inviter le Dalaï-Lama à Moscou. Les Anglais s'inquiétant d'une possible mainmise de la Russie sur le Tibet, se décidèrent à envoyer une mission à Lhassa afin d'ouvrir des négociations commerciales et des relations avec le gouvernement tibétain.

Profitant d'incidents de frontière au Sikkim, la mission anglaise dirigée par le colonel Younghusband entra au Tibet en juillet 1903. De longues palabres s'ensuivirent pour savoir où et dans quelles conditions devaient s'ouvrir les négociations. Les Tibétains insistaient pour qu'elles aient lieu à la frontière et non au Tibet même, les Anglais réclamaient la présence d'autorités compétentes.

L'année suivante, après des combats sporadiques dus à la trop grande disparité des forces en présence, la mission arriva à Gyantsé.

Mais, devant l'incapacité des Tibétains à envoyer des représentants accrédités et l'impossibilité de l'Amban à se rendre sur place, l'armée anglaise, forte de cinq cents Sikhs et Gurkhas bien équipés, passa à l'attaque. Selon les mots de Younghusband, elle dispersa « comme des plumes au vent » (1) les dernières troupes tibétaines et arriva finalement à Lhassa pour se rendre compte que le Dalaï-Lama avait fui en Mongolie.

La réputation de férocité et de cruauté des Britanniques était telle que toute la population de Lhassa s'enfuit aussi, ne laissant que les plus pauvres et ceux qui étaient chargés de traiter avec les envahisseurs. Ce fut un choc pour la population : la force spirituelle du Dalaï-Lama n'avait pu empêcher l'armée britannique de pénétrer dans la ville sainte.

Cependant, à leur grande surprise, dès que la Convention de 1904 fut signée au Potala par le Ganden Tri Rinpoché et le colonel Younghusband, les Anglais se retirèrent. Ils avaient obtenu la libre circulation des marchandises venant de l'Inde, des garanties sur les prix et les taxes, et l'autorisation d'ouvrir des comptoirs commerciaux à Gyantsé et à Gartok au Tibet de l'Ouest.

Cette convention fut très importante pour les Tibétains qui, pour la première fois de leur Histoire, signaient un accord biparti avec une grande puissance étrangère autre que la Chine, l'Amban étant réduit au rôle d'observateur. Le colonel Younghusband demanda même à l'Amban comment il parvenait à occuper ses journées avec si peu de choses à faire ! Quoi qu'il en soit, les Anglais venaient de reconnaître de facto l'indépendance du Tibet.

Cependant, l'expédition Younghusband fut violemment critiquée par les Anglais eux-mêmes et Laudor, qui visita le Tibet juste après le passage de l'expédition Younghusband, la décrit comme « une boucherie de milliers de personnes sans défense, d'une façon inadmissible pour tout homme digne de ce nom et dont nous ne pouvons qu'être honteux » (2).

---

(1) YOUNGHUSBAND F., *India and Tibet*, Oxford University Press 1985.
(2) Cité par ROWELL G., *Mountains in the Middle Kingdom*.

Dans sa fuite vers le Nord, le Dalaï-Lama visita la Mongolie puis se rendit en Chine à la cour mandchoue. Pendant ce temps, les Chinois faisaient régner la terreur au Kham, particulièrement à Lithang et Bathang où ils détruisirent des monastères, tuant moines et laïcs. Les troupes chinoises s'établirent à Chamdo pour finalement marcher sur Lhassa, sans rencontrer de résistance de la part des Tibétains craignant, en cas de riposte, pour la vie du Dalaï-Lama qui se trouvait toujours en Chine. Quelques mois seulement après son retour dans la capitale, il dut s'enfuir de nouveau vers la frontière indienne tandis que les troupes chinoises envahissaient Lhassa, se livrant au pillage, aux arrestations arbitraires de fonctionnaires et de membres du gouvernement.

Ils firent venir le Panchen-Lama dont l'entourage collaborait ouvertement avec l'envahisseur. Aux côtés de l'Amban, le Panchen-Lama parada dans les rues de la ville avec tout l'apparat réservé d'habitude au Dalaï-Lama.

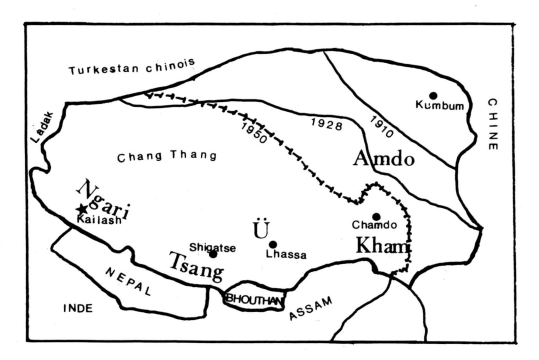

La Chine a toujours voulu contrôler le Tibet. Depuis le début de ce siècle, avant même l'invasion, le Tibet avait été amputé de nombreux territoires.
Cette carte montre le Grand Tibet et les annexions successives de ses territoires, rattachés aux provinces chinoises de la frontière est.

Tandis que le Pontife faisait appel au vice-roi des Indes à Calcutta, la révolution de Sunyatsen éclate en octobre 1911 et détrône la dynastie mandchoue décadente et affaiblie. Des dissensions vont immédiatement se manifester dans l'armée chinoise. Pour tenter d'enrayer la révolte des moines, les Chinois attaquent le monastère de Séra mais, coupés de tout renfort venant de Chine, divisés et démoralisés, ils sont finalement forcés de se rendre et de rentrer en Chine par les Indes.

Yuan Shikai, le nouveau président de la République de Chine, rétablit le Dalaï-Lama dans ses fonctions et lui rend ses titres, mais celui-ci lui fait savoir qu'il n'attend rien de sa part car il compte prendre seul les pouvoirs temporels et spirituels et proclamer l'indépendance du Tibet.

En janvier 1913, le Dalaï-Lama rentre à Lhassa en grande pompe dans la liesse populaire qui célèbre avec son retour, la paix enfin rétablie.

1914-1950 : vers l'indépendance ?

Au Kham, malgré la défaite chinoise, les troubles continuèrent, fomentés par des gouverneurs et des seigneurs de guerre plus ou moins indépendants de Pékin. Le Dalaï-Lama était résolu à leur opposer une ferme résistance sur le plan militaire, tandis qu'il insistait auprès des Anglais pour qu'ils convoquent une conférence tripartie. Celle-ci eut lieu à Simla en 1914, l'Empire britannique étant représenté par Sir Henry Mac Mahon. Mais les positions chinoises et tibétaines divergeaient grandement ; les Tibétains réclamant l'indépendance du Tibet incluant le Kham, durent concéder la reconnaissance du Tibet en tant que partie du territoire chinois. Malgré cela la Chine refusa de signer la convention finale sur la question des frontières entre les deux pays. Finalement, après six mois de discussions, Mac Mahon envoya un ultimatum à Pékin et, devant un nouveau refus, l'Angleterre et le Tibet signèrent seuls le texte, ce qui peut être considéré comme une reconnaissance de facto de l'indépendance du Tibet.

Durant les quelques années qui suivirent, le Dalaï-Lama tenta de développer un rapprochement avec les Anglais, grâce notamment à la mission Bell à Lhassa (1). Quelques armes furent envoyées dans la capitale et une école anglaise créée à Gyantsé, mais devant la réaction des grands monastères craignant qu'une influence étrangère ne soit nuisible à leur pouvoir et à la croyance religieuse, l'école dut fermer ses portes rapidement.

---

(1) BELL C., *Tibet Past and Present* et *Portrait of the Dalaï-Lama*, Oxford 1927.

Cependant, les combats continuaient au Kham où les Tibétains reprirent Tatsienlu, mais les caisses de l'Etat ne pouvant supporter la charge d'une armée en guerre, le gouvernement dut lever de lourdes taxes selon la taille des propriétés.

Le Panchen-Lama et son entourage, voyant dans cette mesure une brimade contre ses positions proches des Chinois et craignant d'autres représailles, s'enfuit en Chine en 1923 où il fut accueilli à bras ouverts par les Chinois qui voyaient ainsi la possibilité d'influer sur la politique du Tibet en jouant sur la vieille rivalité opposant le Potala et le Tashilumpo. Le Panchen-Lama devait mourir finalement à Jékundo en 1937 sans être retourné au Tibet malgré tous les efforts du Dalaï-Lama pour le voir revenir.

En 1932, le treizième Dalaï-Lama réunit toutes les personnalités de son gouvernement et leur donna ses instructions sur la politique à suivre après sa mort. Il leur prédit notamment que le communisme, si l'on n'y prenait pas garde, risquait d'envahir le Tibet et qu'il serait bien difficile pour le peuple « de vivre de jour comme de nuit ». Il leur demanda de rester unis et d'affermir leur foi et que cette tâche serait celle de ses ministres et successeurs. Il mourut le 17 décembre 1933. Ayant su par sa clairvoyance politique maintenir une sorte d'équilibre entre la Chine et l'Inde, il avait été aussi un chef religieux attentif, mais son effort pour établir l'indépendance de son pays et introduire des réformes en vue de le moderniser se heurta à la mentalité conservatrice des grands ordres ecclésiastiques et de la noblesse tibétaine peu préparée à de tels changements. Ce rejet de toute ouverture devait s'avérer fatal au Tibet dans les années à venir et les luttes de pouvoir qui suivirent sa mort ne firent qu'affaiblir un peu plus le pays au moment où son existence même allait être mise en question avec l'arrivée au pouvoir du communisme en Chine. En octobre 1939, le jeune quatorzième Dalaï-Lama découvert en Amdo près de Kumbum arrive à Lhassa et reçoit du régent le nom de Tenzin Gyamtso.

IV — Quatre fleuves, six montagnes (1)

L'invasion chinoise

Dès son arrivée au pouvoir en octobre 1949, Mao Tsé-toung dans son premier discours annonce que le Tibet fait partie intégrante de la Chine et que « l'Armée Populaire de Libération va délivrer le pays des forces impérialistes qui l'oppriment ».

Mao Tsé-toung savait en effet que pour assurer la survie et l'indépendance de la « Chine nouvelle » qu'il rêvait de créer, il lui faudrait avant tout protéger ses frontières de l'Ouest d'où déferlaient depuis des siècles les hordes sauvages et barbares des hauts plateaux tibétains, du Sinkiang ou de Mongolie.

Au Kham, la situation du gouvernement de Lhassa était précaire et de nombreuses révoltes avaient éclaté, visant à établir un Etat indépendant réunissant le Kham et l'Amdo. Pour ces guerriers farouches, nomades et brigands, les habitants de Lhassa n'étaient que de « belles bouches d'or » et nombre d'entre eux avaient pour les habitants du Tibet central la même méfiance héréditaire qu'ils portaient aux Chinois, les accusant de les avoir si souvent trahis par le passé, notamment lors de l'invasion des « Seigneurs de la guerre ». Comme le fait remarquer Richardson : « S'il y avait eu confiance et coopération entre les chefs du Tibet oriental et le gouvernement de Lhassa dès le début, les difficultés des Chinois eussent été dix fois plus grandes, mais il y avait incompatibilité. Pendant bien des siècles, la politique de Lhassa avait toujours été de céder à la

---

(1) Le Tibet de l'Est, est appelé par les Tibétains Chuji Khangdruk (quatre fleuves et six montagnes). C'est le nom que prirent les guerriers du Kham et de l'Amdo lorsqu'ils se révoltèrent contre l'occupant chinois.

force, quand elle apparaissait comme irrésistible, et de gagner patiemment du temps pour récolter les fruits. La nature des Khampas se situait à l'extrême opposé (1). »

A la veille de l'invasion chinoise de 1950, lorsque Ngawang Ngabo, l'arrogant aristocrate de Lhassa, prit ses fonctions de gouverneur de Chamdo, les Khampas observèrent une certaine réserve, attendant de voir la réaction de Lhassa face à l'envahisseur. Les gouvernants allaient-ils se ranger de leur côté pour défendre la religion qui les unissait ou une fois de plus lâcher le Kham ?

Le matin du 6 octobre 1950, lorsque « l'Armée Populaire de Libération » franchit le Yangtsé et entre au Tibet, c'est un pays de cinq cents millions d'habitants qui mobilise près de 120 000 hommes aguerris et bien équipés, pour envahir un territoire presque aussi vaste que l'Europe, mais sous-peuplé et ne disposant que de 8 500 soldats armés de fusils vétustes et sans expérience de la guerre moderne. Malgré la résistance des postes avancés, en dix jours, les Chinois sont aux portes de Chamdo. Ngawang Ngabo s'enfuit de sa capitale, avant même l'arrivée des soldats de l'A.P.L., en détruisant l'arsenal, réduisant à l'impuissance les Khampas qui se sentent une fois de plus trahis par les « belles bouches d'or » de Lhassa... Quelques jours après, Ngawang Ngabo signe la capitulation du Tibet. Mais, contrairement aux habitudes qui depuis des millénaires régissaient chez ces peuples guerriers, rapines et brigandages, les Chinois n'usèrent pas du droit des vainqueurs à soumettre le pays au pillage. Au contraire, quelques jours après la chute de Chamdo, ils relâchèrent les prisonniers en leur rendant leurs armes et les renvoyèrent dans leurs tribus et leurs villages, leur promettant de construire des routes, des écoles et des hôpitaux et de faire du Kham réunifié une nation indépendante. Cette attitude des occupants était l'application à la lettre de la politique de Mao au Tibet (2).

Cependant à Lhassa, le Tsongdü (l'Assemblée Nationale), devant la tournure que prenaient les événements, demanda au Dalaï-Lama d'assumer les pleins pouvoirs et, le 17 novembre 1950, le régent démissionnait au profit du jeune homme qui, à seize ans seulement, reçut la lourde charge de diriger le pays à l'aube de l'une des phases les plus tragiques de son histoire.

Un an plus tard, à Pékin, Ngawang Ngabo signe avec les Chinois, au nom du gouvernement tibétain et sans en informer celui-ci, un « accord en dix-sept points » qui entérine définitivement la perte du Kham et de l'Amdo, reconnaît l'autonomie régionale du Tibet au sein de la Chine,

---

(1) Cité par M. PEISSEL, *Les Cavaliers du Kham,* p. 147, Laffont 1972
(2) EPSTEIN, *Tibet Transformed*, p. 13, New World Press, Beijing 1983.

mais maintient le Dalaï-Lama dans ses pouvoirs et la liberté religieuse au Tibet.

Le gouvernement tibétain et le cabinet du Dalaï-Lama à Kalimpong alertent les Nations Unies de la situation, mais la jeune république indienne, qui suit une politique de rapprochement avec la Chine, affirme qu'une solution pacifique va être trouvée entre la Chine, le Tibet et l'Inde ne nécessitant pas l'intervention des Nations Unies. Malgré le courage du représentant du Salvador, toutes les grandes puissances occidentales devaient se ranger derrière l'Inde et la Grande-Bretagne et, une fois de plus, le Tibet se retrouver coupé du monde, sans alliés, dans un conflit qui ne faisait que commencer et devait durer vingt ans.

Les Chinois allaient bien vite rencontrer de graves difficultés pour introduire les « réformes démocratiques » et leur attitude conciliante du début se transforma rapidement, notamment au Kham, où commencèrent les destructions de monastères, les assassinats sommaires de propriétaires terriens et la déportation de milliers d'enfants vers la Chine. Tandis que le Dalaï-Lama se rendait à Pékin entre 1954 et 1955 sur les conseils de Ngawang Ngabo, les chefs Khampas se rendirent compte des véritables buts que poursuivaient les Chinois. Au début de l'année 1956, ceux-ci tentèrent même d'emprisonner trois cents d'entre eux pour leur faire voter l'application immédiate des réformes. Mais le résultat fut exactement le contraire de ce qu'ils avaient escompté. Ces guerriers farouches, épris de liberté et rompus depuis leur enfance à la vie errante des hauts plateaux, purent en quelques jours prendre le maquis et lever en hâte des milliers de cavaliers, nomades pour la plupart, prêts à se battre jusqu'au dernier pour protéger leur religion et leur liberté. Ces cavaliers hors pairs et excellents tireurs, armés de vieux fusils hétéroclites, avaient pour eux la connaisance du terrain et leurs précieux chevaux avec lesquels eux et leurs ancêtres avaient depuis toujours attaqué les caravanes qui reliaient Lhassa aux confins de la Chine.

Durant quinze années, ils allaient tenir tête à la plus grande armée du monde au cours de batailles obscures que l'histoire devait oublier. Ce combat exemplaire des dignes descendants de Songtsen Gampo et des Mongols de Gengis Khan fit trembler les stratèges du régime de Pékin : « Ces barbares, sous la conduite d'éléments réactionnaires de la bourgeoisie propriétaire de serfs en collusion avec les chiens couchants de l'impérialisme occidental faisant obstruction à l'introduction de réformes salutaires... » (1). Ils harcelèrent les troupes chinoises, attaquant les convois parfois à un contre dix, coupant les deux seules routes reliant Lhassa au Kham et à l'Amdo et qui constituaient le seul support logistique de l'armée chinoise. Dans cette guérilla sans merci, les recrues de

---

(1) Propos cité par PEISSEL M., *op. cit.*, p. 93.

l'A.P.L., peu habituées à l'altitude, ne pouvaient rivaliser avec ces cavaliers qui, après chaque embuscade, disparaissaient pour se réfugier sur les vastes plateaux à plus de 5 000 mètres d'altitude, par des chemins millénaires connus d'eux seuls. Avec l'aide des populations locales, les Khampas, en cette fin d'année 1958, opposant leur mobilité à la lourdeur de l'armée chinoise se rendirent maîtres des deux tiers du territoire tibétain et s'emparèrent finalement de la garnison de Tséthang, à deux jours à cheval de la capitale.

Cependant, le gouvernement de Lhassa se retrouvait de plus en plus écarté du pouvoir et ne pouvait qu'entériner, avec l'accord du jeune Dalaï-Lama, les décisions chinoises. C'est ainsi que celui-ci fut amené à réprouver publiquement la violence des Khampas en prônant la collaboration pacifique avec l'occupant. Pour l'aristocratie et une partie du clergé, dont les Chinois préservaient sciemment tous les privilèges, la vie continuait, et tandis qu'on dansait le cha-cha-cha dans les soirées chics de la capitale, le commerce prospérait dans le bazar avec l'arrivée massive des Chinois car, comme le note le Dalaï-Lama dans ses mémoires : « Les Chinois ne pouvaient se permettre de reconnaître la vérité : que c'étaient les gens mêmes qu'ils prétendaient vouloir libérer, qui s'étaient spontanément révoltés contre leurs libérateurs, et que la classe dirigeante tibétaine avait été infiniment plus prête à composer avec eux que le peuple (1). »

Durant l'hiver 1959, le Dalaï-Lama fut invité en Inde pour célébrer le deux mille cinq centième anniversaire de la naissance du Bouddha. Ayant visité les lieux sacrés, il rencontra le Pandit Nehru et lui confia son désir de rester en Inde pour négocier avec Pékin, mais le Premier ministre l'en dissuada sous la pression de Chou En-lai. Cependant, en Chine, Mao annonçait que l'introduction des réformes était suspendue au moins jusqu'en 1962, aveu que viendraient confirmer d'autres déclarations des milieux officiels de Pékin, laissant transparaître l'embarras des autorités chinoises face à des mouvements de révolte que la propagande communiste s'efforçait de minimiser sans y parvenir totalement.

La révolte

Après avoir pris Tséthang et le contrôle des routes menant vers l'Assam et le Bhoutan, les Khampas, maintenant bien organisés au sein de l'A.V.D.N., « l'Armée des Volontaires de la Défense Nationale », comprirent, après une dernière tentative, qu'ils ne pouvaient rien attendre du gouvernement tibétain. Vers la fin de l'année 1958, ils commencèrent donc à s'infiltrer par petits groupes dans la capitale, paradant de plus en plus ouvertement dans le bazar où leurs exploits étaient sur toutes les lèvres — leur projet étant de renverser le cabinet fantoche du Dalaï-Lama,

(1) TENZIN GYAMTSO, *Mon pays et mon peuple*, Olizane, Genève 1984.

trop coopérant à leur goût avec l'envahisseur, et de mener le peuple tibétain enfin réuni à l'insurrection générale.

A l'aube de cette année 1959, durant les fêtes du Mönlam, le grand festival religieux qui suit le Nouvel An tibétain, tandis que le Dalaï-Lama se préparait à passer ses derniers examens monastiques pour obtenir le titre de Guéshé Lharampa, épreuves qui devaient avoir lieu en public dans le temple de Jokhang, il fut invité à une représentation théâtrale au quartier général des troupes chinoises. Cette invitation transmise par deux officiers subalternes dans le temple même, à l'encontre du protocole, déclencha un vent de suspicion qui tourna rapidement à la panique. Lorsque les Chinois, qui venaient d'annoncer la présence prochaine du Dalaï-Lama à l'Assemblée Nationale de Pékin, signifièrent au Lama qu'il ne pouvait être accompagné ni de soldats ni de sa garde, mais qu'il devait s'y rendre seul et non armé, la population, croyant que les Chinois allaient s'en prendre à la personne même du Pontife, l'emmener de force à Pékin ou le retenir prisonnier, se regroupa en quelques heures devant le Palais d'Eté, le Norbulingka, bien décidée à l'empêcher, même contre son gré, à se rendre à cette représentation.

En cette matinée du 10 mars, près de trente milles personnes s'étaient assemblées spontanément devant le Norbulingka, criant des slogans hostiles aux Chinois. Certaines personnalités considérées comme prochinoises furent malmenées en essayant de pénétrer dans le palais et bientôt, la foule élut un comité de Libération du Tibet composé de soixante-dix membres qui, le soir même, dénonçait « l'accord en dix-sept points » sous prétexte qu'il avait été violé par les Chinois et déclara officiellement la guerre à la Chine.

Le Dalaï-Lama essaya de calmer la foule en lui promettant de ne pas se rendre au camp chinois et envoya ses ministres annoncer son incapacité d'honorer l'invitation du général en chef des troupes d'occupation. Celui-ci, ivre de rage, sortit de sa réserve et accusa les ministres de fomenter la rébellion et de supporter la « clique réactionnaire des propriétaires de serfs », tandis que la garde personnelle du Dalaï-Lama se mutinait et prenait fait et cause pour les « rebelles ». Pendant les jours qui suivirent, aucun élément nouveau ne survint mais la situation se dégradait. De nombreux témoins firent état de mouvements de troupes et de pièces d'artillerie vers la capitale, tandis que la foule, ayant établi son quartier général dans le village de Shol au pied du Potala, retenait en fait le Dalaï-Lama prisonnier dans le Palais d'Eté. Celui-ci, afin d'éviter l'affrontement qui semblait imminent, échangea avec le général en chef de la garnison chinoise des lettres cherchant à temporiser, comme il l'expliqua lui-même par la suite.

Selon le Dalaï-Lama, Ngabo, qui ne sortait plus du camp chinois, lui demanda par lettre de faire connaître sa position dans le palais, affirmant que « les Chinois feront sans doute tout pour que ce bâtiment ne soit pas endommagé » *(sic)* (1).

Le cabinet tibétain étant de fait démis de ses fonctions, il devint nécessaire d'éloigner le Dalaï-Lama car sa mort eut signifié la fin du Tibet.

Le 17 mars 1959, le souverain et quelques membres de son cabinet et de sa famille quittèrent le Palais d'Eté à la faveur de la nuit, dans le plus grand secret, déguisés en Khampas et guidés par des « rebelles » et le chef de sa garde personnelle.

Ayant traversé la Kyichu, la rivière qui longe la ville, la troupe fut accueillie par quelques-uns des jeunes chefs militaires de l'A.V.D.N. qui, malgré la situation, présentèrent au Lama des écharpes blanches en signe de respect. Celui-ci les bénit en retour, effaçant en un instant dans leurs cœurs des années de lutte et de privation. En cet instant solennel, comme le note Michel Peissel, ils avaient devant eux celui qui était la motivation et le support moral de leur lutte, mais qui les avait toujours reniés jusque-là. Sans doute ému lui aussi, le jeune Lama comprit que ces hommes étaient là pour lui, qu'ils mettaient leurs vies en danger pour sauver la sienne et qu'ils défendaient la foi dont il était l'incarnation vivante.

Rejoignant le Brahmapoutre, la petite troupe, sous la surveillance des guerriers Khampas, traversa le fleuve et s'enfonça dans la province du Loka, siège des forces armées de l'A.V.D.N. au Tibet.

Sur son passage, les villageois et les guerriers se pressaient pour accueillir celui qui redevenait un des leurs, leur chef spirituel et pour lequel ils étaient prêts à sacrifier leur vie.

A Lhassa, la foule ignorant le départ du dieu-roi, se préparait elle aussi à le protéger dans l'affrontement qui semblait maintenant inévitable. En effet, le 19 mars à trois heures du matin, les Chinois bombardèrent la Norbulingka. En quelques minutes, toute la ville fut sur le pied de guerre et se rua vers le Palais d'Eté pour sauver le Dalaï-Lama. Mais la ville était quadrillée par l'artillerie lourde et les tanks et, durant trois jours, du 19 au 21 mars, la population de Lhassa, encadrée par les Khampas, lutta avec tout le courage du désespoir ne sachant ce qu'il était advenu du Pontife. Les Tibétains tenaient le Potala, l'Ecole de Médecine et le Palais d'Eté mais la lutte était par trop inégale. Bien que supérieurs à l'ennemi dans les corps à corps de la vieille ville, les Tibétains durent s'avouer vaincus lorsque les tanks chinois enfoncèrent les portes du Jokhang, le temple le plus sacré du Tibet, construit treize cents ans plus tôt pour l'amour d'une princesse chinoise...

---

(1) TENZIN GYAMTSO, *op. cit.*.

Des milliers de morts jonchaient les rues lorsque le bruit des armes à feu s'interrompit. D'après certaines sources prochinoises, dix milles personnes furent emprisonnées, soit près d'un quart de la population de Lhassa, y compris les moines des grandes universités, et enfermées dans des prisons de fortune comme la Norbulingka ou le Jokhang.

Les Chinois déclarèrent que le Dalaï-Lama avait été enlevé par les « réactionnaires », thèse qu'ils défendirent bien après l'arrivée de celui-ci en Inde, puis ayant démis le cabinet de ses fonctions, ils le renforcèrent par un gouvernement fantoche présidé par Ngabo, le traître de Chamdo, et le Panchen-Lama fut nommé « président délégué pendant que le Dalaï-Lama est retenu sous la contrainte par les rebelles ».

Ainsi s'achevait la révolte de Lhassa. Nombreux furent ceux qui choisirent, à la suite du Dalaï-Lama, le chemin de l'exil, mais beaucoup d'autres vinrent grossir les rangs des Khampas, plus décidés que jamais à continuer les combats pour leur liberté.

Génocide au Tibet ?

L'annonce de l'arrivée du Dalaï-Lama en Inde fit en Occident l'effet d'une bombe et la « une » de nombreux journaux. En effet, la propagande chinoise et Nehru, qui qualifiait de « ragots de bazar » la révolte de Lhassa, avaient réussi jusque là à cacher au monde l'ampleur des événements et la fuite du pontife. Mais ce 18 avril 1959, quelque part en Assam, et devant une centaine de journalistes occidentaux, le porte-parole du Dalaï-Lama déclara que celui-ci avait quitté le Tibet de son plein gré et que l'« accord en dix-sept points » avait été signé sous la pression chinoise. Mentionnant les souffrances et les atrocités commises, il exprima le souhait que la tragédie du Tibet s'achève rapidement sans autre effusion de sang.

Cette déclaration sensationnelle provoqua la fureur des Chinois qui voyaient leur thèse de l'enlèvement anéantie et perdaient du même coup, par la fuite du Dalaï-Lama, l'une des pièces maîtresses de leur politique.

Dès son installation en Inde, le Dalaï-Lama saisit les Nations Unies de la question du Tibet, mais l'O.N.U. condamna par quelques propos lénifiants et sans portée réelle « la violation des droits fondamentaux de l'homme au Tibet », réaffirmant que « la Charte de la déclaration universelle des droits de l'homme est essentielle pour l'évolution d'un ordre mondial de paix (...). Elle exprima l'espoir que les Etats membres feront tous les efforts possibles en vue de l'accomplissement des buts de cette résolution. » Maigre consolation pour les milliers de Tibétains déportés dans des camps de travail, pour les milliers de moines défroqués de force et emprisonnés, pour les milliers de victimes innocentes de la répression ou pour les milliers d'enfants enlevés à leurs familles et endoctrinés dans les écoles chinoises.

Mais le rapport du comité juridique d'enquête sur la question du Tibet publié en 1960 est accablant, et les témoignages recueillis constituent autant de preuves irréfutables des atrocités commises depuis 1950.

Cependant, au vu de ce qui allait suivre, cette période de « réformes démocratiques » s'avèrerait presque idyllique. En effet, à la suite de la révolte de Lhassa, des milliers de prisonniers furent enfermés dans des camps de travail où la plupart moururent de faim, comme le relate Avedon (1). Selon une estimation du gouvernement tibétain en exil, 1 200 000 Tibétains moururent de mort non naturelle entre 1950 et 1980 : 175 000 périrent en prison ; 156 000 furent exécutés ; 413 000 moururent de faim lors de la famine qui dura de 1960 à 1973 à la suite de la réforme agraire et de la mise en place des communes agricoles ; 92 000 périrent par la torture tandis que 9 000 se suicidèrent (2).

Cependant, Han Suyin dans son apologie de la politique chinoise au Tibet, constate qu'au XIXe siècle, il y avait dix millions de Tibétains et seulement 1 113 000 en 1964 car « la hiérarchie religieuse tenait le peuple tibétain dans un esclavage mental et physique. On peut s'en rendre compte en voyant le pays mourant, les collines dénudées et la dépopulation rapide » (3). Elle ne sait sans doute pas que le Kham et l'Amdo, les deux provinces les plus peuplées du Tibet et qui constituent les deux tiers du territoire ont été annexées par la Chine depuis le début du siècle. Et sur les deux millions restant en 1950, il en reste 1 113 000 en 1964. Même en ajoutant les quelque 80 000 réfugiés en Inde, cela revient à effectivement reconnaître près de 800 000 morts au Tibet entre 1950 et 1964 (et tous ne peuvent pas être imputés à la variole, comme Han Suyin tente de nous le faire croire ; cette maladie a été importée de Chine et les Tibétains l'appellent d'ailleurs Gyama, la « lèpre chinoise »). Et l'introduction à son ouvrage, écrite par Max Olivier-Lacamp, a de quoi laisser rêveur : « Mais on ne peut qu'approuver la révolution quand on a compris qu'un pays lointain et inaccessible n'était pas composé seulement de mystère et de romanesque mais de chair et de sang, c'est-à-dire d'hommes, de femmes et d'enfants »... (4)

Dans les mois qui suivirent la révolte de Lhassa, des milliers d'enfants qui avaient été enlevés à leur famille dans les années cinquante et éduqués en Chine furent rapatriés au Tibet pour propager l'idéologie communiste et dénoncer les réactionnaires, parents, amis ou voisins. Les Thamzing ou « réunions de combat » se généralisèrent dans tout le pays.

---

(1) AVEDON J.F., *Loin du Pays des Neiges*, Calmann-Levy 1985.
(2) Chiffres cités par *Tibétan Review*, mars 1984.
(3) SUYIN H, *Lhassa Ville-fleur*, Stock, Paris, 1976.
(4) SUYIN H., *op. cit.*

Au cours de ces séances publiques, de jeunes activistes, ou des cadres du Parti, commençaient par exposer les crimes supposés ou réels des accusés, puis la foule était encouragée à insulter ou à frapper la victime, parfois jusqu'à la mort. Les serfs durent dénoncer leurs anciens maîtres, les enfants accuser leur mère et des lamas forcés de copuler en public. Ces séances avaient pour but de détruire dans l'esprit de l'assistance la soumission aux valeurs du passé et de semer la terreur et la suspicion parmi les Tibétains, chacun craignant la dénonciation qui ferait de lui la prochaine victime.

Cette pratique, fort prisée par le Parti pour éliminer les opposants au régime, devrait être un instrument redoutable durant la Révolution Culturelle, entre les mains des Gardes Rouges que Mao allait bientôt lâcher dans toute la Chine et qui n'épargneraient pas le Tibet.

Le Panchen-Lama subit lui-même ce sort lorsqu'en 1964, durant les fêtes du Mönlam de Lhassa, où il était supposé condamner officiellement le Dalaï-Lama, il déclara devant la foule rassemblée que le Tibet devait être gouverné par les Tibétains, reprenant par là les mots mêmes de Mao, et qu'il souhaitait une longue vie au Dalaï-Lama. Immédiatement mis à l'écart, il fut jugé un an plus tard en présence de Ngabo et du général en chef des troupes chinoises, accusé de soutenir les rebelles et de supporter l'Inde dans son agression contre la mère patrie. Bien que niant en bloc tous les chefs d'accusation retenus contre lui, il fut démis de ses fonctions officielles et envoyé en prison en Chine...

Pendant ce temps, les Khampas abandonnèrent progressivement la région du Loka pour établir, dans le courant de l'année 1962, leur quartier général au royaume de Mustang, petite enclave de culture tibétaine au nord des Annapurnas, mais appartenant politiquement au Népal. Cette région frontalière leur offrait le double avantage de pouvoir être ravitaillée en vivres et en armes par les caravanes de mules remontant les gorges de la Kali Gandaki et d'être, derrière les chaînes du Daulaghiri et de l'Annapurna, protégée d'une éventuelle attaque népalaise. D'autre part, cette position leur permettait d'attaquer les garnisons du Tibet central et la route du Sinkiang, unique accès logistique des troupes chinoises à l'ouest de Lhassa.

En 1962 les combats reprirent sur tout le territoire tibétain. Pour faire face à cette recrudescence de la révolte, les Chinois se virent obligés de consacrer un budget colossal aux dépenses militaires pour entretenir près de 200 000 hommes, dont la moitié au Tibet central, loin de leurs bases et toujours à la merci des embuscades et des raids des soldats de l'A.V.D.N. Sur le plan politique, deux événements allaient permettre aux Khampas de bénéficier d'une aide plus importante de la part des puissances étrangères. Tandis que la C.I.A. et Taïwan intensifiaient les parachutages d'armes et l'entraînement de commandos tibétains aux Etats-Unis mêmes (1), l'U.R.S.S. tout d'abord allait rompre avec Pékin à la suite d'incidents à la frontière du Sinkiang, interrompant ses fournitures d'armes à la Chine, pour soutenir ouvertement la rébellion des guerriers Kashats et des Khampas. L'Inde ensuite dénonçait, bien des années après son achèvement, la construction de la route du Sinkiang qui empiétait largement sur son territoire dans le désert de l'Aksaï Chin. Les incidents de frontière se multiplièrent le long de la ligne Mac Mahon, aboutissant finalement à de violents combats en Assam. Nehru, refusant de négocier, dut assister à la débâcle de l'armée indienne. Mais contrairement à toute attente et malgé les milliers de soldats stationnés au Loka, les Chinois, après une offensive de plusieurs dizaines de kilomètres en territoire indien, se retirèrent trente-deux kilomètres en deçà de la ligne Mac Mahon, abandonnant les territoires conquis, sans doute, comme le suggère Michel Peissel (2), afin de ne pas s'engager sur plusieurs fronts alors que les rebelles multipliaient leurs attaques à l'intérieur même des frontières. Pour la Chine, ce repli constituait en fait la reconnaissance tacite de ces combats que Pékin s'ingéniait à minimiser aux yeux de l'opinion internationale.

La Révolution Culturelle (1966-1972)

En 1965, les nouveaux « représentants du peuple émancipé » élus sous l'œil vigilant des cadres du Parti, se réunirent pour la première session du « Conseil du Peuple » à Lhassa et la « Région Autonome du Tibet » (T.A.R.) fut officiellement créée.

Mais, à la suite de l'échec du « grand bond en avant », Mao, pour consolider son pouvoir à la tête de l'aile ultra-gauche du Parti, dut recourir à des purges parmi les membres influents de la tendance modérée, représentée entre autres par Deng Xiaoping. Pour ce faire, Mao fit appel aux jeunes activistes du Parti, les incitant à prendre le pouvoir dans tous les comités révolutionnaires et les organisations communistes locales. Les Gardes Rouges furent littéralement lâchés dans tout le pays afin d'établir la culture prolétarienne et démasquer les cadres soupçonnés de révisionnisme. Dès leur arrivée au Tibet, les Gardes Rouges entreprirent la destruction systématique des monastères, brûlant des milliers de textes et détruisant les bibliothèques. Bien que des commissaires chinois aient épargné les statues les plus précieuses qui furent envoyées à Pékin ou fondues, le reste fut livré à la vindicte des Gardes Rouges et des activistes tibétains, ceux-ci étant d'ailleurs dispensés du travail obligatoire pour pouvoir participer à l'œuvre de destruction. A Lhassa, le Jokhang, le plus

(1) AVEDON J.F., *op. cit.*
(2) PEISSEL M., *Les Cavaliers du Kham*, Laffont 1972.

ancien temple du Tibet, fut entièrement saccagé et transformé en por-cherie. Dans le Norbulingka, la première mission exploratoire du Dalaï-Lama retrouva la cour d'un temple entièrement remplie sur deux étages de débris de statues, de textes et d'objets rituels entassés là pêle-mêle. Partout les fresques furent recouvertes de slogans que l'on tente aujourd'hui d'effacer, mais les divinités aux visages criblés de balles, que l'on voit à Samyé notamment, témoignent encore de cette folie destructive.

Ce que l'agence de presse Chine Nouvelle appelle « l'établissement d'une nouvelle culture par la destruction des chaînes de la culture féo-dale et capitaliste » se traduisit dans les faits par une recrudescence des meurtres, des emprisonnements et des Thamzings. Les Gardes Rouges rendirent obligatoire l'affichage du portrait de Mao dans tous les foyers et sur les cent cinquante mètres de façade du Potala, là où autrefois on déployait une fois l'an le tankha monumental du Bouddha, de grands étendards en lettres rouges souhaitaient « longue vie au P.C.C. – Lon-gue vie à Mao Tsé-toung ».

Ce fut, piètre consolation, un sujet de plaisanterie pour les Tibétains car Tsé-toung signifie « courte vie » dans un pays où la longue vie — Tsé ring — est un prénom aussi répandu que Jean ou Paul en Occident et l'un des souhaits les plus chers (1). Au sein des organes dirigeants du Parti et de la Région Autonome, les Gardes Rouges livrèrent une lutte sans merci aux cadres de la Grande Alliance qui regroupait les têtes pen-santes de l'armée et du pouvoir civil du Tibet. De nombreux cadres furent évincés, accusés de révisionnisme, d'autres préférèrent la fuite comme Ngabo qui se réfugia à Pékin ou le chef de la garnison chinoise de Lhassa qui se fit nommer au Sinkiang. Cette lutte pour le pouvoir, où chacune des tendances essayait de se montrer plus maoïste que l'autre, se termina par des combats dans les rues de la capitale sous les yeux des Tibétains qui se terraient dans leurs maisons.

Il est encore difficile aujourd'hui de mesurer l'impact réel de la Révo-lution Culturelle au Tibet, mis à part la destruction radicale de toutes les formes religieuses et culturelles, et les nombreux changements qui inter-vinrent aux postes clés du Parti et du Comité ; cependant tous les témoi-gnages de réfugiés s'accordent pour décrire les années 1966-1972 comme les plus dramatiques que le peuple ait eu à subir. Malgré les résultats spec-taculaires annoncés par la radio chinoise et des auteurs comme Epstein (2), des dizaines de milliers de Tibétains moururent de faim mettant en évidence l'échec des communes agricoles.

_____

(1) Il fut finalement interdit d'appeler Mao autrement que Mao Tonshi, le « Président Mao ».
(2) EPSTEIN I., *Tibet Transformed*, New World Press, Pékin 1983.

En 1975, on recense 1925 communes, employant cent à deux cents personnes. Mais celles-ci ne peuvent enrayer la famine, phénomène jusqu'alors inconnu au Tibet, qui va ravager le pays, conséquence de deux facteurs : tout d'abord le remplacement de l'orge traditionnel par le blé d'hiver, dont le rendement est bien inférieur, et l'envoi par convois entiers de milliers de tonnes de grain en Chine.

Sans doute conscient de ces mauvais résultats, le gouvernement Deng Xiaoping va, dès 1978, rendre la terre aux paysans et réautoriser la culture de l'orge. Quoi qu'il en soit, les difficultés de survie, pour les Tibétains qui ne profitèrent pas des avantages consentis aux ouvriers des grands chantiers mis en place par les Chinois, et les luttes intestines pour le pouvoir, seront sans doute les causes des nombreuses révoltes qui éclatèrent en 1968 et 1969 dans tout le pays et notamment au Kham. En 1972, on parle de révoltes dans soixante des soixante-douze districts du Tibet (1).

EXTRAITS DU RAPPORT DU COMITE JURIDIQUE D'ENQUETE SUR LA QUESTION DU TIBET

« 1 — La question du génocide

Le Comité considère comme établi que des actes de génocide ont été commis au Tibet dans l'esprit d'exterminer la population tibétaine en tant que groupe religieux et que ces actes peuvent être qualifiés de génocide en l'absence même d'une convention internationale spéciale. En revanche, il n'estime pas comme suffisamment établi que des actes de génocide, au sens du droit international, aient été commis en vue d'exterminer cette même population en tant que groupe racial, national ou ethnique.

Il est établi que des meurtres et des déportations d'enfants ont été commis dans le but avéré d'exterminer le groupe bouddhiste tibétain. Par ailleurs, quelle qu'ait été l'ampleur des meurtres et des déportations, il n'est pas établi que ces persécutions aient été dirigées contre les Tibétains. On leur a contesté le droit d'exister comme groupe religieux (...).

Les Chinois sont allés jusqu'à mettre délibérément à mort des lamas et des moines parmi les plus vénérés, et même des laïcs pratiquant ostensiblement leur religion, avec l'intention avouée d'anéantir la foi religieuse au Tibet.

Les témoignages recueillis montrent que les massacres perpétrés sans aucune justification au Tibet sont bien loin d'être limités au cadre des groupes religieux. Il importe d'examiner avec une attention toute particulière les preuves recueillies au sujet des attaques aériennes effectuées au hasard, sur tous les êtres humains qui se trouvaient à portée des avions et les fusil-

---

(1) AVEDON J.F., *op. cit.*

L'espoir

Même Israël Epstein dans son livre a du mal à suivre les méandres de la politique de Pékin et doit, au fil des années, corriger ses jugements et reprendre ses arguments pour rester dans la droite ligne du moment (1). Après la Révolution Culturelle apparaît l'annonce d'un nouveau changement de cap suite à ce qu'Epstein appelle « des imperfections nécessitant correction »... En 1972 les « quatre libertés » sont proclamées au Tibet : la liberté de culte et celle du commerce privé, la liberté d'emprunter et de prêter avec intérêt et celle de louer des ouvriers agricoles et des serviteurs. De plus, outre l'autorisation de porter des vêtements traditionnels, un comité composé de moines et d'anciens lamas est mis en place pour l'entretien et la réparation des monastères. Mais il faudra aux Tibétains quelques années de patience et la

---

lades délibérément dirigées contre des Tibétains qui ne participaient à aucun acte d'hostilité.

2 — Le statut du Tibet

Le Comité estime que le Tibet était un Etat indépendant, tout au moins « de facto », au moment où l'accord dit « sur les mesures de libération pacifique » a été signé en 1951 : c'est donc à juste titre que le gouvernement tibétain a dénoncé cet accord en 1959.

(...) Le Comité a la preuve que ces engagements et d'autres ont été violés par la République Populaire de Chine : le gouvernement du Tibet était donc en droit de dénoncer l'accord, ce qu'il a fait le 11 mars 1959.

Le Tibet, quant à lui, s'est acquitté des obligations qui lui incombaient aux termes de l'accord, et dont la principale était l'abandon de son indépendance.

3 — Sur le développement du Tibet

Ce que nous savons des actuelles conditions de vie au Tibet indique que le progrès matériel profite entièrement aux Chinois et s'exerce même au détriment des Tibétains qui voient baisser leur niveau de vie.

De plus, ce développement du Tibet ne s'est fait qu'au prix d'actes de génocide contre le groupe religieux des bouddhistes et de violations massives des droits de l'homme. En regard de ces crimes, les améliorations qui auraient été apportées à la vie économique, sociale et culturelle du Tibet sont de bien peu de poids. » (1)

(1) *Le Tibet et la République Populaire de Chine*, Commission Internationale des Juristes, 2 tomes, Genève 1960.

---

(1) EPSTEIN I., *op. cit.*

mort de Mao en 1976 pour que cette politique d'ouverture menée par Deng Xiaoping soit effective. Avec l'arrivée de colons chinois, estimés à 600 000 en 1975 (soit le tiers de la population), les troubles reprirent au Kham et en Amdo, notamment parmi les tribus Ngoloks, tandis qu'au Mustang les derniers groupes Khampas étaient anéantis par l'armée népalaise qui, à la suite de pressions chinoises, emprisonnait la plupart de leurs chefs à Kathmandu.

En 1978, le Panchen-Lama, que beaucoup croyaient mort dans les prisons chinoises, réapparaît et fait son autocritique, visiblement décidé à travailler avec les autorités. Celles-ci entament des pourparlers avec le gouvernement du Dalaï-Lama en exil pour envisager son retour éventuel. Trois délégations guidées par des proches du Lama (dont son frère et sa sœur) parcoururent le Tibet entre 1979 et 1981. Malgré la pression des autorités, des milliers de Tibétains se pressèrent pour les accueillir, mais pour les délégués, ces visites furent des chocs difficilement supportables. Comme le raconte Lobsang Samtsen, le frère aîné du Dalaï-Lama et chef de la première de ces trois délégations : « Nous étions tellement choqués qu'après quelques jours aucun d'entre nous ne pouvait manger ou dormir. Nous nous rappelions la vie dans le vieux Tibet. Nous pensions à notre liberté en Inde en la comparant à ce qui se passait dans notre pays. Pendant ce temps, les Chinois nous répétaient sans aucune gêne la propagande concernant l'amélioration des conditions de vie et la joie du peuple. Nous étions furieux et par dessus tout, nous étions habités par des sentiments contradictoires entre la joie et la tristesse de revoir notre peuple. C'était trop. Quand je suis arrivé à Hong-Kong à la fin de notre périple, j'ai réellement dormi nuit et jour pendant une semaine (1). »

Malgré des efforts de part et d'autre pour trouver une solution, les négociations en vue d'un retour éventuel du Dalaï-Lama semblent aujourd'hui dans une impasse. Les clauses de Pékin spécifient que la stabilité politique du Tibet est irréversible, stipulent que le Dalaï-Lama, bien que jouissant du même statut qu'avant 1959, serait tenu de vivre à Pékin et autorisé à se rendre de temps en temps au Tibet, et qu'au cas où il désirerait rentrer, il serait autorisé à en parler à la presse et même libre de décider de ce qu'il voudrait dire !

Ces clauses sont jugées inacceptables par Dharamsala et le Dalaï-Lama a souvent mentionné que son retour n'était pas conditionné par la question de son statut mais par la liberté des Tibétains et par l'indépendance religieuse et politique du Tibet.

Depuis 1978, les contacts entre les Tibétains en exil et ceux de l'intérieur furent de nouveau autorisés et certains purent même retrouver leur famille après parfois plus de vingt ans de séparation. Sur le plan religieux,

---

(1) Cité par AVEDON, p. 413, op. cit.

de nombreux monastères sont actuellement en cours de rénovation, grâce à des subventions du gouvernement de Lhassa. En 1986, le Panchen-Lama présida dans le Jokhang, après vingt-cinq années d'interruption, le grand festival du Mönlam, devant des milliers de moines et de fidèles. La même année, près de 250 000 Tibétains se rendirent en Inde, à Bodhgaya, pour recevoir du Dalaï-Lama la grande initiation du Kalachakra.

Depuis 1985, l'arrivée massive de touristes du monde entier a nécessité la construction d'hôtels, l'acquisition de biens d'équipement et la constitution d'un parc impressionnant de voitures et de cars. Cette nouvelle étape dans l'histoire du Tibet va sans doute faire évoluer les mentalités, apporter de l'argent frais et remettre une fois encore le pays sous le feu des projecteurs de l'actualité ; mais nul ne sait si cette manne sera véritablement bénéfique aux habitants du Pays des Neiges.

Le Tibet aujourd'hui

Vingt-six ans après la création de la « Région Autonome du Tibet » (T.A.R.), le Tibet reste le point le plus sensible de la politique chinoise envers les minorités. Les colons Hans sont mal à l'aise, la plupart vivent en marge de la société tibétaine et les Chinois qui voudraient s'implanter rencontrent de grandes difficultés d'intégration. De plus l'omniprésence de l'armée chinoise donne plus l'impression d'un pays conquis que d'une région rattachée à la « mère patrie ». Pourtant, selon les discours officiels, le Tibet « fait partie intégrante de la Chine depuis le milieu du treizième siècle » !

A ces difficultés humaines et politiques s'ajoutent les faibles productivités et la quasi-inaccessibilité des ressources du sous-sol que les conditions géographiques et climatiques rendent inexploitables. Enfin il y a la résistance même des Tibétains qui, tout en reconnaissant, pour la plupart, les progrès accomplis depuis trente ans, restent profondément attachés à leur culture et à leur liberté.

D'après certaines sources chinoises, il y aurait actuellement cent mille Hans au Tibet, soit 4,5% de la population estimée à deux millions deux cent mille habitants, ces chiffres n'incluant ni les militaires ni leurs familles, ce qui laisserait supposer qu'il y a toujours près de trois cent cinquante mille chinois au Tibet. Sous couvert d'autonomie, les Hans occupent les postes clés, même s'ils semblent seconder les fontionnaires tibétains sortis de l'exil ou de « la réforme par le travail » et parachutés à des postes de représentation.

Le *Quotidien du Peuple* reconnaissait récemment encore, que la réalité demeure assez éloignée de la propagande : « Certains camarades comprennent mal l'importance de la loi sur le statut des régions autonomes

LE DALAI-LAMA ET LA REVOLTE

Ayant appris dès 1956 la révolte des Khampas, le Dalaï-Lama déclare :
> « *A mes yeux, c'était une situation désespérée, sans issue raisonnable. Dans ces montagnes inaccessibles, la guérilla pouvait certes tenir pendant des années sans que les Chinois soient jamais capables de l'en déloger. Mais tant que cela durerait, c'est le peuple tibétain qui allait souffrir, avant tout les femmes et les enfants.* »

Et plus loin :
> « *Cette fonction de Dalaï-Lama, qui depuis des siècles avait régi avec bonheur le Tibet, devenait presque insupportable. En ma double qualité de chef spirituel et temporel, je tenais à m'opposer à toute violence de la part des populations.* »

Concernant sa fuite en Inde et pour répondre à la propagande chinoise affirmant son enlèvement, le Dalaï-Lama écrit :
> « *Je tiens à rappeler une fois pour toutes que j'ai quitté Lhassa de mon plein gré. La décision a été prise par moi seul, certes sous la pression d'une situation désespérée, mais je n'ai pas été enlevé par mon entourage. Pour partir, je n'ai subi la pression de personne, si ce n'est des Chinois qui se préparaient à bombarder mon palais, ce dont les Tibétains de Lhassa ont été témoins. Et si j'étais resté, ma vie aurait été en danger.* »

Mais il justifie sa correspondance avec le général en chef des troupes chinoises à Lhassa :
> « *Même si j'avais su que ces lettres seraient un jour utilisées contre moi, je les aurais tout de même écrites. Car mon premier devoir moral, à ce moment-là, était d'empêcher un affrontement désastreux entre un peuple désarmé et les forces chinoises.* »

A la veille de sa fuite, au peuple révolté dans les rues de la capitale, il réaffirme ses vues en faveur de la non-violence :
> « *Et peut-être faut-il que je répète encore une fois mon désaveu pour la violence agressive, ce qui m'empêcherait d'approuver les démonstrations hostiles de la population de Lhassa. J'étais sensible, et je le suis toujours, aux marques d'affection que mon peuple a eues pour moi en tant que symbole du Tibet. Une attitude qui était en fait la raison même de sa colère contre l'occupant en ce jour fatal. Comment blâmer son inquiétude pour ma sécurité, quand on sait que le Dalaï-Lama représentait pour les Tibétains l'essentiel de leur vie et de leurs actions ? Mais j'étais persuadé qu'en persistant, ils allaient droit au désastre ; et en tant que chef de l'Etat, je devais tout tenter pour contenir leur colère et éviter leur propre destruction sous la botte de l'armée chinoise.* »

Cependant, après des années de luttes, les chefs Khampas purent enfin avoir, lors de sa fuite, un entretien avec le dieu-roi pour qui ils s'étaient battus pendant de longues années sans recevoir de sa part le moindre signe d'encouragement.

« Avant de quitter Chongyé, j'eus la chance de rencontrer d'autres chefs Khampas et d'avoir avec eux un échange franc et approfondi. Malgré mes convictions, j'avais une très grande admiration pour leur courage et leur détermination à poursuivre ce sombre combat, engagé pour défendre notre liberté, notre culture et notre religion. Je les en remerciais. Les déclarations gouvernementales les traitant de réactionnaires et de bandits, leur expliquai-je, ne devaient pas les troubler, car elles nous avaient été dictées par les Chinois qui nous avaient forcés à les publier. Dès lors je ne pouvais plus, en toute honnêteté, leur recommander d'abandonner la violence. Pour se lancer dans la bataille, ils avaient sacrifié leur foyer, et renoncé au confort et aux avantages d'une vie paisible. Il ne leur restait aujourd'hui pas d'autre alternative que de combattre et, pour ma part, je n'en avais aucune autre à leur proposer. »

En conclusion, le Dalaï-Lama ajoute :

« Si je regarde en arrière, je n'ai aucun regret d'avoir adopté jusqu'au bout une politique de non-violence. Du point de vue capital de notre religion, c'était la seule politique possible. Et je crois encore que si mon peuple avait été capable de s'y tenir avec moi, la situation au Tibet serait un peu plus enviable qu'elle ne l'est aujourd'hui. »

Tous ces propos du Dalaï-Lama ont été écrits en 1960 et 1961, c'est-à-dire dans les toutes premières années qui suivirent son arrivée en Inde, ils sont extraits de «Mon Pays et mon Peuple » (1).

_____

(1) Editions Olizane, Genève 1984.

(...) Ils n'ont pas prêté attention aux particularités de ces régions, n'en ont pas assez respecté les prérogatives et parfois ont même violé cette loi. »

Pour la plupart des Chinois, envoyés au Tibet pour cinq ans, ce pays est une sorte de Sibérie. Certains sont volontaires, espérant obtenir dans cette lointaine province la promotion sociale qui leur est refusée ailleurs. Quelques-uns se sont intégrés : ils parlent le tibétain et se sont même mariés sur place, mais cela reste tout à fait exceptionnel.

Une jeune fille chinoise de Chengdu nous confiait récemment qu'elle se sentait étrangère dans cet environnement culturel si différent de sa province natale, pourtant peu éloignée. Après une année passée à Lhassa, elle n'avait toujours pas de contacts avec des Tibétains, bien qu'elle en côtoit quotidiennement dans son travail. Quant aux Chinois, ils sont, selon elle, tellement préoccupés à préserver leur place et à déjouer les intrigues politiques permanentes, qu'ils n'ont que peu de temps pour penser à autre chose ! Cependant de nombreux témoignages confirment que tous les Tibétains ne sont pas antichinois, loin s'en faut : les riches ont retrouvé certains de leurs privilèges antérieurs, leurs affaires sont prospères et ils profitent largement de la présence chinoise. Les classes moyennes sont plus réfractaires à l'intégration, mais c'est dans les couches populaires, nomades et paysans, que l'hostilité demeure la plus exacerbée.

Entre les Tibétains du Tibet et les quelque cent mille qui choisirent l'exil en suivant le Dalaï-Lama et les principaux dignitaires religieux, le fossé s'élargit chaque jour. La nouvelle génération, née hors des frontières, s'est intégrée de l'autre côté de l'Himalaya, au Népal, en Inde ou sur les contreforts de l'Appenzell, en Suisse. Certains ne parlent pas leur langue maternelle et sont titulaires de passeports émis par leur pays d'adoption. L'un d'entre eux, rencontré à Lhassa pendant les évènements d'octobre 1987, nous confia qu'il ne se sentait pas concerné, car il était Népalais et voyageait au Tibet uniquement pour affaires !

En Inde, le gouvernement a attribué aux réfugiés le monopole de la vente des pull-overs et on les rencontre, voyageurs infatigables, aux quatre coins du sous-continent, dans toutes les grandes villes de l'Inde.

Sur les contreforts de l'Himalaya, en Himachal Pradesh, une importante communauté s'est installée à Dharamsala, autour du Dalaï-Lama. Plus politisés que la majorité des jeunes Tibétains, et farouchement attachés à l'indépendance du Tibet, de nombreux jeunes, éduqués en Inde et parlant parfaitement l'anglais, travaillent dans les services du gouvernement en exil, en rêvant d'un Tibet uni et libre. Mais les Tibétains, dans leur ensemble, sont avant tout des politiciens et de nombreuses difficultés subsistent pour réaliser cette unité. Des groupements d'intérêts se sont reformés et les exilés reproduisent, hors de leurs frontières, les rivalités et le sectarisme qui ont grandement précipité la chute du Tibet. Il n'est guère que la personnalité du Dalaï-Lama qui puisse aujourd'hui les réunir.

Le Dalaï-Lama est devenu, au fil des années, le porte-parole de la cause tibétaine et un ardent défenseur de la paix dans le monde, rencontrant au cours de ses nombreux voyages, les plus grandes personnalités politiques et religieuses du monde occidental.

Les chinois jouent maintenant la carte du tourisme au Tibet : investissements massifs, constructions d'hôtels, achats de véhicules, infrastruture routière, développement des télécommunications. Faisant d'une pierre deux coups, cette politique d'ouverture permet de rentabiliser le pays et de cautionner la présence chinoise au Tibet, chacun pouvant se rendre compte par lui-même des progrès apportés par la Chine, de la liberté religieuse et de la reconstruction des monastères et des temples. En 1985, près de 15 000 touristes se rendirent à Lhassa ; en 1986 ils étaient 30 000, les autorités espérant atteindre le chiffre de 200 000 visiteurs en l'an deux mille. Le Tibet est indéniablement à la mode et il fait vendre.

Il y a quelque temps, les murs de Paris étaient recouverts par les immenses affiches de la campagne publicitaire d'un grand constructeur automobile. Devant le Potala, un jeune Trulku au sourire profond déclare « Révolutionnaire ! » la dernière née de la gamme. Cependant, les spécialistes de la communication de Citroën n'avaient pas prévu que « le pays où naissent les dieux » allait tout à coup faire la une de tous les journaux pour de tout autres raisons que la vente de leur nouveau produit ! A la suite de la déclaration du Dalaï-Lama sur la violation des droits de l'homme au Tibet et le droit à l'autodétermination proclamé devant la Chambre des représentants américaine, le 24 septembre 1987, quelques dizaines de moines du monastère de Drépung manifestèrent autour du Jokhang, immédiatement suivis par un millier de laïcs réclamant l'indépendance du pays et scandant des slogans hostiles aux Chinois.

Les manifestants tentèrent de se diriger vers le bureau central de la Région Autonome, mais l'intervention des forces de police fit dégénérer la manifestation en affrontement. Trente moines furent arrêtés et de nombreuses personnes interpellées à leur domicile en pleine nuit et emmenées dans des camions militaires. Le 1er Octobre, journée nationale chinoise, les moines réclamèrent la libération de leurs collègues et le départ des Chinois. Quelques moines furent de nouveau arrêtés et enfermés dans les locaux de la Sécurité publique sur le Barkhor. La foule se rassembla devant la porte et lorsque les véhicules soupçonnés de transférer les captifs tentèrent de sortir de l'enceinte, ils furent incendiés et bientôt le bâtiment lui-même ne fut plus qu'un brasier d'où s'échappèrent les prisonniers. Deux personnes furent tuées par les gardes durant l'échauffourée et la foule surexcitée, portant les dépouilles mortelles sur des tables, se dirigea vers les bureaux de la « Région Autonome » à quelques centaines de mètres de là. La garde spéciale ouvrit alors le feu sur la foule et une quinzaine de personnes furent tuées sur le coup. Le journal *Libération* du 6 octobre titrait en première page : « Le Tibet sur un toit brûlant », tandis que trois mille soldats des Forces Spéciales stationnées à Chengdu étaient rapidement acheminés vers la capitale.

Bien que les frontières n'aient pas été fermées, l'ambassade de Chine à Kathmandu ne délivrait plus de visas, les vols Chengdu/Lhassa furent suspendus et les touristes individuels, invités par des placards affichés partout à quitter le pays dans les huit jours. Le Tibet allait-il refermer une nouvelle fois ses frontières et redevenir « le Pays Interdit » ? Les autorités chinoises qui montrèrent au monde des images télévisées des événements de Lhassa ne voulurent sans doute pas remettre en cause leur politique d'ouverture : le *China Daily* du 12 octobre annonçait la confession de dix-neuf lamas de Séra ayant avoué leurs activités contre la loi tandis que d'autres commençaient, toujours selon le journal, à voir leurs erreurs...

Pour la première fois sans doute dans l'histoire du Tibet, des témoins occulaires occidentaux ont pu faire parvenir au monde d'autres informations que les discours officiels de la propagande chinoise, celle-ci accusant d'ailleurs ceux-là d'avoir participé aux violences de Lhassa. Devant les nombreux témoins présents sur place, les Chinois furent obligés d'admettre ces événements qui furent cependant bientôt récupérés par la propagande.

Une jeune femme tibétaine déclara dans les colonnes du *China Daily* : « Maintenant que notre vie s'améliore, le thé au beurre est trop épais et les coussins trop douillets pour que les jeunes lamas s'asseyent tranquillement à réciter leurs textes ! »

Tout allait rentrer dans l'ordre quelques jours plus tard. Mais les forces spéciales qui patrouillaient nuit et jour dans les rues de la capitale, dans des hurlements de sirènes, ne parvinrent cependant pas à décourager les pèlerins venus de tous les vastes horizons du Pays des Neiges, pour accrocher sur les toits des temples de Lhassa les chevaux du vent qui se balancent doucement dans l'azur, comme une promesse...

DEUXIEME PARTIE

VAJRADHARA (Tib. Dorjéchang)

Le Bouddha primordial. Il symbolise l'esprit éveillé de tous les Bouddhas.
Il tient unis le Vajra (Tib. Dorjé) représentant les moyens habiles du Tantrisme,
et la cloche, la Sagesse primordiale.

I — De la philosophie aux Tantras

Si tu croises le Bouddha dans la rue...

A l'opposé de la plupart des grands « fondateurs de religion », le Bouddha Siddharta de la famille Gautama qui vécut en Inde du nord au VIe siècle avant notre ère, ne se présente pas comme une émanation divine ni comme un mystique inspiré par un dieu ou une puissance extérieure. Sa vie, au contraire, nous raconte l'histoire d'un homme résolument humain, simple, cherchant à comprendre le monde, ses souffrances et ses injustices. « De même que la vaste mer est imprégnée d'une seule saveur, celle du sel, de même, ô disciples, cette doctrine et cette discipline sont imprégnées d'une seule saveur, celle de la délivrance » (1). Par ses expériences et sa méditation, il réalisa la vraie nature de son esprit et atteignit la libération sous l'arbre Bo à Bodhgaya en Inde.

Le Bouddha se définit lui-même comme un guide sur le chemin ou comme un médecin qui propose un diagnostic et un remède, laissant libre le patient de l'appliquer ou non, ce que les maîtres tibétains traduisent en disant : « Je ne peux que vous conduire à la porte de vous-même, à vous seul ensuite de faire le chemin ». Cette approche expérimentale du Bouddhisme originel le différencie de l'Hindouisme qui lui servit de cadre. En effet, à l'encontre de celui-ci, le Bouddhisme est une voie spirituelle ascendante qui affirme que tout homme possède en lui-même la capacité de s'éveiller à sa vraie nature, quelle que soit son origine sociale. En ce sens, il ne reconnaît pas le système des castes et rejette l'ordre des Brahmanes de l'époque, figés dans le dogmatisme des textes et plus préoccupés par les formes extérieures du rituel que par la recherche de la connaissance.

---

(1) Extrait du Canon Pali.

En premier lieu, on pourrait définir le Bouddhisme comme une voie spirituelle de libération de la souffrance, expérimentale, critique et donc subjective.

Cette découverte de la nature subjective de l'expérience fut une révolution dans l'histoire des idées, notamment en Inde, et différencie aujourd'hui encore le Bouddhisme de toutes les autres théories de la connaissance.

Après des siècles d'objectivisme scientifique, depuis Descartes notamment, certains scientifiques à la suite de Jung en psychologie ou de Capra en physique, commencent à prendre en considération le caractère subjectif dans l'observation des phénomènes, se rapprochant ainsi des thèses énoncées par le Bouddhisme depuis deux millénaires (1). A l'exemple du Bouddha lui-même, l'adepte est donc encouragé à ne rien accepter qu'il n'ait au préalable compris et intégré par l'expérience directe, ce que le Bouddhisme Zen traduit par cet aphorisme : « Si tu croises le Bouddha dans la rue, tue-le », car le Bouddha ne peut être trouvé ni dans les dogmes ni à l'extérieur, mais il réside en nous-même, et c'est à chacun d'entre nous qu'il appartient de le réaliser.

Traditionnellement, cette voie spirituelle expérimentale est divisée en trois étapes nécessaires mais dont la durée et l'importance varient selon les écoles et les capacités des individus :

1 — L'écoute : qui comprend l'étude des textes et l'écoute des enseignements transmis depuis deux mille ans, du Bouddha à nos jours.

2 — La réflexion sur leur sens, incluant la logique et le débat.

Durant ces deux phases tous les concepts, y compris celui même de Bouddha, doivent être analysés, disséqués et finalement intégrés jusqu'à ce que tous les doutes aient été dissipés.

3 — La méditation, afin que cette connaissance ne reste pas un exercice intellectuel, mais qu'elle se transforme en une expérience immédiate et définitive qui détruit totalement les racines de l'ignorance.

Philosophie ou religion ?

Cette connaissance à laquelle nous invite le Bouddhisme dépasse le cadre philosophique au sens où nous l'entendons aujourd'hui, c'est-à-dire le cadre de la raison. Elle transcende l'individu et doit être définie comme supra-individuelle, universelle ou divine.

---

(1) Sur ce vaste sujet, nous renvoyons le lecteur à l'œuvre de C. JUNG et aux ouvrages de F. CAPRA, notamment le *Tao de la Physique*, publié chez Tchou.

Cette connaissance procède de l'intuition intellectuelle en tant que participation directe et active à la connaissance divine, différenciant ainsi le Bouddhisme du phénomène purement religieux qui procède, lui, d'une Révélation. Pour reprendre un exemple emprunté à F. Schuon (1), l'intuition intellectuelle peut avoir conscience de l'essence incolore de la lumière et de son caractère de pure luminosité, tandis que la croyance religieuse, par contre, dira que la lumière est rouge ou verte, ce qui reste un point de vue dogmatique, vrai sans doute mais partial et partiel et non la vérité ultime qui, elle, est immédiate et accessible à chacun directement.

Ainsi, même si le Bouddhisme utilise certains supports d'ordre religieux, tels que la foi ou la dévotion, il ne reconnaît pas de dieu créateur extérieur à sa création : il ne relève en fait ni de la philosophie ni de la religion, mais doit sans doute être défini comme une tradition spirituelle et une quête de la vérité et l'étiquette alors importe peu :

> *« Qu'y a-t-il dans un nom ?*
> *Ce que nous nommons une rose*
> *sous un autre nom sentirait aussi bon. »*

Ou, pour reprendre les termes de Walpola Rahula : « La liberté de pensée permise par le Bouddha ne se rencontre nulle part dans l'histoire des religions. Cette liberté est nécessaire, parce que l'émancipation de l'homme dépend de sa propre compréhension de la Vérité et non pas de la grâce bénévolement accordée par un dieu... en récompense d'une conduite vertueuse et obéissante (2). »

Le Bouddha lui-même, comme nous l'avons vu, se présente comme un médecin : il n'entend pas donner un exposé des origines ni des fins dernières de l'homme. Comme un homme blessé par une flèche ne se préoccupe pas de savoir d'où vient la flèche, ni par qui elle a été tirée, mais d'abord et avant tout de la retirer de sa plaie, de même le Bouddha montre un chemin vers la libération, un remède à la souffrance et, aux autres questions, il sera répondu plus tard si c'est encore nécessaire...

Si, pour reprendre les mots de F. Schuon, « une vérité peut être comprise à différents degrés et selon des dimensions conceptuelles différentes » (3), donc selon d'infinies modalités qui correspondent aux aspects de la vérité, on saisira comment le Bouddhisme a pu développer en son sein des approches aussi différentes que les formes dépouillées du Théravada à Sri Lanka, la discipline rigoureuse du Zen au Japon ou la complexité des rituels tibétains.

Cette variété de modalités de la vérité, au-delà des dogmes sectaires, a toujours attaché le Bouddhisme à la tolérance. Ainsi il a pu échapper

(1) SCHUON F., *De l'unité transcendante des Religions*, Seuil, Paris 1979.
(2) RAHULA W., *L'enseignement du Boudha*, Seuil.
(3) SCHUON F., *op. cit,* p. 12.

depuis deux mille cinq cents ans aux guerres de religion, aux inquisitions et aux conversions par l'épée qui ont si souvent ensanglanté l'Histoire.

Par son message universel de recherche de la vérité et son attitude tolérante non dogmatique, le Bouddhisme a pu se couler dans des milieux culturels aussi variés que ceux de l'Inde, de la Birmanie, de la Chine ou du Tibet et même, depuis quelques années, dans l'Occident moderne.

Ainsi, comme nous le rappelait le Dalaï-Lama au cours d'un entretien en avril 1987 : « Il y a toujours deux aspects dans une tradition, un aspect religieux et un aspect culturel. Le Bouddhisme que nous pratiquons au Tibet, le Bouddhisme tibétain, vient originellement de l'Inde. Tous nos textes et tous les concepts essentiels que nous utilisons sont des citations ou des traductions de textes sanskrits et n'ont pas été élaborés par nous. Cependant leur présentation peut varier. Par exemple, en Inde, le Bouddhisme dut lutter contre les autres traditions, Hindouisme, Islam, Jaïnisme et, pour se démarquer de celles-ci, les textes durent développer de nombreux arguments et de longues démonstrations. Au Tibet, par contre, tout le monde était bouddhiste ou presque, et les gens acceptaient donc cette tradition telle quelle. Les arguments perdirent alors de leur importance et les grands textes tibétains ne les reprennent plus. Par contre, certains aspects culturels tels que les instruments utilisés dans les rituels par exemple, viennent du Tibet et donnent naissance à ce qu'il est convenu d'appeler le Bouddhisme tibétain. Aujourd'hui, le Bouddhisme se développe en Occident : je pense que là encore, l'essence du message du Bouddha va atteindre l'ouest tandis que les formes culturelles vont évoluer, sans doute vers une approche plus scientifique pour devenir éventuellement le Bouddhisme occidental et c'est bien ainsi. »

A la recherche du soi

La première découverte à laquelle nous invite le Bouddhisme, est la prise de conscience que tous les phénomènes que nous percevons sont conditionnés et déformés par le prisme des cinq sens. Ils nous transmettent une information subjective et donc partielle de la réalité, selon ce que nous sommes et selon notre vécu. Tout en acceptant cet axiome de base, différentes écoles de pensées se sont développées au sein même du Bouddhisme, proposant des interprétations sensiblement différentes de la « réalité objective » et de la nature même de l'objet. Pour les écoles réalistes, cette réalité existe mais ne peut être perçue par l'observateur. Pour les « idéalistes », la connaissance directe de la « réalité » est impossible car nous ne percevons que l'image du monde et non sa réalité. Comment, en effet, notre esprit pourrait-il percevoir des objets matériels qui lui sont différents par nature ? Il n'y a pas, pour cette école, de réalité hors de l'esprit qui la perçoit et elle est appelée l'école de « l'esprit seulement » (skt : cittamatra). Le seul fait qu'un objet puisse apparaître de différentes façons selon les sujets qui l'observent est le signe que l'objet n'est autre que l'esprit lui-même : un verre d'eau n'aura pas la même « réalité » pour un alcoolique gorgé de vin, pour l'assoiffé qui vient de traverser le désert ou pour la fourmi qui tombe dedans...

D'autre part, ces phénomènes extérieurs et les êtres humains, sont tous soumis à la loi de l'impermanence : ils naissent, disparaissent et changent à chaque instant. Bien que ceci semble évident a priori, nous vivons en fait « comme si » ces phénomènes étaient permanents et fiables, « comme si » nous étions immortels : la flamme d'une bougie peut apparaître comme une continuité stable mais en fait, la flamme change d'instant en instant et l'affirmation : « la flamme de la bougie a brûlé pendant deux heures » n'est qu'un concept. La première démarche est donc de se détacher de cette idée de la permanence des choses car tant que l'on est identifié et attaché à quelque chose, on souffre pour l'obtenir, on souffre pour la préserver, on souffre d'en être séparé − « mon » corps, « ma » femme, « ma » voiture. Dès que l'on se l'approprie, cette voiture prend une coloration différente par rapport à toutes les autres voitures, identiques par ailleurs. On sépare ainsi le monde entre ce qui est à moi et ce qui ne l'est pas, entre ce qui est bon et ce qui ne l'est pas, entre ce que l'on aime et ce que l'on n'aime pas. Sans se rendre compte que ces concepts sont purement relatifs, on donne ainsi naissance à ce que le Bouddhisme appelle « l'ignorance », l'attachement envers ce que l'on aime et l'aversion pour ce que l'on n'aime pas.

Ces trois émotions, ou poisons, sont en fait les racines mêmes de la souffrance et de l'insatisfaction humaines. Pour faire cesser la souffrance, il faut donc dans un deuxième temps, chercher le remède à cette perception erronée. Un moine et son maître marchent pieds nus sur un chemin pierreux et leurs pieds les font souffrir. N'y tenant plus, le disciple dit à son maître : « Si nous couvrions le chemin de cuir, nous n'aurions plus mal aux pieds... », ce à quoi le maître répondit : « Il n'est pas nécessaire de recouvrir le chemin, il suffirait de recouvrir la plante de nos pieds de cuir, et partout où nous irions, nos pieds seraient ainsi protégés contre les pierres du chemin ».

Cette anecdote illustre bien l'attitude du Bouddhisme vis-à-vis de la souffrance : il ne s'agit pas de changer le monde pour ne plus souffrir mais de se changer soi-même car, comme on porte en soi la source de toutes les souffrances, on en porte aussi le remède, la source du bonheur et la libération, ce qu'illustre cet aphorisme célèbre : « Pour changer le monde, change-toi toi-même ».

L'illusion du moi

Le deuxième stade de la démarche est la reconnaissance de l'ego en tant que source de la souffrance et la compréhension de sa véritable nature.

Qu'est-ce que l'ego ? Sur un plan relatif, le moi peut être considéré comme une unité fonctionnelle qui nous permet de nous situer par rapport à autrui. Par contre, dans des affirmations telles que « je mange » ou « je dors » pour exprimer le sujet de l'action, il nous faut rechercher plus loin quelle est, au-delà de ce plan purement fonctionnel, la réalité de cette entité.

De façon empirique, dans la perception que nous en avons, le moi se présente comme une succession d'instants de conscience, éphémères et changeants. D'un autre côté, ce courant de conscience semble issu d'un centre identique qui unifie entre eux ces instants dans une continuité. Entre ces deux aspects antagonistes et irréconciliables, de changement et de continuité, il est impossible de trancher et d'affirmer la vérité de l'un et de rejeter l'autre. Finalement, un « je » immuable et permanent apparaît comme un simple concept, une idée empruntée au monde des objets matériels et si l'on cherche cette entité, on ne peut la trouver. Donc, le Bouddhisme considère que ce « moi » est une illusion, ou encore un nom qui ne recouvre aucune réalité permanente et stable au niveau absolu, même si il existe sur un plan relatif et fonctionnel. Une rivière apparaît par exemple comme une continuité réelle alors qu'en fait elle n'est qu'une succession de gouttes d'eau. Au niveau absolu, la rivière n'existe pas, ce n'est qu'un concept dénué d'existence propre.

Cette non-existence de l'ego est illustrée dans les « Souhaits de Mahamudra » du troisième Karmapa :

« L'esprit n'est pas existant car même le Bouddha ne peut le percevoir. L'esprit n'est pas non existant car il est la source du Samsara (du monde et de la souffrance) et du Nirvana ».

Ainsi, pour le Bouddhisme, la souffrance vient de l'attachement à l'idée qu'il y a une entité « je » qui souffre. En comprenant le caractère illusoire de ce « moi » qui souffre, on élimine par là même la souffrance qui lui est attachée. Il ne s'agit donc pas de se défaire d'un soi puisqu'il n'a jamais existé, mais de faire cesser l'habitude de saisir un soi comme réellement existant. L'exemple du rêve est utilisé par le Bouddha lui-même pour illustrer ce qui vient d'être dit. Si l'on rêve que l'on est étranglé ou brûlé, en vérité personne n'est étranglé ou brûlé, mais pourtant on souffre comme si cela nous arrivait vraiment. La cause de cette souffrance est l'identification du rêveur à son corps onirique et la saisie erronée de la vérité des apparences du rêve. Dès l'instant où cette identification cesse, le rêveur reconnaît la nature de ces apparitions et la peur provoquée par ces images disparaît instantanément ainsi que toutes les autres souffrances qui lui étaient afférentes.

Il en va de même pour le monde des phénomènes et pour notre esprit : la réalisation du non-soi (skt : Anatta) en coupant l'identification au rêve de la vie, coupe par là même la souffrance. C'est de ce rêve que le Bouddha nous propose de nous éveiller. C'est ce que nous rappelle Calderon de la Barca lorsqu'il fait dire à son héros dans *La Vie est un Songe* :

> « *Qu'est-ce que la vie ?*
> *Une ombre, une illusion ;*
> *Qu'est-ce que la vie ?*
> *Une frénésie, une fiction ;*
> *Et la plus grande chose est bien petite :*
> *C'est que la vie est un songe*
> *Et que les songes sont des songes...* » (1)

De même Tchouang Tseu, le philosophe chinois, lorsqu'il s'interroge sur sa propre réalité :

> « *Jadis, Tchéou rêva qu'il était un papillon*
> *voltigeant et satisfait de son sort.*
> *Brusquement, il s'éveilla et s'aperçut avec étonnement qu'il était Tchéou.*
> *Il ne sut plus s'il était Tchéou rêvant qu'il était un papillon ou un papillon rêvant qu'il était Tchéou.* » (2)

Le vide et la forme

Dans sa quête de la vérité, le Bouddha historique rejette les pratiques extrêmes de l'hédonisme et de l'ascétisme, telles qu'on les trouve encore chez certains sadous de l'Inde. La vérité, nous dit-il, est au milieu. On compare souvent le chemin au fil d'une lame de rasoir sur lequel il faut cheminer, se gardant sans cesse de tomber d'un côté ou de l'autre.

Dans son deuxième sermon au « Pic des Vautours », le Bouddha exprima la nature ultime des phénomènes en ces termes :

« Tous les phénomènes intérieurs et extérieurs ne sont pas réellement existants, leur nature est vacuité ».

Ce concept de vacuité (skt : Shunyata) ne signifie ni le néant ni la négation pure et simple de l'existence des phénomènes comme tant de bons esprits ont encore tendance à le penser. Affirmer la vacuité d'existence propre des phénomènes ne revient pas à énoncer la nature du vide, mais à professer l'absence de nature propre de ces phénomènes.

---

(1) CALDERON DE LA BARCA, *La Vie est un Songe*.
(2) TCHOUANG TSEU, *Oeuvres*, chapitre II.

Comme nous l'avons vu précédemment, lorsqu'on s'interroge sur la réalité absolue du moi, on ne peut dépasser le paradoxe de changement et de continuité et l'on ne peut trouver d'entité réellement existante qui soit « je ». De même, les phénomènes extérieurs sont constitués de parties dépendantes, chacune de ces parties étant elle-même constituée de parties plus petites, jusqu'aux atomes (du grec atomos : inséparable). La physique quantique nous a montré aujourd'hui qu'il fallait reculer la recherche des particules fondamentales de la matière qui semblent, comme l'affirme empiriquement le Bouddhisme, ne pas devoir « exister » de façon solide, stable et permanente (1). Comme dans l'exemple de la rivière, celle-ci est en fait un nom, un concept donné à des éléments relatifs dépendant les uns des autres.

Ainsi le Bouddhisme conclut à la vacuité d'existence propre des phénomènes même si, au niveau relatif, ils se manifestent dans la multiplicité des formes. Cette approche philosophique est appelée la Voie du Milieu (skt : Madhyamika) car elle se situe au-delà de toutes conceptions partielles et partiales, réalistes ou nihilistes. Ici, vérité absolue et vérité relative sont indissociables, comme ceci est exprimé dans l'un des textes bouddhiques les plus célèbres, le « Sutra du Cœur de la Sagesse Transcendante » :

> « *Là où il y a forme, il y a vide,*
> *Là où il y a vide, il y a forme.*
> *La forme n'est autre que le vide,*
> *Le vide n'est autre que la forme.* »

Pour comprendre cette vacuité d'existence, il nous faut reprendre l'exemple du rêve : la forme qui apparaît n'a aucune réalité propre, n'étant composée d'aucune particule. Dans l'état de rêve, le feu n'est pas produit par un combustible, il apparaît tout simplement. Puisqu'il n'a jamais vraiment existé sinon comme un jeu de l'esprit, il ne peut périr. Les rêves n'ont pas d'autre réalité que l'esprit qui les produit mais tant que le rêveur n'est pas réveillé, ils semblent bien réels. De même durant l'expérience de veille, les choses semblent exister, mais en réalité, leur essence est vacuité. Ainsi pour les écoles du Madhyamika, toutes les affirmations et les réfutations de l'esprit restent une interprétation et non la vérité ultime : celle-ci est au-delà de toute conceptualisation, et même affirmer la vacuité des phénomènes est encore un concept. Afin de réaliser la vérité

---

(1) Certains physiciens émettent aujourd'hui l'hypothèse d'une origine non matérielle de la matière qui serait sans doute de nature lumineuse ou spirituelle. Comme l'écrit JEANS en 1937 : « (...) le courant de la connaissance va vers une réalité non mécanique ; l'Univers commence à ressembler plus à une grande pensée qu'à une grande machine. L'esprit n'apparaît plus comme un intrus dans le royaume de la matière ; on commence à soupçonner que nous devrions plutôt le saluer comme le créateur et le maître du royaume de la matière(...) », *The Mysterious Universe*, Cambridge 1937.

ultime il faut se libérer des extrêmes de vide et de non-vide, de relatif et d'absolu qui demeurent des fabrications du mental.

Ainsi, la plus haute approche philosophique bouddhiste définit la vérité ultime comme la vacuité au-delà de toute conception mentale, indiscible, ineffable sans point de référence et sans artifice.

Se libérant de toute dualité, le méditant se libère de la conception d'un moi ou d'un autre, cause de toutes les émotions négatives d'attachement et d'aversion, et son esprit demeure dans un état de parfaite équanimité souvent comparée aux eaux tranquilles d'un grand lac. Cette expérience méditative de l'équanimité devient dans la vie quotidienne une attitude de compassion impartiale pour tous les êtres sans exception.

Comprenant que tous les êtres sont comme lui, qu'ils recherchent le bonheur et redoutent la souffrance, mais qu'ils créent sans cesse les causes de nouvelles souffrances, le méditant développe le souhait d'apporter le bonheur aux êtres prisonniers de la confusion. Par son expérience de la non-dualité, cette motivation se transforme en un amour universel non dualiste, impartial et illimité.

C'est pourquoi, au niveau le plus élevé de la réalisation spirituelle, la vacuité et la compassion sont intimement liées et tournées vers l'accomplissement du bonheur des êtres. S'il n'y a pas de conception d'un moi et d'un autre, comment pourrait-il y avoir désir de nuire à qui que ce soit ? Cette réalisation de non-dualité de la vacuité et de la compassion est l'expérience du Bodhisattva et l'idéal qui anime toute la pratique spirituelle bouddhique.

La transmutation des apparences

Afin d'introduire le Bouddhisme tantrique ou Vajrayana, citons pour commencer une histoire :

« Un moine marche dans la forêt, quand, au milieu du sentier, il voit une plante qui lui est inconnue.

« Suivant l'attitude du Petit Véhicule (skt : Hinayana), sans se départir de sa concentration, il fait un large détour pour éviter la plante, se protégeant au cas où elle serait dangereuse, puis continue son chemin.

« Survient alors un moine adepte du Mahayana (Grand Véhicule). Celui-ci, selon l'enseignement de la vacuité, considère tous les phénomènes comme des rêves ou comme des illusions magiques dénuées d'existence propre : sans se préoccuper de savoir si cette « plante illusoire » est dangereuse ou non, il passe « au travers » et poursuit sa méditation sur l'irréalité de tous les phénomènes.

« Enfin, un troisième moine adepte, lui, du Vajrayana (Véhicule de Diamant) aperçoit cette plante inconnue : interrompant sa méditation, il la cueille, la rapporte chez lui et, en utilisant les vertus thérapeutiques du poison qu'elle recèle, la transforme en remède... »

Cette histoire, bien que schématique, illustre bien l'attitude d'esprit respective des trois Véhicules du Bouddhisme.

Dans le premier cas, l'accent est mis sur la discipline, sur la vie monastique et le moine, pour ne pas risquer de briser ses vœux et sa concentration, se retire du monde, évitant ainsi les écueils de la vie mondaine.

Dans le deuxième cas, caractéristique du Zen japonais notamment, le moine passe à travers le danger, ou à travers le mur, puisque tous les phénomènes sont semblables à des apparitions oniriques. Rien ne peut l'inquiéter et les pièges du monde ne lui font pas peur car il en perçoit la nature illusoire.

Dans la troisième approche, le danger qui se présente devient lui-même un objet d'attention et par sa capacité, le moine va transformer l'énergie négative du poison en énergie positive et en remède. Bien que dangereuse, cette troisième attitude caractérise le Vajrayana ou voie des Tantras telle qu'elle est connue et pratiquée au Tibet en particulier.

En fait, ces trois approches ne sont pas différentes mais complémentaires et les pratiques du Vajrayana se fondent sur la compréhension de la vacuité du Mahayana et sur la discipline du Hinayana. En tibétain, cette troisième approche est rendue par l'expression « sang ngak », « mantra secret ». Si mantra signifie la « protection de l'esprit » contre les apparences ordinaires et les conceptualisations, cette voie spirituelle est « secrète » car les énergies subtiles qu'elle met en jeu sont dangereuses, si elles ne sont pas transmises à des disciples préparés. C'est pour que l'énergie spirituelle, ou grâce, qui s'est transmise depuis l'origine jusqu'à nos jours, au sein d'une lignée de maîtres, ne se perde pas, qu'au Vajrayana est attachée la notion de secret. Comme le dit Alexandra David-Neel : « Ce n'est pas du Maître que dépend le secret, c'est de celui qui l'écoute ». Ces méthodes étant chargées d'une grande puissance, peuvent, si elles sont mal comprises ou détournées de leurs buts véritables, avoir pour le pratiquant et pour son entourage des conséquences très néfastes. A l'inverse, pratiquée avec une motivation juste qui est de vouloir atteindre l'Eveil le plus rapidement possible afin de libérer tous les êtres de la souffrance et de l'insatisfaction, ces techniques peuvent conduire à réaliser l'état de Bouddha en une seule vie comme le fit notamment le poète Milarépa.

Si philosophiquement le Vajrayana n'est pas différent du point de vue du Mahayana qui établit comme nous l'avons vu l'union de la vacuité et de la compassion, il diffère de celui-ci dans les moyens ou méthodes utilisés. Il est ainsi appelé la voie des moyens ou la voie du résultat.

On pourrait, en suivant Bayer (1), le définir comme « une technique pour prendre d'assaut magiquement les portes de l'état de Bouddha », car le « mystique », remarque Kierkegaard, « n'a pas la patience d'attendre la révélation divine » (2). En se consacrant corps et âme à son but, il peut réaliser en une seule vie la libération des Bouddhas par l'utilisation des méthodes exposées dans les Tantras.

Tantras

En reprenant l'histoire du Bouddhisme au Tibet, on se rappellera que les premiers maîtres indiens apportèrent les enseignements du Mahayana mais certains, comme Atisha, étaient, dit-on, réticents à enseigner les Tantras. Aujourd'hui encore, même si la pratique des Tantras est répandue dans tout le Tibet, les Tibétains sont d'abord et avant tout des pratiquants du Mahayana et bien peu pénètrent la profondeur du Vajrayana.

Tous les Tantras ont en commun l'utilisation des techniques de visualisation (voir Rituel) d'une divinité afin de faire naître la grande félicité qui sera transformée en voie spirituelle. Comme le dit le siddha indien Saraha : « Tout le monde est excité par l'amour charnel mais bien peu peuvent effectivement transformer cette félicité en voie spirituelle ».

Chaque Tantra, comme le Hevajra Tantra ou le Kalachakra Tantra, est un cycle de méditation autour d'une divinité principale qui représente un aspect particulier des qualités spirituelles de l'Eveil. Ces Tantras constituent une véritable science dynamique de l'esprit qui dépasse le cadre purement conceptuel et vise à couper l'attachement à l'ego par l'utilisation de symboles vivants. Ceux-ci permettent, par analogie entre un niveau supérieur de réalité, inexprimable par les mots, et un niveau appréhendable ici même, de révéler des vérités, ou mystères au sens chrétien, que l'esprit ne peut saisir autrement. Ainsi les divinités en union charnelle, position appelée « yab-yum » en tibétain, que l'on peut traduire par « père-mère », sont en fait une analogie entre la félicité de l'union charnelle et l'extase spirituelle.

Dès lors, tous les attributs des divinités ont des significations profondes agissantes, même si elles ne sont pas directement perçues par le commun des mortels. Pour lui, seule la foi importe, mais pour le yogi qui cherche la libération, cet univers symbolique est un ensemble de signes des qualités divines de son propre esprit.

En tant que voie des moyens, la voie tantrique recouvre deux types de pratiques distinctes :
— La méditation sur les Tantras,
— Les yogas.

---

(1) BAYER S., *The Cult of Tara*, p. 92, University of California Press.
(2) Cité par BAYER, *op. cit.*

1 — Les Tantras sont un ensemble d'enseignements révélés par le Bouddha sous l'apparence de divinités en des lieux inaccessibles au commun des mortels, tels que le monde des dieux, le domaine des Nagas ou le sommet du mont Méru, à des êtres prédestinés (1). Cette transmission par inspiration directe fut exposée en sanskrit et plus tard apportée au Tibet par les grands maîtres indiens et tibétains du passé.

Ces enseignements se sont transmis jusqu'à nos jours en une lignée d'expériences, de maîtres à disciples liés par le sceau du secret.

On reconnaît en général, selon les écoles, quatre ou six classes de Tantras qui sont des cycles de méditations ayant chacun des caractéristiques particulières appropriées aux différentes potentialités des êtres et correspondant à des degrés de plus en plus profonds d'investissement spirituel, ce qui explique la variété des formes divines que l'on trouve au Tibet. Les Tantras expliquent le lien existant entre la nature de l'esprit et le corps physique par le biais des énergies subtiles, « nadis » ou canaux, « prana » ou souffle et « bindu » ou point d'énergie. En les purifiant, le yogi réalise sa nature subtile et universellement pure qui n'est autre que les trois Corps de Bouddha.

2 — Les yogas sont un corpus d'exercices spirituels pour obtenir la maîtrise du corps et des énergies subtiles. Habituellement au nombre de six, ils furent transmis au Tibet par le sage Naropa. Ces pratiques ne sont généralement enseignées qu'à des disciples avancés et le plus souvent pratiquées en retraite :

1 — Le yoga du Rêve (tib : Milam)

2 — Le yoga de la Claire Lumière (tib : Öd sal)

3 — Le yoga du Transfert de Conscience (tib : Powa)

4 — Le yoga de la Chaleur Intérieure (tib : Tumo)

5 — Le yoga des Etats Intermédiaires (tib : Bardo)

6 — Le yoga du Corps Illusoire (tib : Gyulü)

La pratique de ces six yogas est résumée dans le poème appelé « Abrégé d'une introduction à la Voie Profonde des six Yogas de Naropa » :

Disciplinant le corps, la parole et l'esprit,
Il en maîtrise les yogas,
Et réalisant le siddhi suprême,
Devant Gampopa, le guru sans égal,
Je me prosterne.

---

(1) Selon les enseignements de BOKAR RINPOCHE, *Le Pur et l'Impur,* p. 15, Ed. Claire Lumière.

La vacuité-Félicité de la chaleur de Tumo
est l'essence du jeu de la magie.
Les yogas du Corps illusoire et du Rêve
sont l'essence de la Claire Lumière.
Dans le monde du Bardo, pour réaliser les trois Corps,
Excelle la naissance dans les Terres Pures des Bouddhas.
Devant tous les gurus de la lignée,
Qui ont maîtrisé ces yogas,
Je me prosterne.

Les instructions profondes de ces six yogas
Sont exposées ici pour aider les êtres habiles.
O Maître des secrets et des Dakinis,
Guide-nous par ta bénédiction ! (1)

La danse divine

Ainsi la tradition du Vajrayana est un ensemble de méthodes visant à atteindre la libération le plus rapidement possible par la transformation du corps, de la parole et de l'esprit. Citons Chogyam Trungpa : « La discipline du Vajrayana est un travail direct sur l'agression et sur les passions : transformer le poison en remède car le poison est remède et il n'existe pas en tant que tel — ceci demande une grande conviction, une confiance totale (...) (2) ».

Afin de couper l'illusion de l'ego et du monde phénoménal, le méditant doit s'identifier totalement avec la divinité sur laquelle il médite (voir Yidam). Il est la divinité ici et maintenant, le monde devient le champ pur de la félicité, les êtres, les divinités du mandala, les sons deviennent des mantras et des chants mélodieux. Le corps n'est plus dès lors cet organisme grossier, mais le corps immatériel de la divinité et le monde devient pour le méditant un champ d'expériences illimité dans lequel il peut faire apparaître à volonté les Terres pures des Bouddhas, les divinités et leur entourage, les plus belles offrandes... Il est lui-même déjà un Bouddha pleinement éveillé, doué de tous les pouvoirs et de toutes les qualités divines, ce qu'illustre cette citation d'Alexandra David-Neel : « Il y en a qui sont les esclaves de leurs dieux et d'autres qui se savent leur créateur ».

Comme le rêveur, conscient qu'il est en train de rêver, peut choisir de retourner dans son rêve et jouer avec les apparences oniriques qu'il maîtrise, le yogi crée un monde imaginaire pur, plus réel que le réel, se jouant des apparences en une danse merveilleuse qui transcende la vision ordinaire et les comportements sociaux habituels.

---

(1) GARMA C.C. CHANG, *Six yogas of Naropa*, p. 51, Snow lion Publ., New York.
(2) CHOGYAM TRUNGPA, *L'Aube du Tantra*, Dervy Livres.

Pour ne pas mettre en péril les institutions monastiques, ces méthodes sont le plus souvent pratiquées hors de l'enceinte du monastère, en retraite ou dans la solitude des montagnes. Ces yogis adeptes des Tantras ne sont en général tenus par aucune contrainte hiérarchique ou institutionnelle. Très respectés au Tibet, leur statut en marge de la société leur permet de jeter un regard critique et souvent plein d'humour sur les institutions religieuses. Leurs biographies regorgent d'anecdotes savoureuses. Citons, par exemple, celle-ci tirée de la vie de Drugpa Künleg :

« Un jour, se trouvant à Lhassa, Drugpa Künleg se rendit au Potala, devant la porte des appartements du Dalaï-Lama que les Tibétains appellent « l'Omniscient ». Voulant tester celui-ci, Drugpa Künleg se mit à aboyer. Après plusieurs essais infructueux, Drugpa Künleg entendit, venant des appartements, la voix du Dalaï-Lama crier : « Va-t-en aboyer ailleurs, sale chien ! ». Ivre de joie et fier de la réussite de sa ruse, Drugpa Künleg descendit dans le bazar en chantant à tue-tête : « L'Omniscient n'est pas plus omniscient que n'importe qui, il n'est pas capable de distinguer un yogi d'un chien ! ».

PLAN D'UN TEMPLE

1 Gardiens des quatre horizons.
2 Roue de la vie.
3 Mandala de l'univers.
4 Autel principal avec statues.
5 Siège du maître du rituel ou de l'abbé du monastère.
6 Siège du maître de chant.
7 Siège du maître de discipline.
8 Siège du chef de l'ordre.
9 Table pour les lampes à beurre, les offrandes et les Tormas.
10 Autels secondaires dédiés aux lamas de la lignée.
11 Grands tambours.
12 Sièges des moines.

Les murs intérieurs du temple sont peints de fresques représentant des divinités ou les actes de la vie du Bouddha. Quelquefois un espace est aménagé derrière l'autel pour permettre la circumambulation.

PLAN D'UN TEMPLE

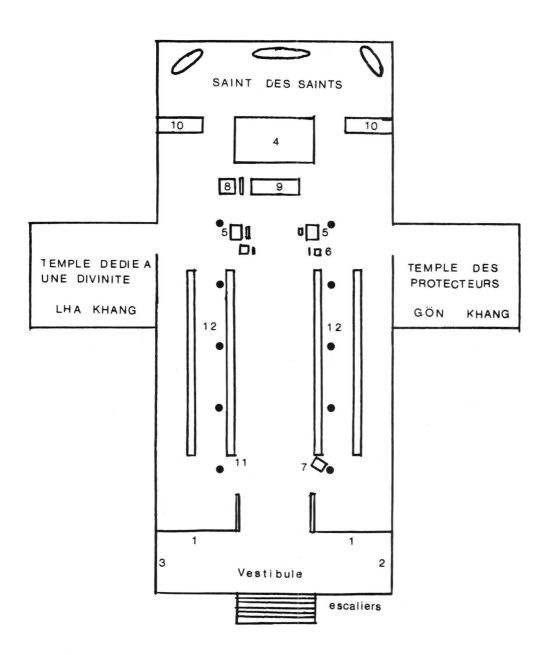

SAINT DES SAINTS

TEMPLE DEDIE A
UNE DIVINITE

LHA KHANG

TEMPLE DES
PROTECTEURS

GÖN KHANG

Vestibule

escaliers

Milarépa (1040-1123)

II — L'univers du divin

Rituels

Au Tibet comme dans la plupart des sociétés traditionnelles, tous les actes de la vie quotidienne sont conçus comme des œuvres spirituelles qui, par leur accumulation, conduisent leurs auteurs vers des incarnations meilleures et, ultimement, vers la réalisation de l'état de Bouddha. Ainsi, tous ces actes font l'objet de rituels plus ou moins élaborés. Il en existe de toutes sortes : rituels pour les morts et pour les vivants, rituels d'exorcisme, de consécration des lieux et des bâtiments, de protection ou d'offrandes, rituels agraires de fertilité au moment des semailles et au temps des moissons, etc. Ces rites sont souvent des réminiscences de traditions prébouddhiques, que le Bouddhisme a progressivement intégrées en son sein.

Un rituel peut se définir comme un espace ou un temps fort qui catalyse des énergies, habituellement éparses, en utilisant des symboles vivants et agissants. Dans la tradition bouddhique, on distingue grossièrement deux types de rituels, ceux relevant d'un transfert de pouvoir ou de connaissance, comme les Initiations dans le Vajrayana, et les rituels d'offrandes à telle ou telle divinité paisible ou courroucée (skt : Sadhana).

Nous allons essayer de décrire un rituel d'offrandes type, car malgré leur grande variété, tous s'inspirent plus ou moins du même schéma. En outre, c'est celui que l'on rencontre le plus souvent, les rites d'initiation étant en général réservés à des disciples choisis.

Les instruments

Le rituel est dirigé par un maître de chant (tib : Umzé) qui entonne récitations et chants et conduit les musiciens avec des cymbales, plates ou bombées. L'orchestre est constitué de tambours, de Gyalings, sorte de hautbois à double anche vibrante, joués en son continu, de Radongs, longues trompes « téléscopiques » au son modulé et grave et d'une conque marine. Certains chercheurs ont essayé de mettre en évidence l'influence du son de chacun de ces instruments sur le mental ou sur les Chakras, mais les maîtres tibétains ne veulent y voir qu'un support de concentration et une offrande au même titre que les fleurs ou l'encens.

Le maître du rituel, généralement assis sur un trône ou près de l'autel dans la rangée des moines, est le détenteur de la cloche et du vajra (tib : Dorjé). Ces deux instruments, venant de l'Inde bouddhique, symbolisent respectivement le principe féminin réceptif de la vacuité et le principe masculin agissant des moyens habiles spécifiques du Vajrayana (voir la transmutation des apparences). Ces deux objets sont indissociables et symbolisent la base même de la voie spirituelle bouddhique.

Pour invoquer la divinité, le maître du rituel utilise un damaru, petit tambour à deux faces, parfois fait de deux crânes, qui semble lui aussi issu de la tradition indienne.

Les offrandes

Les textes mentionnent deux types d'offrandes, les offrandes réelles, que l'on dispose sur l'autel et qui seront partagées entre les fidèles à la fin de la cérémonie, et les offrandes visualisées que le méditant multiplie mentalement à l'infini ; il offre ainsi tous les univers, les plus belles fleurs, les meilleurs parfums, les sons divins, etc., et toutes les gratifications des sens, concevables et inconcevables, souvent disposées sous la forme d'un mandala qui représente symboliquement l'univers.

Sur l'autel, sept sortes d'offrandes sont présentées, parfois symbolisées par sept bols d'eau.

Ces sept offrandes sont les élixirs merveilleux, les eaux pures pour les ablutions, les fleurs, les parfums représentés par de l'encens, la lumière des lampes à beurre, l'eau safranée, la nourriture et la musique souvent symbolisée par une conque blanche. Ces offrandes sont des supports que le méditant offre à la divinité ; elles lui permettent de développer dévotion et concentration, et d'accumuler des actes bénéfiques, les Tibétains n'ayant pas la faiblesse de croire que les divinités ont un quelconque besoin de ces offrandes. Elles sont un moyen de pratiquer la générosité pure, dénuée de tout attachement. En effet, comment pourrait-on nourrir de l'attachement pour l'univers, ou pour des montagnes de joyaux ? Dans certains rituels, le Chöd notamment, le yogi, pour couper l'attachement à son corps, offre celui-ci en pâture aux démons, ou le transforme mentalement en un mandala d'offrandes.

Outre ces sept offrandes traditionnelles, on trouve sur tous les autels des Tormas (lit : ce que l'on jette), faites en farine d'orge et décorées de motifs en beurre coloré. Extérieurement, ces Tormas sont des offrandes, mais symboliquement elles représentent la divinité du rituel qui, au moment de l'invocation, s'unit à la Torma et la consacre. Celle-ci devient alors véritablement la divinité. Au niveau secret, ces Tormas représentent le corps subtil du méditant et les différents Chakras. Des Tormas plus simples et plus petites sont offertes au début de certains rites aux possesseurs des lieux et autres divinités locales, afin qu'ils ne viennent pas perturber le bon déroulement de la cérémonie.

Rituel

Toutes les Sadhanas commencent par des offrandes aux divinités du lieu pour protéger celui-ci de toute ingérance négative : il devient ainsi un espace sacré et pur. Puis, ayant disposé les offrandes devant les représentations réelles ou symboliques de la divinité, le rituel commence par la récitation de la formule du Refuge et les vœux de Bodhisattva :

« Je prends refuge jusqu'à l'Eveil
Dans le Bouddha, le Dharma et la Noble Congrégation.
Par la vertu de ma pratique du don et des autres qualités,
Que je puisse réaliser l'état du Bouddha pour le bien de tous les êtres. »

Après avoir ainsi placé sa pratique dans le cadre du Mahayana par les vœux de Bodhisattva, le méditant crée mentalement la divinité, soit en face de lui dans l'espace, soit en se visualisant lui-même sous les traits de celle-ci. Les textes commencent souvent par ces mots :

« De la vacuité de tous les phénomènes,
apparaît la divinité :
elle a deux bras, une tête,
demeure dans la position de la méditation... »

Cette divinité est alors consacrée par l'invocation de la véritable divinité qui va « descendre » et s'unir au support visualisé. On peut aussi « faire descendre » la divinité dans la Torma ou dans un Mandala placé sur l'autel. Puis, l'ayant invitée, on lui fait des offrandes réelles et mentales représentées par des mudras. Le corps est en position de méditation, la parole est concentrée sur le texte du rituel tandis que l'esprit est absorbé dans la contemplation de la divinité.

A chaque divinité est associé un mantra qui, selon l'éthymologie, signifie : « ce qui conduit le mental ». Ces mantras sont des paroles de force, de puissance, et non pas des concepts directement perceptibles. Nous sommes ici dans l'univers de la magie du mot qui a pratiquement disparu en Occident, mais le langage enfantin a préservé certains vestiges des traditions de magie, comme « Abracadabra... », par exemple.

Dans la tradition tibétaine, le mantra représente la divinité, il EST la divinité, ici et maintenant, dans le sens de ces mots de l'Evangile de saint Jean :

« Au commencement était le Verbe (...)
Et le Verbe s'est fait chair. »

De même, le mantra se « fait » divinité, il en est l'essence même et, par sa récitation, le méditant en actualise la puissance. Ce pouvoir du mantra ne réside pas tant dans sa qualité intrinsèque que dans l'attitude et la maturité spirituelle du méditant et dans l'usage qu'il en fait.

Ainsi, s'identifiant corps et âme, si l'on ose dire, à la divinité, le yogi récite son mantra qu'il visualise le plus souvent au centre de son cœur. Certains mantras comme celui de Chenrezig « Om Mani Padmé Hum », sont récités à haute voix pour que tous les êtres puissent les entendre ; d'autres au contraire sont murmurés et le son, nous disent les textes, ne doit pas dépasser le col de la chemise. D'autres, enfin, ne sont même pas prononcés et doivent être récités mentalement.

Finalement, la divinité se résorbe dans la vacuité d'où elle était apparue et le méditant demeure absorbé dans un état non conceptuel de méditation profonde. Lorsque réapparaît à l'esprit la première pensée, de nouveau le méditant se visualise sous les traits de la divinité. Tous les êtres deviennent eux aussi la divinité, le monde est son paradis pur, tous les sons deviennent son mantra. Il est encouragé à garder cette vision pure durant toutes ses activités de la journée, prolongeant ainsi l'expérience méditative.

Le rituel est clôturé le cas échéant par le partage des offrandes puis par les prières de souhaits et la dédicace des bienfaits de la pratique à l'éveil de tous les êtres.

Lama Govinda résume ainsi les deux phases de la Sadhana : « La phase de construction de la divinité ou phase d'épanouissement (tib : Kyé Rim) qui est le processus de cristallisation spirituelle qui forme la phase créative de la méditation et la phase d'achèvement ou de dissolution qui est un processus de complète intégration qui montre l'inconsistance de l'ego, la non-substantialité, la relativité comme l'impermanence de toute forme (Shunyata) » (1).

Citons le Dalaï-Lama : « Lorsqu'on a accompli une Sadhana avec succès, généralement en retraite, on peut alors recevoir l'Initiation directement de son Yidam ou divinité de méditation, sans avoir recours à un lama. Ainsi de nombreux rituels sont du même ordre : c'est du mandala de telle ou telle divinité que vous recevez l'Initiation. Ce type de pratique et de rituel d'inspiration directe ne peut être effectué par des êtres ordinaires, c'est pourquoi il faut se transformer soi-même en divinité » (2).

(1) GOVINDA A., *Les Fondements de la Mystique tibétaine*, Albin Michel.
(2) Entretien personnel, juin 1987.

Ces Sadhanas peuvent être effectuées par des moines ou des laïcs, dans de grands monastères ou des oratoires familiaux. Les ascètes les pratiquent dans la solitude des ermitages ou des grottes. Elles peuvent être pratiquées avec de riches offrandes ou dans le dénuement le plus total, les offrandes, Tormas et autres supports étant alors visualisés.

Bien qu'il existe une grande variété de rituels consacrés à une divinité, tous suivent à peu près la même trame. Ils peuvent être plus ou moins développés selon les Tantras auxquels ils appartiennent. En général la Sadhana de la Tara verte doit être pratiquée le matin tôt, à jeun, tandis que les rituels des protecteurs se font dans tous les monastères, vers cinq heures de l'après-midi.

Selon le calendrier lunaire, certains jours sont plus spécialement consacrés à tel ou tel aspect : le dixième jour (Tséchu) est dédié à Guru Rinpoché, le huitième, le quinzième et le jour de la lune noire sont consacrés aux différents aspects du Bouddha, le vingt-cinquième jour est celui des Dakinis tandis que le vingt-neuvième est celui des protecteurs.

Ces jours-là, dans les monastères ou les ermitages, on effectue des rituels développés qui durent souvent toute la journée.

Lama, Yidam et Protecteurs

Dans tout le monde tibétain, la notion de lama revêt une importance considérable. Lama traduit le sanskrit guru ou maître spirituel. Bien que cette appellation soit parfois galvaudée et étendue abusivement à tous ceux qui portent une robe, ce terme ne devrait, en fait, s'appliquer qu'à ceux qui sont capables de diriger des disciples dans leur progression spirituelle. Alors que dans d'autres traditions bouddhiques, le guru n'est qu'un ami ou un guide spirituel, il est dans le contexte du Vajrayana plus que le Bouddha lui-même car il est la source vivante de la transmission initiatique et par là même, de l'influence spirituelle. Il est donc demandé à l'adepte des Tantras de rechercher un maître qualifié avec intelligence et discernement. Lorsqu'il l'a choisi, le disciple doit alors s'en remettre totalement à lui et le considérer comme un Bouddha vivant.

> « Si on perçoit le lama comme un homme,
> on reçoit la bénédiction d'un homme,
> Si on perçoit le lama comme un chien,
> on reçoit la bénéfiction d'un chien,
> Si on perçoit le lama comme un Bouddha parfaitement éveillé,
> on reçoit la bénédiction d'un Bouddha ! »

Cet aphorisme populaire résume l'importance du lama dans la tradition du Vajrayana qu'illustre parfaitement la relation exemplaire entre

S.S. le XVIᵉ Karmapa

Marpa et Milarépa. Pendant neuf ans, Marpa affermit la foi de Milarépa et le purifia de ses actes passés pour qu'il puisse devenir le réceptacle parfait des enseignements rapportés de l'Inde. Milarépa sut garder dans toutes les circonstances, même les plus douloureuses, une vision pure de son guru ; sa dévotion intense lui permit de mener à bien sa pratique dans la solitude et d'atteindre l'état de Bouddha en une seule vie.

Aujourd'hui encore, les Tibétains sont animés par cette vénération envers leurs lamas. Certains pèlerins peuvent faire à pied des centaines de kilomètres pour apercevoir tel ou tel grand lama et recevoir des cordons de protection bénis qui seront distribués à la famille et aux proches. La bénédiction reçue de la main du Dalaï-Lama reste dans tout le monde tibétain un des événements les plus importants dans cette vie.

A ce propos, le Dalaï-Lama nous déclarait récemment :

« Bien que le Bouddhisme ne conçoive pas de dieu créateur, certains Tibétains rendent un culte à la divinité, croyant qu'elle existe vraiment, avec une foi plus grande que celle de certains chrétiens envers leur Dieu... ce qui du point de vue bouddhique est totalement erroné. La foi de ces gens se fonde sur des croyances : ils croient aux Nagas, à des divinités de toutes sortes, aux dieux des rivières et autres esprits, mais ils ignorent tout du Bouddha ou des Bodhisattvas. Souvent, ils pensent que l'enfer est un pays ou que le Nirvana se trouve là-bas, quelque part... »

Une histoire célèbre au Tibet illustre l'importance de la foi et de la dévotion dans la tradition du Vajrayana :

« Un jour, le Dalaï-Lama et son entourage aperçoivent, du toit du Potala, à Lhassa, un vieil homme avec Tara, la divine protectrice, sur le sommet de la tête. Intrigué, le Dalaï-Lama fait appeler le vieil homme et lorsqu'il lui demande quel est le mantra qu'il utilise pendant sa marche, le vieil homme lui récite un mantra complètement erroné. Les érudits de l'entourage du Pontife décident de lui apprendre la véritable formule et le vieil homme retourne à ses dévotions. Cependant, lorsqu'il repasse devant le palais, Tara a disparu du sommet de sa tête. Le Dalaï-Lama fait revenir l'homme devant lui et lui dit de reprendre sa récitation antérieure... et Tara réapparaît sur la tête du vieil homme... »

Comme dans la théologie chrétienne, deux interprétations de la voie spirituelle cohabitent dans le monde tibétain :

— La voie de la dévotion, dans laquelle le disciple ayant reconnu son maître spirituel s'en remet totalement à lui et met en pratique les exercices spirituels qu'il lui impose : prosternations, récitation de mantras, etc., même s'il n'en voit pas nécessairement la finalité. Cette voie difficile n'est praticable que par certains disciples prédestinés comme Naropa ou Milarépa. Ici, la dévotion envers le lama est la source de la motivation du disciple, mais cette approche peut être dangereuse lorsqu'il s'en remet à un maître non qualifié ou lorsque sa foi n'est pas assez forte pour affronter les obstacles que le maître dispose pour tester sa persévérance et affermir sa volonté spirituelle.

— La voie de la compréhension, basée sur l'étude et l'analyse. Dans cette voie, la dévotion et la foi naissent de la compréhension de l'enseignement et de l'expérience de sa vérité. Le disciple commence par étudier les textes et par les analyser. Lorsque sa compréhension est fermement établie, il peut pratiquer la méditation et finalement réaliser la vérité ultime. Bien que plus longue, cette voie est plus sûre car plus progressive. Elle est plus particulièrement développée dans les écoles Guélugpa et Sakyapa qui privilégient, pour les débutants, l'étude plutôt que la méditation.

On trouve cependant ces deux approches dans toutes les écoles bouddhiques du Tibet. L'opposition entre ces deux méthodes est bien résumée par Alain Danielou : « Croire, c'est le contraire de savoir. Quand on croit, on n'a pas besoin de savoir et quand on sait on n'a pas besoin de croire. »

Le lama est la source de la bénédiction. Son rôle consiste à créer une situation dans laquelle le disciple peut s'ouvrir à sa vraie nature. Dans sa relation avec le guru, le disciple comprend progressivement qu'il n'est pas nécessaire de protéger son ego, que celui-ci n'existe pas et qu'il peut lâcher prise sans crainte. Ayant expérimenté cette ouverture, le disciple pourra renouveler l'expérience dans d'autres situations jusqu'à ce que les situations elles-mêmes deviennent le guru. Il peut alors se détacher de la personne physique de son maître. C'est ainsi que Marpa autorisa Milarépa à retourner dans son village natal. La vue des restes de sa mère et des ruines de sa maison fut un enseignement décisif qui affermit sa détermination de se retirer dans la solitude. Il ne devait jamais revoir Marpa vivant.

Le Mahasiddha indien Tilopa

Légendes des photos des pages 115 à 126

1 — *Tente de nomades (Drogpas) dans la région de Guerzé (Chang Thang)* (Ph. : F. Hans).

2 — *Intérieur de tente. Sur l'autel sont placées des lampes à beurre qui brûlent nuit et jour. Région du Shijapangma.* (Ph. : F. Hans)

3 — *Barattage du beurre dans une peau de chèvre. Nomades de la région du Shijapangma.* (Ph. : J. Edou).

4 — *Traite quotidienne des chèvres entravées tête-bêche. Nomades de la région du Mont Kailash* (Ph. : J. Edou).

5 — *Khyang ou hémione, sorte d'âne sauvage élégant et craintif qui vit en bandes sur les hauts plateaux du Chang Thang.* (Ph. : F. Hans).

6 — *Transhumance sur les plateaux tibétains* (Ph. : F. Hans).

7 — *Cavalier coiffé du chapeau mongol et d'une robe de brocart* (Ph. : F. Hans).

8-9-10 — *Groupe de cavaliers en costume d'apparat accompagnant un lama allant effectuer un rituel au moment des semailles. Région de Tingri.* (Ph. : J. Edou).

11 — *Femme Khampa. Les cheveux sont noués en cent-huit tresses retenues entre elles par des rubans de couleur. Tibet de l'Est.* (Ph. : J. Edou).

12 — *Jeunes moines durant le festival du Nouvel An à Lhassa. Depuis la libéralisation survenue dans les années 80, ils sont des milliers à avoir repris le chemin des monastères.* (Ph. : J. Edou).

13 — *Nomade. Les hommes portent les cheveux longs en nattes et une boucle d'oreilles ornée d'une turquoise sertie d'argent.* (Ph. : F. Hans).

14 — *Femme à Lhassa. Les Tibétains ont une passion pour les bijoux en argent, les turquoises et les coraux.* (Ph. : J. Edou).

15 — *Femme des tribus Ngologs de l'Amdo. La beauté sauvage d'un peuple libre et farouche.* (Ph. : D. Kervyn).

16 — *Tente en peaux de yak dans la région de l'Amnyé Machen (Amdo).* (Ph. : D. Kervyn).

17 — *Costume traditionnel et casquette chinoise font partie du Tibet d'aujourd'hui.* (Ph. : F. Hans).

18-19 — *Kodru : bateaux en peaux de yak tendues sur un canevas en bois qui peuvent être remontés sur la rive par un seul homme. Près de Dorjédraq sur le Tsangpo.* (Ph. : J. Edou).

1

3

4

5

6

7

8

9

10

11

12

13

14

15

16

17

18

19

Yidams

Marpa était un propriétaire terrien aisé. Malgré les difficultés du voyage, il se rendit plusieurs fois en Inde pour y rechercher des enseignements auprès des grands maîtres tantriques. Il y rencontra Naropa, son guru. Un jour qu'ils dormaient l'un près de l'autre, Naropa fit apparaître, clair et limpide dans le ciel, le Mandala de Hévajra et de ses neuf divinités : « Fils, Marpa Chökyi Lodrö, ne dors pas, lève-toi, ton Yidam personnel Hévajra avec ses émanations est en face de toi dans l'espace. Te prosterneras-tu devant moi ou devant lui ? » Marpa pensa : « Ce mandala est la pure vision de mon Yidam, libre des souillures de ce monde. Le guru est fait de chair et d'os, je me prosternerai donc devant ce pur Mandala ». S'étant prosterné devant le Yidam, Naropa disparut et la vision s'évanouit. Marpa rechercha pendant des mois son guru et lorsqu'il le retrouva enfin, Naropa lui dit :

> « Comme il est dit,
> Avant que le guru n'existe,
> Le nom même du Bouddha n'avait jamais été entendu.
> Tous les Bouddhas d'un millier d'éons,
> N'apparaissent que par la grâce du guru.
> Ce mandala est une émanation de moi-même. »

Cet épisode de la vie de Marpa illustre la nature des divinités personnelles de méditation appelées Yidams en tibétain.

La divinité est une émanation du lama qui la transmet à son disciple pour qu'il réalise la nature ultime de son esprit. De même que le poison peut être transformé en remède, les Yidams sont « suprême illusion » pour couper l'illusion du monde ; ils apparaissent de la vacuité et s'y résorbent et leur « réalité » est semblable à un arc-en-ciel, lumineux mais insaisissable.

Ces divinités n'ont rien d'arbitraire. Elles sont les représentations visibles d'expériences spirituelles, accumulées par des générations de méditants, qui se sont transmises en une lignée ininterrompue de maîtres, jusqu'à nos jours. On pourrait les considérer comme des archétypes, présents dans l'inconscient collectif de l'humanité depuis des temps immémoriaux, et la tradition les définit comme des manifestations symboliques des différentes qualités du Bouddha.

Les plus vénérées sont :

— Avalokiteshvara (Chenrezig), qui représente la compassion du Bouddha,

— Manjushri, qui représente la sagesse. Il tient dans la main droite l'épée qui tranche les doutes et dans la main gauche le texte de la Prajnaparamita (Perfection de la Sagesse),

— Vajrapani, détenteur du Vajra, qui apparaît parfois sous son aspect courroucé, et représente les pouvoirs du Bouddha.

Toutes ces divinités ont des attributs particuliers et des caractéristiques propres. La Tara verte, par exemple, avec sa jambe ouverte, est prête à bondir pour aider les êtres, tandis que la Tara blanche, en position de méditation, est un aspect de longue vie. L'œil frontal de certaines d'entre elles représente en plus de la connaissance ordinaire et relative, la connaissance absolue. Le couperet symbolise la saisie de l'ego tranché par la réalisation du non-soi. Les bijoux, ornements, colliers et diadèmes sont les signes de la réalisation des six Perfections Transcendantes et de la multiplicité infinie des qualités de l'Eveil...

Selon les enseignements du Vénérable Bokhar Rinpoché :

« Pour les débutants cette méditation sur le Yidam n'est qu'une assertion mentale. Penser que notre corps est celui de la divinité, que nous sommes Chenrezig par exemple, n'est d'abord qu'une fabrication de notre esprit. Ce n'en est pas moins utile. Tant que nous pensons : « Je suis Chenrezig, je ne suis pas ce corps ordinaire », les pensées d'attachement et d'aversion cessent. Puis, à mesure que notre méditation s'affine, la divinité méditée n'est plus une fabrication mentale, mais elle apparaît naturellement, sous l'effet de la puissance inhérente à l'esprit, semblable à une création magique. C'est, dès lors, la divinité au sens ultime, alors que celle que nous visualisions au cours de notre méditation n'était que la divinité au sens relatif. La divinité ultime est le mode d'être de l'esprit, l'essence de la béatitude. Voir cette essence et demeurer en elle c'est connaître la divinité même. » (1)

Protecteurs et Dakinis

Si le lama est source de bénédictions et le Yidam source d'accomplissement spirituel, protecteurs et Dakinis complètent cette trilogie et sont, dans la tradition tantrique, le fondement de l'activité des Bouddhas.

Il existe dans le panthéon tantrique de nombreuses classifications, protecteurs du Dharma, Gardiens, Dakas et Dakinis... En fait, ils sont classés en deux groupes : les protecteurs qui sont « au-delà du monde » ; ce sont des principes éveillés qui se manifestent sous forme courroucée, et le groupe des protecteurs « mondains » dont la sphère d'activité est limitée à ce monde. Pehar, l'oracle de Néchung, appartient à cette der-

---

(1) BOKHAR RINPOCHE, *Le Pur et l'Impur,* Ed. Claire Lumière.

nière classification, ainsi que les « Mamos » qui se manifestent le plus souvent sous forme de vieilles femmes hideuses.

Certains protecteurs mondains et Dakinis ont été des démons, mais ils ont été subjugués par Padmasambhava notamment, qui en échange de leur vie, leur a fait promettre de protéger le Dharma. Leur rappelant cette promesse antérieure, l'adepte du Vajrayana leur assigne une tâche particulière à accomplir.

Le Dalaï-Lama explique ainsi la pratique des protecteurs :

« Souvent mal compris, les rituels des protecteurs tel que Mahakala, par exemple, ne devraient être pratiqués qu'après avoir obtenu une certaine maîtrise de la méditation sur la divinité. Il faut d'abord se visualiser soi-même comme un Yidam : Hayagriva (1), Tara ou Chakrasamvara (2). Puis, sur cette base puissante de méditation, on peut invoquer les protecteurs. Leur ayant fait des offrandes, on leur assigne une responsabilité ou une tâche à accomplir. Au lieu de cela, certains font des offrandes inappropriées et immangeables, parfois même de la terre, ce qui est encore pire que du lait en poudre ! Au moins le lait en poudre on peut essayer de le manger ! Puis ils leur demandent humblement d'agir... Cette attitude est erronée : il faut à l'inverse, comme les maîtres du passé, les subjuger, leur assigner une tâche et, par le pouvoir de la méditation, les forcer à l'accomplir » (3).

La fonction de ces protecteurs est d'éliminer les obstacles de la voie spirituelle, chacun d'eux ayant ses capacités propres et son activité spécifique.

Dans les monastères, le rituel des protecteurs est en général pratiqué en fin d'après-midi tandis que dans le Gönkhang, le temple des protecteurs, un moine appelé « le lama des seigneurs du Dharma » est plus spécialement chargé de leur culte dont il effectue le rituel en permanence. Ces oratoires sont en général interdits aux profanes.

Les Dakinis représentent la sagesse indescriptible et non née, « libre comme l'étendue du ciel ». En tibétain, Khadroma signifie « celle qui se déplace dans le ciel », que l'on désigne parfois par l'expression de « danseuse divine » ou de messagère céleste qui est l'éthymologie même du mot « anges » de la tradition chrétienne. Comme eux, les Dakinis sont « les ministres des volontés divines ».

Ces êtres spirituels peuvent être parfois négatifs, apparentés à un démon suceur de sang, cannibal ou mangeur d'enfants, mais le plus souvent ce sont les partenaires sublimes des Bodhisattvas. « Leur constante dans la vision de l'adepte est la danse vide de la conscience pure tandis que les

---

(1) Tib. Tamdrin.
(2) Tib. Korlo Demchog.
(3) Entretien personnel, avril 1987.

formes variées de leurs danses et de leurs fonctions sont comme des costumes et des ornements (1). »

Le protecteur le plus vénéré au Tibet est Mahakala, le grand noir. Il est représenté, selon les écoles, à deux, quatre ou six bras. Il appartient aux protecteurs du Dharma et manifeste l'aspect courroucé de la compassion. Palden Lhamo (skt : Sri Devi), la dame à la mule, est la protectrice particulière des Dalaï-Lamas. Tamdrin (skt : Hayagriva), dont la coiffe est ornée d'une tête de cheval, est considéré comme le gardien des protecteurs.

L'iconographie représente en général les protecteurs entourés d'une crinière de flammes symbolisant le feu de la sagesse qui détruit l'ego. Les protecteurs « supra-mondains » sont facilement reconnaissables à leur couronne de cinq crânes qui représentent les cinq sagesses du Bouddha, tandis que les guirlandes de têtes sanguinolentes représentent la purification des cinquante et un événements mentaux. Ils tiennent le plus souvent dans la main gauche une calotte crânienne remplie de sang et dansent sur des corps humains, signe qu'ils ont transcendé les passions de l'homme ordinaire.

Les écoles bouddhiques du Tibet

Toutes les écoles bouddhiques qui se sont développées au Tibet ont pour cadre philosophique le Mahayana ou Grand Véhicule qui fut exposé par le Bouddha au Pic des Vautours, en Inde. A partir de cette base doctrinale commune, de nombreux maîtres indiens apportèrent au Tibet, dès le VIIᵉ siècle, les enseignements des Tantras qui trouvèrent dans la société tibétaine un terrain propice à leur développement.

La diversité des écoles et des lignées de transmission est due au fait que chaque maître, à partir d'un corpus d'enseignements identiques, ajoute au tronc commun ses propres expériences de méditation et les transmet à son tour à ses propres disciples.

> « *Au pays des neiges,*
> *les Nyingmapas furent les pionniers de la doctrine,*
> *les Kadampas furent la source d'un million de Vajradhara,*
> *les Sakyapas propagèrent tous les enseignements du Dharma,*
> *les Kagyupas n'eurent pas de rivaux dans la voie de la pratique,*
> *Tsong Khapa fut le soleil du verbe,*
> *propageant les excellentes explications,*
> *Jonangpa Taranatha et Shalu furent deux grands maîtres*
> *des enseignements vastes et profonds des Tantras.* »

---

(1) KEITH DOWMAN, *Sky Dancer*, p. 255, RKP, Londres 1984.

TABLEAU SYNOPTIQUE DES ECOLES BOUDHISTES DU TIBET

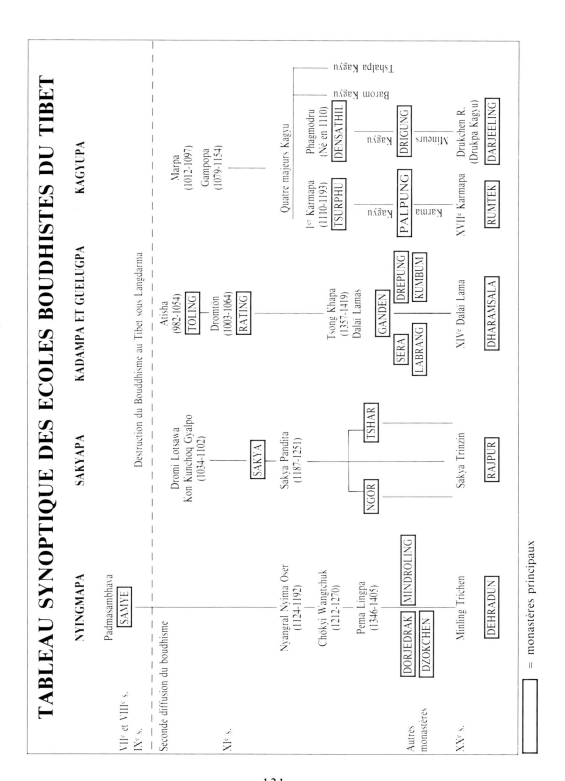

On distingue historiquement deux groupes de Tantras au Tibet :

A — Les « Anciens Tantras » apportés de l'Inde et traduits à l'époque du roi Trisong Détsen (VIIIe s.) et de ses successeurs, avant la destruction de la doctrine par Langdarma. Ces Tantras donnèrent naissance à l'école Nyingmapa ou école des « anciens » Tantras.

B — Les « Nouveaux Tantras » (tib. Sarma - nouveau) qui furent introduits au Tibet par Atisha, Marpa le traducteur et leurs contemporains au cours de ce qu'il est convenu d'appeler la seconde diffusion du Bouddhisme au Tibet (Xe et XIe s.) et qui sont pratiqués dans les autres écoles.

A - L'école Nyingmapa ou école des Anciens (Tantras)

Cette école prit naissance avec les grands maîtres, qui introduisirent les Tantras au Tibet durant le règne du roi Trisong Détsen, particulièrement Padmasambhava et Vimalamitra. Cette première introduction du bouddhisme au Tibet eut pour foyer Samyé qui devint rapidement un grand centre intellectuel où des milliers de traducteurs indiens et tibétains traduisirent Sutras et Tantras sous le patronage du roi. Ces anciens Tantras se sont transmis jusqu'à nos jours par la filiation spirituelle de ces deux maîtres.

Deux types de transmissions se perpétuent au sein de cette école :

— La transmission des Kamas, ou transmission longue des enseignements du Bouddha. Ce corpus concerne notamment les fondements théoriques de l'Anuyoga, Mahayoga et Atiyoga.

— Les Termas ou transmission courte. Celle-ci est constituée de textes et de pratiques qui, pour des raisons spécifiques de lieu, d'époque ou de mentalité furent cachés par Padmasambhava, et redécouverts par des Tertöns ou découvreurs de Termas.

Il existe plusieurs lignées au sein des Tertöns. Certains peuvent être inspirés par une Dakini de sagesse qui leur révèle l'emplacement de ces trésors, d'autres reçoivent par des expériences visionnaires une transmission directe des maîtres du passé. Ces Termas sont souvent des instructions précises concernant la pratique des Kamas.

Pendant longtemps, les Nyingmapas ne construisirent pas de monastères, préférant les ermitages ou la vie de pasteur dans les villages.

Les lamas Nyingmapas peuvent se marier. Traditionnellement, au Tibet, toutes les grandes familles s'attachaient leurs services pour l'efficacité reconnue de leurs pouvoirs. Certains rites provenant de pratiques proches du Bön entraînèrent de longues disputes doctrinales entre les « Anciens » et les autres écoles.

C'est durant les XVIIe et XVIIIe siècles que furent établis la plupart des grands centres monastiques Nyingmapas. Au Tibet central, Mindroling et Dorjédrag furent les deux plus grands, abritant respectivement quatre cents et deux cents moines.

Au Kham, la tradition Nyingmapa se développa autour des centres spirituels de Kathoq, Palyul, Zechen et Dzogchen près de Dergué, qui comptait près de neuf cents moines et onze Lamas réincarnés.

Aujourd'hui, l'école Nyingmapa a établi de nombreux centres en Europe, aux Etats-Unis ainsi qu'en Inde et au Népal. Ainsi se perpétue la tradition des enseignements de Padmasambhava et des grands Tertöns du passé.

B — Les écoles des Nouveaux (Tantras)

Toutes les écoles issues des Tantras apportés au Tibet durant la « seconde diffusion du Bouddhisme » (Xe et XIe s.) sont appelées les « Sarmas ».

Ces écoles furent établies par des maîtres indiens ou tibétains et se divisèrent parfois en sous-écoles. On distingue cependant quatre écoles Sarmapas principales :

1 — L'école Kadampa, fondée par Atisha,
2 — L'école Guélugpa, fondée par Tsong Khapa,
3 — L'école Kagyupa des disciples de Milarépa,
4 — L'école Sakyapa, qui tire son nom du grand monastère de Sakya au Tibet central.

1 — L'école Kadampa

Littéralement, « ceux qui suivent les paroles du Bouddha à la lettre ». Invité au Tibet par les princes du royaume du Gugué au Tibet de l'Ouest, Atisha (982-1054) arriva au monastère de Töling en 1042. Il parcourut ensuite le Tibet central et son disciple Dromtön établit le monastère de Rating, qui devint le premier monastère Kadampa.

Narthang, près de Shigatsé, fondé par un autre disciple d'Atisha, devint un centre spirituel important où furent imprimés les textes du Kangyur et du Tengyur, le canon bouddhique et ses commentaires.

L'école Kadampa ne maintint pas d'organisation centrale, mais les enseignements d'Atisha inspirèrent toutes les écoles Sarmapas et de nombreux maîtres ; ils furent à leur tour la source de nouveaux courants comme Butön (1290-1364) au monastère de Shalu ou Gampopa (1079-1153) qui allait fonder l'école Kagyupa.

2 — L'école Guélugpa ou la « tradition de la vertu »

En 1357, Tsong Khapa naquit en Amdo. Ayant étudié avec des lamas de différentes traditions, il devint rapidement un érudit reconnu.

Suivant l'exemple d'Atisha, il insista sur l'importance de la discipline monastique selon les règles de stricte observance du Vinaya et préconisa la méthode progressive d'Atisha, le Lam-rim.

En 1409, il fonda le monastère de Ganden près de Lhassa et établit une nouvelle école réformée sur les fondements de la vieille école Kadampa. Connue sous le nom de Gandenpa, cette école fut bientôt appelée Guélugpa, « la tradition de la vertu », nom qu'elle a conservé jusqu'à nos jours.

Tsong Khapa et ses successeurs propagèrent le Dharma dans tout le Tibet établissant plus de cent-quarante monastères. Gendün Drup (1391-1474) consolida l'organisation monastique et fut reconnu un siècle plus tard, a posteriori, comme le premier Dalaï-Lama.

Au XVIIᵉ siècle, le cinquième Dalaï-Lama réunit sous son autorité les pouvoirs temporels et spirituels et devint le guide du peuple tibétain tandis que son maître donna naissance à la lignée des Panchen-Lamas à Shigatsé.

Construits au XVᵉ siècle, les monastères de Séra et Drépung, près de Lhassa, furent des universités monastiques assurant la formation de milliers de moines et jouissant de pouvoirs politiques importants.

Ces institutions monastiques étaient surtout célèbres pour l'étude des textes, la maîtrise de la logique et leurs Guéshés étaient reconnus dans tout le monde tibétain pour leur grande érudition.

Aujourd'hui, le quatorzième Dalaï-Lama, principal représentant de la tradition Guélugpa, dispense ses enseignements dans le monde entier et œuvre pour la paix universelle.

3 — L'école Kagyupa ou « la lignée de transmission orale »

Marpa le traducteur (1012-1098), après avoir étudié au Tibet, se rendit trois fois en Inde auprès des mahasiddhas Naropa et Maitripa.

Bien que marié et avisé en affaires, Marpa traduisit de nombreux Tantras qu'il transmit oralement à ses disciples, d'où le nom de « transmission orale ».

Parmi ses quatre disciples principaux, Milarépa (1040-1123) le fameux poète et ermite, réalisa en une vie l'état de Bouddha et il reste un exemple et une source d'inspiration universellement reconnus.

Réchungpa fut son biographe tandis que Gampopa (1079-1153), le médecin du Dagpo, unissant en un même courant les enseignements d'Atisha et la doctrine du Mahamudra reçue de Milarépa, fut le fondateur de l'école Kagyupa.

Ses quatre disciples principaux fondèrent les quatre grandes lignées Kagyupas : Karma Kamtsang, Phagdru, Tshalpa et Barom Kagyu.

— Düsum Kyenpa (1110-1193) fut le premier Karmapa qui établit le monastère de Tsurphu près de Lhassa. Les seize Karmapas qui se succédèrent jusqu'à nos jours, furent des érudits et des maîtres spirituels respectés dans tout le Tibet. La dix-septième incarnation vient d'être reconnue et intronisée au monastère de Rumtek (Sikkim), siège actuel des Karmapas. Les lignées des Situpas, fondateurs de Phalpung près de Dergué et celles des Shamarpas (coiffes rouges) constituent avec les Karmapas, le « Rosaire d'Or » de la transmission Karma Kamtsang.

— Phagmo Drupa, fondateur du monastère de Densathil, fut l'inspirateur des huit écoles mineures Kagyupas, dont la plus connue est l'école Drukpa Kagyu. Etablie à Ralung et à Druk, elle se scinda en deux à la suite de Péma Karpo, le grand exégète du XVIe siècle : Ngawang Namgyal s'établit au Bhoutan (Druk) où la lignée Drukpa s'est perpétuée jusqu'à nos jours.

— Le monastère de Drigung fut un haut lieu spirituel et joua un rôle important durant le règne des Sakyas (XIIIe siècle), tandis que les Taglungs s'établirent dans la vallée de Taglung près de Lhassa.

Les autres écoles secondaires sont Yamzang, Trophu, Shug Seb, Yelpa et Martshang Kagyu.

Malgré la multiplicité de ces écoles, les Kagyupas ont préservé intacte la tradition de méditation de Milarépa privilégiant la voie de la dévotion pour la réalisation du Mahamudra et la pratique des six yogas de Naropa.

Ils établirent de nombreux monastères au Tibet central : Tsurphu, Densathil, Yangpachen, Drigung, ainsi que dans le sud du Tibet au Lodrak, pays de Marpa. Mais c'est au Kham que naquirent les plus grands centres monastiques Kagyupas dans la région de Dergué et de Nangchen.

La « transmission orale » se développe aujourd'hui en Occident où se sont établis de nombreux centres de méditation préservant notamment la pratique de la retraite de trois ans.

Les Kagyupas sont réputés pour leurs techniques de yogas et la pratique de la méditation qui donnèrent naissance à de nombreux yogis qui, à l'instar de Milarépa, sont des sources d'inspiration pour tous les Tibétains.

4 — L'école Sakyapa

Cette école, fondée par Khon Könchog Gyalpo (1034-1102), tire son nom de son lieu d'origine, Sakya, dans la province du Tsang et qui signifie « terre grise » (ce nom n'a rien de commun avec le clan des Sakyas où naquit le Bouddha historique). Sachen Künganyingpo fut le premier des cinq patriarches qui établirent la tradition. Il reçut de Dromi Lotsawa les enseignements du Lam Dré, « le chemin et le fruit », qui avec les nouveaux Tantras, constituent le corpus des enseignements qui se sont transmis au sein de la tradition Sakya.

Sakya Pandita (1187-1251) et Phagpa (1135-1280), les quatrième et cinquième patriarches furent de grands érudits qui convertirent les Mongols Godan et Kubilay Khan. Appuyé par ces puissants voisins, Phagpa régna sur tout le Tibet et élargit la puissance de l'ordre.

C'est au sein de la famille Khon de Sakya que se sont succédés de père en fils ou d'oncle à neveu les maîtres de l'école Sakya. Celle-ci, à partir du XVᵉ siècle, se divisa en trois avec la fondation des monastères de Ngor Ewan Chöden près de Tséthang, et de Tsarchen qui devinrent de grands centres scolastiques.

Bien que les moines suivent généralement la règle du célibat, les patriarches Sakyapas adoptaient en général une tradition qui voulait que le plus jeune des deux frères se marie afin de maintenir la lignée familiale.

Les détenteurs du trône de Sakya étaient considérés par tous avec très grand respect. Une prédiction, que l'on attribue à Guru Rinpoché, dit même que si le patriarche de Sakya n'a pas de fils, toute la doctrine bouddhique risque de s'éteindre au Tibet.

5 — Les autres écoles

— L'école Jonangpa, qui tire son nom du monastère de Jomo Nang dans la province du Tsang, fut florissante entre le XIVᵉ et le XVIIᵉ siècle. Cette école fut célèbre pour l'étude et la pratique de Kalachakra (la Roue du Temps) et pour son interprétation de la vacuité qualifiée (Shen Tong). Cependant, après la mort de Taranatha, historien célèbre, le cinquième Dalaï-Lama, pour des raisons sans doute plus politiques que doctrinales, déclara l'enseignement des Jonangpa, hérétique et leurs monastères furent annexés par les Guélugpas. Malgré cela, certaines lignées se sont perpétuées en Amdo et en Mongolie jusqu'à nos jours.

— La lignée Shangpa remonte au Siddha Kyungpo Naljor qui vécut au XIᵉ siècle. Il reçut de maîtres indiens de nombreuses transmissions et notamment « les six yogas de Niguma », sœur de Naropa. Il s'établit dans la vallée de Shang au Tibet. Cette lignée devint connue sous le nom de Shangpa Kagyu, en raison des liens étroits l'unissant à cette école, et noua des relations privilégiées avec les Jonangpas auxquels elle emprunta le cycle du Kalachakra. Aujourd'hui, Kalu Rinpoché, détenteur de cette lignée florissante, a établi plus de quatre-vingt centres bouddhiques dans le monde entier, perpétuant la vitalité des enseignements Shangpas et Kagyupas.

— Les enseignements de Shijé furent introduits au Tibet par le yogi indien Dampa Sangyé. Il établit son monastère en 1097 à Tingri. Ses enseignements basés sur le « Prajnaparamita Sutra » se développèrent dans tout le pays mais bien que la lignée directe de transmission se soit éteinte, les enseignements de Shijé ont été préservés par d'autres écoles.

— La Yogini Machiq Labdrön développa une profonde compréhension des enseignements de la Prajnaparamita grâce à Dampa Sangyé. Elle inspira la pratique de Chöd, « trancher » l'ego, que les yogis pratiquent dans les cimetières et autres lieux de pouvoirs, armés d'un grand damaru, d'une trompe faite d'un fémur humain, et d'une cloche. Cette pratique fut la seule qui naquit au Tibet et se propagea en Inde. Elle est toujours pratiquée, notamment chez les Nyingmapas et les Kagyupas.

— Le mouvement Rimé (éclectique et non sectaire) prit naissance au Kham au XIXe siècle sous l'impulsion de deux éminents érudits, Kontrul Lodrö Thayé (1813-1899) et Kyentsé Wangpo (1820-1892). Ce renouveau intellectuel et littéraire fut une réaction contre les rivalités et les luttes qui ont marqué l'histoire religieuse et politique du Tibet. Ce mouvement eut pour but de réorienter la vie religieuse vers un idéal non sectaire et un respect mutuel entre les différentes traditions, ce qui avait toujours été la règle parmi les grands maîtres du passé.

Kontrul Lodrö Thayé parcourut tout le Tibet pour recevoir toutes les initiations de toutes les lignées vivantes et écrivit l'histoire détaillée de la transmission de chacune d'elles. Erudit dans toutes les branches du savoir, il composa de nombreux traités. L'*Encyclopédie du Savoir* (Shéja Künkyab) fut, avec la biographie de Milarépa, le seul ouvrage tibétain autorisé pendant la Révolution Culturelle.

Cependant, le mouvement Rimé ne put lutter contre le sectarisme, qui semble malheureusement être un des plus néfastes travers du peuple tibétain et qui fut sans doute, comme certains l'affirment aujourd'hui, l'une des causes de l'invasion chinoise des années cinquante.

La tradition bön

Le Bön était la ou une des religions primitives du Tibet et son origine se perd dans la nuit des temps. Bien qu'aucun écrit n'existe avant le VIIe siècle, voilà ce qui est généralement admis par les Tibétains et les chercheurs occidentaux.

On distingue trois étapes dans l'évolution de la tradition Bön :
— le Dör Bön ou Bön Naturel,
— le Char Bön ou Bön Introduit,
— le Gyur Bön ou Bön Transformé.

1 - Le Dör Bön semble avoir été une religion primitive née du besoin de se concilier les esprits et les puissances de la nature. Il n'y a pas de fondateur, pas de maître, cette religion naît naturellement du culte des ancêtres, de la sacralisation des montagnes, et les adeptes font des offran-

des et des sacrifices aux puissances invisibles. Les prêtres sont spécialisés puisqu'on distingue les Bönpos de la magie, des esprits, des chevaux, du ciel...

Ce sont les prêtres bön qui accueillent le roi lorsqu'il descend du ciel. La puissance du roi repose plus sur sa nature divine que sur la force des armes, aussi les prêtres ont-ils une importance considérable.

La légende dit que le roi ayant demandé aux prêtres de montrer leurs pouvoirs, trois prêtres se présentèrent. Le premier fit la cérémonie du feu et s'envola dans le ciel sur son tambour magique. Le second, au cours d'un rite, coupa du fer avec une plume. Le troisième prit résidence dans un cimetière et anéantit les esprits maléfiques avec son poignard magique.

Depuis lors, un grand prêtre se tient à la droite du roi tandis que les ministres sont relégués à sa gauche. Il semble qu'à cette époque le roi ait dû abdiquer dès que son fils avait atteint l'âge de treize ans. Il remontait alors au ciel au moyen de la corde magique. Peut-être était-il discrètement éliminé...

Le premier roi du Tibet, Nyatri Tsenpo, serait donc descendu du ciel au moyen de la corde qui ne devait pas être coupée puisqu'elle permettait au roi de remonter au ciel. Les prêtres étaient les maîtres de cette corde, aussi avaient-ils un pouvoir certain sur les rois. Les sept premiers rois descendirent ainsi sans encombres et remontèrent de même. Les choses se gâtèrent avec Gün-Kung, le huitième Roi, qui fut tué par son ministre que, par jeu, il avait provoqué en duel (1). Les prêtres se trouvèrent devant une situation nouvelle puisqu'il leur fallait pratiquer d'autres rites funéraires pour le roi. Ils décrétèrent que la corde était rompue et demandèrent à des prêtres du Tazig (la Perse) de venir accomplir les cérémonies. C'est ce qui amena sans doute la seconde forme du Bön : le Char Bön.

2 - Le Char Bön. « le Bön répandu ou introduit » (par des prêtres étrangers).

Les prêtres du Tazig pratiquaient une religion semblable au Bön naturel mais avec un clergé organisé et des rites évolués. Cette nouvelle tradition s'implanta dans tout le Tibet mais surtout dans le « Shang Shung », le Tibet de l'Ouest, autour du mont Kaïlash. Tradition orale, transmise de maître à disciple, elle prévalut dans toute la Haute Asie jusqu'à l'avènement de Songtsen Gampo, qui tenta d'imposer le Bouddhisme venu de Chine et de l'Inde (voir Histoire).

---

(1) Ce déroulement suit la version orale de Gonsar Rinpoché.

Pour des motifs philosophiques mais surtout politiques, le Bön et le Bouddhisme vont s'affronter pendant quatre siècles. On lit dans « Les dicts de Padmasambava » :

> « *A cela le roi [Trisong Detsen] répondit :*
> *Chacun déniant à l'autre sa pureté,*
> *les deux religions sont comme des meurtriers qui s'affrontent.*
> *Le Bouddhisme est peu répandu, la secte bön est puissante.*
> *Déjà il a fallu bannir plusieurs savants Lotsawa (traducteurs).*
> *En laissant les deux religions s'étendre, elles se fondront* » (1).

Paroles prémonitoires puisque le Bouddhisme devait faire des emprunts au Bön qui de son côté était subjugué dans sa troisième forme, le Gyur Bön, par le Bouddhisme.

3 - De même que le Bouddhisme avait été obligé de composer, notamment en asservissant les divinités terribles pour en faire des protecteurs de la religion, le Bön allait à son tour subir l'influence du Bouddhisme. Des textes sont « composés » ou « révélés » qui font appel à des conceptions philosophiques bouddhiques. Certains sont presque des copies conformes dans lesquelles seuls les noms des divinités ont été changés ; ainsi se constitue un Kangyur Bönpo. Le mantra de Chenrezig devient « Om Matri Muyé Salé Du ». L'équivalent du Bouddha est un personnage nommé Senrab Mibo, qui prêche pendant douze ans et accomplit les douze actes mémorables. Il se rend chaque année sur une montagne, le mont Yungdrung, empilement de neuf svastikas et source de quatre rivières que l'on assimile au mont Kaïlash. La montagne est entourée de villes et de temples et au sud se trouve le palais Barpo où naquit Senrab. Le pays est entouré par « l'immense océan du pourtour », lui-même cerné par un mur de montagnes neigeuses.

Senrab est celui qui unifie les divers rituels ; il vit dans un paradis et possède toutes les qualités du Bouddha. Il s'est incarné par compassion comme une émanation du Sen primordial et dompte les démons pour en faire des gardiens de la foi.

Cette religion, au début purement rituelle et magique, a donc évolué vers des dogmes, une cosmogonie, une genèse, des textes sacrés, un dieu incarné venu pour sauver les hommes. Cependant la grande différence entre les deux religions reste qu'il y a dans le Bön un mythe de la Création qui n'existe pas dans le Bouddhisme : « Au commencement il n'y avait rien, puis de rien apparut un œuf de lumière (...) », et qu'on y trouve aussi une notion d'âme, concept totalement étranger au Bouddhisme.

Avec le temps, les barrières entre les deux religions se sont estompées et les Bönpos sont acceptés comme une école du Bouddhisme reconnais-

---

(1) *Le Grand Guru Padmasambhava*, Editions Orientales, Paris.

sant la souveraineté du Dalaï-Lama. Dans son combat contre Naro Bön Chuk pour la possession du mont Kaïlash, Milarépa use des mêmes sortilèges que son adversaire et celui-ci finit par demander : « Pourquoi nous combattre alors que nos pratiques sont similaires. Quelle est la différence entre Bön et Dharma ? » Avant l'invasion chinoise, les Bönpos n'étaient pas, comme on le croit trop souvent, rejetés par la société lamaïste et le monastère de Manri, fondé en 1405, perdura jusqu'en 1969. De nombreux moines bönpo venaient étudier dans les grands monastères du Tibet central, et à Séra comme à Drepung, ils étaient bien accueillis.

Nous avons rencontré un moine bönpo dans la région de Tirtapuri (Tibet de l'Ouest) et il nous a fait visiter son monastère, haut perché dans une falaise. Il fit à l'entrée de grandes prosternations, et nous montra un Phurba miraculeux. Ce n'est qu'en voyant les pèlerins circumambuler le monastère par la gauche que nous comprîmes que nous avions affaire à un monastère bön, expérience identique à celle faite par Lama Govinda qui visita ce monastère dans les années trente (1).

Après l'invasion chinoise, de nombreux bönpos ont choisi l'exil et ont reconstruit leurs monastères en Inde, dont le principal est à Délanjé, dans la région de Simla.

Il existe cependant à côté de ce Bön transformé, un Bön noir resté fidèle aux traditions de magie. Le treizième Dalaï-Lama avait été obligé de prendre contre eux des édits pour qu'ils ne troublent pas la vie des régions où ils séjournaient. Alexandra David-Neel raconte : « Très peu nombreux et dissimulant leurs pouvoirs pour ne pas être inquiétés par les magiciens officiels des collèges monastiques, ces magiciens bön sont redoutés et paraissent, en effet, aptes à produire des phénomènes singuliers. J'en ai vu un qui faisait tomber comme des pierres les oiseaux qui volaient dans le ciel... Le même Bön pouvait ouvrir les portes et soulever les rideaux des tentes sans les toucher, et parfois en se tenant à une distance de vingt à trente mètres (2). »

Nous ne sommes pas entrés ici dans la description extrêmement complexe de la Genèse bön. Il faut se reporter pour cela à Samten Karmay (3) et à Tucci, mais au travers de multiples récits, articles, traductions souvent contradictoires, on en arrive parfois à se demander si tous les auteurs parlent de la même chose ! Peut-être faut-il avouer avec le maître italien : « Si l'on essaie de tirer des conclusions récapitulatives, il faut dire en premier lieu que toutes sortes de difficultés empêchent de formuler une définition claire de la religion bön (4). »

---

(1) A. GOVINDA, *Le Chemin des Nuages blancs*, Albin Michel.
(2) DAVID-NEEL A., *Voyage et Aventure de l'Esprit*, Albin Michel 1985.
(3) KARMAY SAMTEN, *Nouvelle Revue Tibétaine*, n°s 11 et 12.
(4) TUCCI G., *Les religions du Tibet et de la Mongolie*, p. 313, Payot 1973.

Oracles

« La mentalité magique domine toujours au Tibet, car le réel et l'imaginaire sont considérés comme indissociables. De plus, un sentiment mélangé de maîtrise et d'assujettissement provient de la possession de la clé ouvrant la porte des mystères ou de la connaissance de formules et de rites gouvernant le jeu des forces cosmiques. » (1)

Cette phrase de Tucci illustre parfaitement la mentalité tibétaine, pour laquelle le monde des rêves et de l'imaginaire, peuplé de forces antagonistes positives et négatives, se livrent un combat sans merci, plus réel que la réalité quotidienne.

Ainsi, parallèlement aux divinités de méditation, les Tibétains vivent en contact avec des « entités » moins sophistiquées mais tout aussi puissantes, les Nagas des eaux, les esprits des lieux, les dieux des arbres et des pierres... Cette mentalité subjective semble être une des caractéristiques principales des sociétés non scientifiques, fondées sur la croyance et la foi, et non sur l'expérience objective.

Nous voudrions citer ici une discussion avec un moine tibétain nouvellement arrivé en Europe concernant la question de savoir si la terre était ronde ou plate ! Pour notre lama, le Bouddha ayant dit que la terre était plate, sa croyance se fondait sur les écritures. Pour nous, forts de nos certitudes scientifiques, il était évident et définitif que la terre était ronde...

Après des heures d'argumentation, il nous fut impossible de parvenir à un accord, car comme ce fut souvent le cas au Moyen Age, deux visions du monde radicalement différentes s'opposaient. Ce qui fut intéressant dans ce débat, fut de constater que notre lama avait la même conviction dans la vérité des écritures que nous dans les démonstrations scientifiques. Aucune preuve, ni les cartes ni les photos prises par les satellites ne pouvaient entamer sa confiance !

A côté des divinités « hors du monde » tels que les Yidams et les protecteurs, il existe tout un panthéon de divinités « mondaines » qui interviennent constamment dans les affaires du Tibet.

Les Tibétains leur attribuent la capacité de se manifester à travers des médiums et de délivrer par leur intermédiaire des prédictions pour le futur. Certains de ces dieux mondains étaient d'anciens démons de la croyance bön qui furent subjugués par Padmasambhava tandis que d'autres sont considérés comme des prolongements mentaux d'hommes ou de femmes décédés de mort non naturelle.

Les oracles, médiums du divin, cohabitent avec le bouddhisme officiel. Ils sont respectés par le peuple comme par les gouvernants qui, autre-

---

(1) TUCCI, *To Lhassa and Beyong*, p. 97, Oxford Publisher 1983.

fois, ne prenaient jamais de décisions importantes sans avoir au préalable consulté l'oracle d'Etat.

Ces oracles sont répandus dans tout le Tibet : chaque village a le sien qui peut se manifester par la voix d'un paysan ou d'un artisan... Au Laddakh, l'oracle de Shé, fermier de son état, est possédé chaque année par son dieu. Dans sa transe, il saute de toit en toit, brandissant son épée avec laquelle il se blesse la langue et répond aux questions de la population concernant les moissons, la pluie ou les maladies.

Tucci raconte ainsi une cérémonie à laquelle il assista à Lhassa : « (...) il était habillé de brocarts chinois et portait sur la tête une tiare d'or ornée de crânes humains, incrustée de rubis. Son assistant lui versait généreusement des godets de Chang. Il était en transe et, alternativement grognait, s'évanouissait ou roulait les yeux. Il murmura avec difficulté des mots à peine audibles et prédit le futur par de vagues signes et des indications peu claires. Une fois ces prédictions terminées, il se lança dans une danse violente et agitée, ponctuée de tremblements et de mouvements désordonnés, comme s'il était manipulé par un pouvoir intérieur et invisible(...) » (1).

Lorsqu'une personne, laïc ou moine, a été choisie par un de ces protecteurs du Dharma, elle subit un entraînement spécial pour devenir le médium capable de dispenser ses prédictions. Parfois, les questions lui sont posées oralement, parfois par écrit et scellées sans que l'oracle en ait connaissance. Les réponses sont en général interprétées par un moine de son entourage, car le langage de l'oracle est souvent incompréhensible. Avant d'être reconnu officiellement, le médium doit subir des tests comme celui de tordre, à mains nues, une épée que dix-huit hommes n'ont pu tordre auparavant.

Péhar et l'oracle d'Etat

Chaque grand centre monastique possède en général son oracle. Celui de Séra, appelé Karmashar, est le patron des dépeceurs de cadavres avec lesquels il défile une fois l'an dans les rues de la capitale. Mais le plus connu est celui de Néchung, près de Drépung, qui est le médium de Péhar.

Selon la légende, Péhar aurait été apporté à Samyé par Padmasambhava qui lui assigna la tâche de protéger le monastère.

A l'époque du cinquième Dalaï-Lama, Péhar aurait quitté Samyé pour se rendre à Lhassa. Là, il se disputa avec un lama qui refusait de le représenter sur les fresques du temple. Péhar prit les traits d'un jeune peintre et dessina un singe portant une torche. La représentaion s'anima et avec sa torche, mit le feu au monastère ! Le lama attrapa Péhar grâce à un piège à démons et l'enferma dans une boîte qu'il lança dans la Kyichu,

(1) Tucci : op. cit.

la rivière qui borde Lhassa. A Drépung, le cinquième Dalaï-Lama aperçut la boîte et ordonna qu'on la lui apporte. Mais celle-ci devint de plus en plus lourde et lorsqu'on l'ouvrit pour voir ce qu'elle contenait, Péhar s'envola sous la forme d'une colombe et se percha sur un arbre proche de Drépung. Ce lieu, appelé Néchung, « la petite demeure », devint la résidence de Péhar et un temple fut construit autour de l'arbre que l'on peut voir encore aujourd'hui. Depuis lors, Péhar délivre prédictions et oracles par la possession et la transe de l'oracle... de Néchung qui est devenu l'oracle d'Etat, consulté régulièrement pour toutes les grandes décisions. Il est moine mais jouit d'un statut privilégié et ses prophéties sont délivrées au nom de Péhar qui le possède. Mais comme le fait remarquer P. de Grèce, « il est cependant responsable de ses dires et peut être pénalisé si ses propos sont erronés ! ». En 1959, il suivit le Dalaï-Lama dans l'exil et vit toujours à Dharamsala, en Inde (1).

Divinations, charmes et protections

Si les oracles sont utilisés par de simples villageois comme par le gouvernement, ces services se paient parfois très chers. Aussi, pour les choses quotidiennes, les Tibétains ont-ils le plus souvent recours à des techniques de divination plus simples et moins coûteuses.

La plus répandue est le « Mo », prédiction qui est en général effectuée par un lama « Mopa ». Ici encore, ces méthodes qui, selon toute vraisemblance, sont antérieures à l'introduction du Bouddhisme au Tibet, ont été assimilées par l'église bouddhique et font aujourd'hui partie intégrante de la fonction sociale des lamas.

Ces « Mos » peuvent être pratiqués avec un rosaire ou avec des dés : dans les deux cas, le nombre de grains du rosaire ou le total des trois dés est interprété grâce à un petit manuel. Avant d'effectuer le « Mo », le lama récite les formules du Refuge et restaure ses vœux de Bodhisattva afin d'agir non pour son bien propre, mais dans le seul intérêt de celui qui le consulte.

Avant certaines initiations tantriques, d'autres divinations peuvent être pratiquées : les « Da mo ». Le postulant lance une flèche sur le mandala de la divinité et l'endroit où elle tombe donne au maître de cérémonie des indications sur les capacités spirituelles du disciple, ses connexions avec la divinité et le paradis dans lequel il renaîtra. Ces méthodes sont fort répandues en Asie du sud-est, en Thaïlande notamment, où des milliers de fidèles agitent dans les temples des baguettes d'achillée numérotées, jusqu'à ce que l'une d'elles s'échappe, son numéro servant à interpréter l'oracle.

_____

(1) Il existe de nombreuses versions de cette légende. Nous suivons ici celle de P. de GRECE parue dans _The Tibet Journal_, vol. 4, été 1979 et qui nous fut racontée par les moines de Drépung.

Toutes ces techniques de divination peuvent être considérées comme des supports de l'intuition du devin. Lorsque celui-ci est un maître accompli, il peut délivrer des prédictions à ses disciples sans avoir recours à ces supports et interpréter leurs rêves, analyser les signes et les augures, ce qui constitue l'un des pouvoirs liés à la maîtrise spirituelle.

Pour se protéger des forces négatives ou démoniaques, il existe au Tibet une vaste panoplie de charmes, d'amulettes ou de reliquaires qui ne sont efficaces que par l'influence bénéfique dont ils sont chargés. Si la bénédiction par apposition des mains est la plus recherchée, par la manipulation magique du réel, cette influence peut être transmise et véhiculée par des objets.

Le plus simple de ces objets est le cordon de bénédiction, de couleur vive, donné par un lama ou un maître. Bien qu'un dicton populaire considère que ces « Song Dü » ne sont plus, en trois jours, que des « nids à puces », ils sont très recherchés et certains pèlerins en ramènent des centaines pour leurs proches et amis. Leur efficacité est contenue dans le nœud qui lie celui qui le possède à la puissance bénéfique du maître qui l'a effectué.

La plupart des Tibétains portent autour du cou ou sur le côté des reliquaires ou « Gao ». Il en existe de toutes les tailles, souvent en argent incrusté de turquoises et de coraux, parfois ajourés au centre, dans lequel on dispose la photo d'une divinité, celle d'un lama ou même une statuette.

Ces boîtes à charmes contiennent quelquefois des reliques et les Tibétains y attachent une grande puissance de protection.

Des témoins nous ont rapporté que certains cavaliers Khampas chargeant les troupes chinoises, sortaient de leurs vêtements des balles par dizaines. Pour ces Khampas, qui sont parmi les plus fervents bouddhistes du Tibet, les balles étaient attirées par leurs reliquaires, lourds parfois de plusieurs kilos. Pour d'autres, les balles ne pouvaient les tuer, car ils étaient protégés spirituellement et physiquement par la puissance des charmes contenus dans ces reliquaires. Pour les recrues chinoises, mal à l'aise dans cet environnement hostile qu'était pour elles le Tibet, ces cavaliers, armés de vieux fusils à pierre ou de sabres, devaient apparaître comme de véritables démons lorsque, criblés de balles, ils continuaient à se battre ignorant les blessures, comme enivrés par les dieux et chargeaient sans répit un ennemi parfois dix fois supérieur en nombre !

Lorsque charmes, amulettes et autres pièges à démons ne suffisent plus pour venir à bout d'un démon particulièrement résistant, il faut alors faire appel à un « Chödpa ». Le rite de Chöd est une pratique de méditation fondée sur les enseignements de la Prajnaparamita. Il a pour but de trancher (Chöd) l'attachement au corps et à l'ego. Pour ce faire, le Chödpa offre son corps en offrande aux Bouddhas et Bodhisattvas et en pâture aux démons qu'il invite pour un festin rituel à l'aide d'un tambour à deux faces et d'un Kangling, trompe taillée dans un fémur humain. Cette pratique peut être effectuée au profit de quelqu'un d'autre ; le Chödpa invite alors les démons au festin de son propre corps en échange de la liberté du patient. Cependant, le but véritable de cette pratique est d'éliminer, parmi le vaste panthéon des démons, le plus puissant d'entre eux, le démon intérieur, l'attachement à l'ego. C'est ultimement, le seul dont il faille se libérer, les autres disparaissant avec lui.

Mort et réincarnation : les états multiples de l'être

Le Bouddhisme définit l'esprit comme une chaîne, une succession d'instants de pensée, liés entre eux par une relation de causes et d'effets, la pensée présente étant déterminée par celle qui la précède et déterminant celle qui la suit. Il est bien difficile de dire quand commence cette chaîne et quand elle s'arrête et la logique nous pousse même à ne lui trouver ni commencement ni fin.

Cet esprit traverse ainsi six états que les Tibétains nomment Bardos (Litt. : intermédiaires) qui sont considérés comme des champs d'expériences sensoriels successifs, ce qui fait dire à certains maîtres que nous sommes en permanence dans des états intermédiaires. Comme les images oniriques, ces états n'ont d'autre réalité que l'esprit du rêveur lui-même qui projette le monde dans lequel il évolue. Trois de ces Bardos appartiennent à la vie, le Bardo de la naissance, le Bardo des rêves et le Bardo de la méditation profonde (Samadhi), les autres appartiennent à la mort, le Bardo du moment de la mort, le Bardo des phénomènes « tels qu'ils sont » durant lequel l'esprit peut appréhender la vérité ultime, et le Bardo du devenir qui précède la renaissance dans telle ou telle matrice.

Libéré de toute enveloppe charnelle, l'esprit durant les trois Bardos de la mort, peut se libérer de cette chaîne qui le lie au monde. Il lui faut pour cela reconnaître sa vraie nature dans le jeu des images créées par le mental. Cette reconnaissance est du même ordre que les techniques de méditation sur les divinités pratiquées durant la vie et son processus est décrit en détail dans le « Livre des Morts Tibétains » (1).

L'iconographie tibétaine représente six destinées dans la Roue de la Vie que tient dans ses griffes Yama, le dieu de la mort :
— Les dieux,
— Les demi-dieux (Assuras) souvent appelés dieux jaloux,
— Les hommes,
— Les animaux,
— Les prétas, esprits avides et insatiables,
— Les états infernaux.

---

(1) Bardo Thödol en tibétain. Il existe plusieurs version de ce texte en français paru chez « Dervy-Livre » ou au « Courrier du Livre ».

La naissance dans chacun de ces états est déterminée par les actes antérieurs, et l'esprit, enchaîné par les émotions négatives, erre d'une destinée à l'autre en un cycle sans fin appelé le Samsara. Cette loi des actes, le Karma, est illustrée par ce dicton :

« *Si tu veux savoir ce que tu as été,*
Regardes ce que tu es aujourd'hui.
Si tu veux savoir ce que tu seras,
Regardes aussi ce que tu es ! »

Dans la version libre de Drugpa Künleg le yogi, cela devient :

« *Dans le cycle de mes nombreuses vies,*
J'ai été tour à tour chaque créature ;
Je n'en garde qu'un souvenir obscur.
Ce doit être à peu près comme cela :
Si aujourd'hui j'aime la bière,
C'est que sûrement j'ai été une abeille.
Si je suis toujours libidineux,
C'est que j'ai été un coq... » *(1)*

Parmi les quatre modes d'apparition possible dans ces six destinées, l'œuf, la matrice, la moisissure et la génération spontanée, cette dernière, qui correspond à la naissance dans les états infernaux et divins, est purement psychique. Ici, mort et renaissance se produisent spontanément, immédiatement, l'individu réapparaissant avec toutes ses caractéristiques jusqu'à épuisement, nous dit le Bouddhisme, des forces qui avaient provoqué cet état. Dans ce mode d'existence, l'esprit recrée sans cesse un monde phantasmatique, terrifiant ou paisible, infernal ou divin. Cette description est identique à l'agressivité répétitive que la psychiatrie observe chez les malades atteints de bouffées délirantes ou de cauchemars répétitifs qui se reproduisent jusqu'à épuisement de la pulsion sous-jacente.

Comment comprendre cette explication bouddhique des six destinées et des six Bardos ?

— Il y a tout d'abord un sens littéral que l'on pourrait appeler « réincarnationniste » qu'il faut bien se garder de rejeter au nom de l'esprit fort occidental. Ces enfers existent en dehors de nous, dans l'espace et dans le temps, et il est possible, selon la tradition, que des éléments psychiques de notre être soient phagocités par d'autres esprits et intégrés à une nouvelle personnalité. Mais il faut se méfier de l'interprétation hâtive qui pourrait nous faire dire que « je » me réincarne dans un animal par exemple, car, comme nous l'avons vu, le moi n'existe pas réellement.

— L'autre explication est verticale et intemporelle mais n'exclut pas la précédente : nous sommes en même temps et de façon indissociable,

---

(1) DOWMAN K. *Le Fou Divin*, Albin Michel, 1982.

un homme, un animal, un dieu et un démon par l'analogie du microcosme et du macrocosme. Cela est si vrai que si nous pratiquons la méditation sous la conduite d'un maître avisé, nous pourrons expérimenter des états divins d'extase (Dyana), états où l'on transcende le temps, l'espace et les limitations douloureuses de la personnalité. On est alors un dieu, ici et maintenant, dieu transitoire certes, car ces états sont impermanents et si l'on s'y attache, ce sera pire que l'enfer...

La tradition bouddhique ne tranche pas entre ces deux interprétations n'étant ni réaliste ni idéaliste, mais elle nous met en garde contre ces six destinées dans lesquelles nous naissons inlassablement, passant d'un état béatique à un état infernal sans qu'il y ait de possibilité d'échapper à ce cycle sans fin. Au-delà, il y a l'état ultime et insurpassable, l'état de Bouddha qui seul doit être recherché (1).

Trulkus

Les Trulkus, ou Corps d'Emanaïon des Bouddhas, sont considérés comme des Bodhisattvas qui, libérés du cycle des renaissances, choisissent volontairement de revenir dans ce monde pour guider les hommes vers la libération. Cette motivation sera la force sous-jacente qui va les pousser au moment de la mort à se réincarner pour continuer leur œuvre ici-bas.

Le Vajrayana a systématisé la doctrine des Trois Corps du Bouddha contenus en filigrane dans le canon originel : dans son aspect de vacuité, non né, illimité et non manifesté, le Bouddha est appelé Corps de Vacuité ou Dharmakaya ; sous son aspect de pure manifestation, comme les divinités suprêmes du mandala, les Yidams, etc., il est Corps de Félicité ou Sambhogakaya, mais pour pouvoir être perçu par les êtres ordinaires, il se manifeste dans ce monde, comme le Bouddha historique par exemple. Il est alors Trulku, Corps d'Emanation (Nirmanakaya en sanskrit).

Au Tibet, c'est Düsum Kyenpa (1110-1193), le fondateur de l'ordre Karma Kagyu qui introduisit la première lignée de lamas réincarnés. Cette lignée s'est transmise sans interruption jusqu'à nos jours. La particularité des Trulkus Karmapas est de laisser à leur mort une lettre à quelqu'un de leur entourage contenant des prédictions et des indications concernant leur futur lieu de naissance, le nom de la famille, etc.

Comme cela se fait pour les Dalaï-Lamas, la découverte de l'enfant est confiée en général à une commission chargée de consulter les oracles, d'interroger les populations et de faire éventuellement passer des tests au jeune garçon. Finalement, lorsque tous les signes concordent, le jeune

---

(1) Sur ce sujet, voir le dernir chapitre de *La méditation bouddhique* de J.P. SCHNELTZER.

Le grand lama de LABRANG (Amdo) âgé de six ans.
(Ph. : Fondation Alexandra David-Neel)

garçon est définitivement choisi et intronisé.

Bien que moins institutionnelles que les lignées masculines, il existait au Tibet des lignées reconnues de Trulkus féminins, l'une d'entre elles, abbesse du monastère de Samding, vit actuellemnt à Lhassa.

La plupart des monastères du Tibet avaient à leur tête un lama réincarné assurant la continuité de la transmission. Seule exception, les Ganden Tripas, détenteurs du trône de Ganden et chefs suprêmes de l'école Guélugpa étaient élus par les moines.

En général, le jeune Trulku, une fois reconnu et intronisé, est confié à un de ses anciens disciples qu'il avait lui-même formé dans son incarnation précédente. Outre la filiation et la transmission de l'enseignement, cette méthode assure la continuité d'une génération à l'autre au sein de la communauté monastique et laïque.

Cependant, dans le cas des Dalaï-Lamas, ce système nécessitant une longue régence, favorisait le pouvoir et l'influence des régents sur le jeune homme. Pour défendre des intérêts plus politiques que religieux, certains groupes de pression, les Chinois notamment, ont souvent essayé de favoriser le choix de leur candidat.

Même si cette tradition se perpétue à l'extérieur même du Tibet avec l'apparition de Trulkus occidentaux, le Dalaï-Lama actuel est conscient des limites et des dangers de ce système. Interrogé récemment à ce propos, il nous fit la réponse suivante :

« Notre siècle est plus que jamais une période de l'histoire où l'on essaie de ramener toutes choses à la politique. Si je décide de perpétuer la lignée des Dalaï-Lamas dans la pure tradition, c'est-à-dire la tradition de la réincarnation, le gouvernement chinois s'arrangera pour déclarer que le quinzième Dalaï-Lama s'est réincarné sur son territoire et l'éduquera selon son idéologie. Je pense donc désigner moi-même mon successeur. L'important pour moi est de préserver notre culture et notre spiritualité. »

Dans ce cas, et selon les prédictions du passé, le quartozième Dalaï-Lama serait alors le dernier Trulku de la lignée...

Les funérailles célestes

Le Livre des Morts tibétain, le « Bardo Thödol », décrit en détail le processus de la mort durant lequel chacun des quatre éléments, la terre, l'eau, le feu et l'air se résorbent selon une hiérarchie qui va du plus grossier au plus subtil. Au moment de la mort, le principe conscient quitte l'enveloppe charnelle au cours du rituel du « Powa », le Transfert de Conscience. Il est effectué par le mourant lui-même s'il en est capable ou par un lama qui lui murmure à l'oreille les instructions du Livre des Morts pour le préparer au Bardo.

La dépouille mortelle doit ensuite être rendue à l'un des quatre éléments, aussi, quatre modes funéraires sont-ils acceptés par la tradition :

l'enterrement, qui constitue le retour à l'élément terre ; l'immersion, le retour à l'élément eau ; l'incinération, le retour à l'élément feu et les funérailles célestes, le retour à l'élément air.

Etant donné la rareté du bois et la difficulté de creuser en hiver la terre gelée, ce sont les funérailles célestes qui sont les plus répandues, l'abandon du corps dans les rivières étant réservé en général aux enfants morts en bas-âge.

Les funérailles célestes, qui tendent à disparaître aujourd'hui, sont pratiquées dans des lieux reculés, au-dessus des villages ou des monastères. Quelques jours après la mort apparente, le corps est transporté hors de la maison par le fils aîné, puis enroulé dans un linceul de laine écrue, jusqu'à l'aire où il sera découpé.

Sur une large pierre plate, les dépeceurs coupent le cadavre en morceaux tandis que les os sont broyés, réduits en poudre puis mélangés à de la farine d'orge. La horde silencieuse des vautours observe le spectacle à distance attendant un signe du maître de cérémonie. Celui-ci prend un morceau de chair et le jette au chef des vautours : c'est le signal qu'attendaient les rapaces qui se précipitent sur la dépouille dans une mêlée indescriptible de becs, de plumes et de serres.

En quelques heures, l'aire est nettoyée et la cérémonie terminée. L'enveloppe charnelle, véhicule des vivants, est retournée aux vents, tandis que l'esprit erre dans le Bardo vers de nouvelles destinées.

Ce rituel, qui peut sembler barbare, est en fait d'une grande sobriété et même si les dépeceurs échangent quelques plaisanteries, chacun de leurs gestes est réglé par un rite et empreint d'une profonde sacralité.

Ces cérémonies sont d'ailleurs interdites au public. Récemment, le gouverneur chinois de Lhassa voulut y conduire des hôtes de marque ; les dépeceurs refusèrent d'accomplir le rituel en présence de personnes non bouddhistes, et les perturbateurs furent même obligés de payer une forte amende !

L'incinération du seizième Karmapa

Dans les régions de l'Est, au Kham notamment, l'incinération est fréquente car le bois est abondant. Au Tibet central, celle-ci est réservée aux membres des grandes familles et aux lamas de haut rang.

La seizième incarnation de Düsum dyenpa (1110-1193), fils spirituel de Gampopa et chef de la lignée Karma Kagyu, quitta son monastère de Tsurphu en 1959. Il s'établit à Rumtek au Sikkim et fut le principal artisan de la transmission du Bouddhisme tibétain en Occident.

Sa Sainteté le seizième Karmapa est mort le 5 novembre 1981 à Chicago. Pendant cinq jours, son corps demeura en position de méditation et, pendant tout ce temps, de la chaleur irradia son cœur, ce qui fut constaté par les médecins américains de l'hôpital. Rapatriée au Sikkim, la dépouille, préservée dans du sel, fut placée dans une chapelle. Le 20 décembre, elle ne mesurait plus que cinquante centimètres de hauteur.

A Rumtek, pendant quarante-neuf jours, des rituels furent effectués jour et nuit par les moines. Le matin de la cérémonie le corps fut placé dans un Stupa funéraire sur le balcon du premier étage. La foule des pèlerins et des fidèles défila silencieuse et grave pour offrir une dernière Khatag (écharpe blanche) au Karmapa.

Selon la tradition, le bûcher fut allumé par un moine n'ayant jamais rencontré le Karmapa de son vivant. Les quatre Rinpochés qui assurent la régence, Situ, Shamar, Kontrul et Gyaltsab en costume d'apparat effectuèrent les rituels d'offrandes aux quatre portes du Stupa.

A la porte nord, Situ Rinpoché recueillit le cœur du lama. L'apparition d'arcs-en-ciel et les vautours tournoyant dans le ciel constituaient autant de signes de bon augure.

Dans la fumée odorante de genévrier et d'encens, les prières s'élevèrent de la foule des moines et des laïcs venus de tous les coins du monde, pour rendre un dernier hommage à la forme corporelle du guru, et unir leurs souhaits pour la prochaine réincarnation du dix-septième Karmapa.

Vers midi, les flammes diminuèrent. Lorsque le brasier fut éteint, les portes du Stupa furent scellées. Comme durant la crémation de certains saints du passé, de nombreux miracles et prodiges apparurent et cela fut constaté par les quelque cinq mille personnes présentes, bouddhistes ou non.

Une semaine plus tard, les portes furent ouvertes : le squelette et le linceul avaient été épargnés par les flammes. Ils furent déposés avec les cendres et de nombreuses autres reliques dans un stupa d'or de trois mètres de haut, au sein d'une chapelle construite spécialement au sommet du monastère.

La légende du grand Stupa

Tous les voyageurs qui se sont rendus à Kathmandu, sont venus flâner autour du Stupa de Bodnath, au coucher du soleil, se mêlant aux pèlerins tibétains et népalais qui récitent leurs mantras en tournant les moulins à prières ou discutent les derniers potins de la vallée. Depuis les temps les plus reculés, ce Stupa fut l'un des lieux les plus sacrés des Himalayas, commerçants, voyageurs et pèlerins ne manquaient pas de venir s'y prosterner avant d'affronter les hauts cols menant au Pays des Neiges ou à la suite d'un voyage accompli sans encombres.

Les Stupas, appelés Chöten en tibétain, sont des symboles de l'esprit des Bouddhas, qui servirent autrefois de reliquaires pour abriter les cendres du Bouddha et de ses disciples puis celles des yogis et des grands

Stupa (tib. Chöten)

LE RETOUR DU LAMA D'HEMIS

Les événements relatés ici nous furent rapportés par des Ladakhis et des témoins occidentaux. Même si se sont glissées dans les faits, des erreurs et des omissions, c'est cependant ainsi qu'une légende est en train de naître sur les rives de l'Indus.

Le monastère d'Hémis dans la vallée du Ladakh fut fondé au XVIIe siècle par Tag Tsang, maître célèbre et vénéré dans tout le Tibet occidental.

Dans les années cinquante, la sixième incarnation de Tag Tsang Trulku, détenteur du trône abbatial d'Hémis, fut découvert au Tibet et intrônisé à Hémis. Après quelques années passées au monastère, il fut envoyé, comme ses prédécesseurs, au Tibet central pour y parfaire son éducation auprès des grands lamas Drugpas. Lorsque les portes du Tibet se refermèrent en 1959, le jeune Trulku ne put rejoindre ses lointaines terres du Haut Indus. Quelques années plus tard, comme la plupart des moines, il fut réduit à l'état laïc et envoyé à Pékin pour y apprendre le chinois et étudier les subtilités du matérialisme dialectique... De retour au Tibet, il trouva un travail de chauffeur routier, jouissant de la relative liberté des voyageurs et il sillonna les hauts plateaux de l'Amdo, du Kham et des provinces chinoises frontalières. Quels souvenirs gardait-il du Ladakh de son enfance, de son lointain monastère et de sa vie de jeune moine ânonnant des pages et des pages de textes qu'il ne comprenait sans doute pas ? Les années passèrent et, avec elles, les affres de la Révolution Culturelle.

Lorsqu'à la fin des années soixante-dix, la politique de libéralisation fut instaurée au Tibet, les moines du monastère d'Hémis qui avaient bien du mal, en l'absence de leur chef spirituel, à préserver discipline et rigueur dans la communauté, firent une demande officielle pour que leur Trulku leur soit rendu. Les autorités chinoises, ignorant sans doute les origines de ce citoyen ordinaire de la Région Autonome du Tibet, le promurent immédiatement à une position plus en rapport avec ses capacités et il accéda à un poste de responsabilité au sein du parti communiste.

Cependant, devant l'insistance des autorités monastiques d'Hémis, Tag Tsang Trulku allait bientôt être autorisé à rejoindre son monastère mais deux problèmes restaient à résoudre.

Tout d'abord, il lui était impossible de traverser la frontière du Ladakh car celle-ci n'existe pas ! En effet, la Chine et l'Inde n'ont pu, depuis quarante ans, se mettre d'accord sur un tracé définitif...

Le deuxième problème était lié à la nationalité tibétaine de Tag Tsang. Il ne pouvait obtenir, pour se rendre en Inde, qu'un visa de touriste, mais risquait d'y rester et de demander le statut de réfugié... ce que lui-même ne semblait pas souhaiter. Il fut entendu qu'il partirait donc avec quelques membres de sa famille, les autres servant de caution au cas où il ne rentrerait pas.

Au printemps 1986, dans les rues de Leh et dans toutes les maisons du Ladakh, le retour du lama d'Hémis alimentait les conversations, tandis que les moines s'apprêtaient à fêter dignement le retour du maître prodigue. Lorsque l'avion de Delhi se posa sur la petite piste de Leh, c'est par milliers que les Ladakhis s'étaient déplacés pour cet événement hors du commun. Sur toute la route de l'aéroport à Hémis, soit près de quarante kilomètres, on vit une foule barriolée, les bras chargés de Khatags blanches et d'encens, pour saluer le retour du Sixième Tag Tsang Rinpoché. Certains, sans doute, furent étonnés de voir ce jeune homme en pantalon large et en blouson de cuir noir, tassé au fond de sa voiture, qui n'osait pas saluer cette foule qui l'attendait comme un messie...

Arrivé au monastère en grande pompe au son des Gyalings et des Radongs, il fut installé sur son trône et après les cérémonies d'usage, il put enfin se réfugier dans ses appartements qu'il retrouvait après plus de trente années d'absence.

Mais les appartements abbatiaux ont dû lui sembler bien austères et sans doute devait-il se sentir un peu mal à l'aise dans sa nouvelle fonction, si bien que quelques jours après, laissant là moines et chambellans, il s'installa avec sa famille dans une suite de l'hôtel Shangrila à Leh, le meilleur de la capitale. C'est là qu'il reçut les différentes autorités locales venues lui présenter leurs respects.

Aujourd'hui, tout semble rentrer dans l'ordre. Le sixième Tag Tsang Trulku a revêtu la Chuba foncée des laïcs et s'est définitivement installé à Hémis où la vie spirituelle semble avoir repris ses droits après bien des années d'errance.

D'ici quelques mois, le Tag Tsang Trulku retournera à Lhassa. Choisira-t-il de reprendre sa vie anonyme au Tibet ou d'assumer les responsabilités religieuses qui lui incombent ? A suivre...

maîtres de la tradition. Dans le monde tibétain, on les trouve à l'entrée des villages, au sommet des cols ou dans des lieux de pouvoir pour éloigner les forces négatives, conjurer les mauvais esprits et bénir les passants. Ils sont, dans tout le monde himalayen, des monuments élevés pour et par la dévotion des populations.

Symbolisme

Depuis les premiers Stupas de Sanchi ou de Sarnath, en Inde, leur forme a considérablement évolué selon les différentes cultures dans lesquelles ils se sont développés.

Dans sa forme tibétaine, le Chöten est en général composé de cinq éléments superposés qui, de la base vers le sommet, constituent une progression du grossier vers le subtil, par analogie à la progression spirituelle qui conduit l'être ordinaire à l'état de Bouddha parfaitement éveillé.

La base carrée représente l'élément Terre,
La coupole arrondie représente l'Eau,
La flèche triangulaire représente le Feu,
L'ombrelle représente l'Air,
Le soleil, la lune et la flamme supérieure représentent
l'élément Ether subtil.

Durant la dissolution des agrégats psycho-physiques du moment de la mort, ces éléments se dissolvent dans ce même ordre :

« Alors la terre sombre dans l'eau
Le corps perd son soutien
Alors l'eau sombre dans le Feu
La bouche et le nez se dessèchent
Alors le feu sombre dans l'Air
Le Château disparaît
Alors l'air, la force vitale
Sombre dans la conscience, l'Ether
Ceci ayant eu lieu
Ceux qui ont accumulé du Karma négatif
Expérimentent la douleur du moment de la mort
Et ceux qui ont accumulé du Karma positif
Sont accueillis par les dieux, les gurus et les Dakinis. » (1)

Le tableau ci-dessous réunit les équivalences entre formes, éléments, agrégats et Sagesses (2).

Forme	Elément	Couleur	Agrégat	Sagesse
Base carrée	Terre	Jaune	Forme	Equanimité
Coupole	Eau	Blanche	Sensation	Semblable au miroir
Flèche triangulaire	Feu	Rouge	Perception	Discriminante
Ombrelle	Air	Vert	Formations mentales	Toute accomplissante
Soleil et lune	Ether	Blanc	Conscience	Dhamadhatu (ce qui est)

(1) NAROPA, « Le Bardo du moment de la mort »
(2) Pour plus de détails, nous renvoyons le lecteur au livre de GOVINDA, *Les Fondements de la Mystique tibétaine.* Ed. Albin Michel.

Au moment de la mort, si le mourant a maîtrisé les enseignements du Bardo Tödol, il sera capable de transmuter chacun de ces éléments en une des sagesses des Bouddhas.

Certains yogis parviennent à maîtriser ces éléments et outre certains pouvoirs tels que la capacité de traverser les murs, de marcher sur les eaux ou de se déplacer dans l'air, ils réalisent dans cette vie même les cinq Sagesses des Bouddhas.

La légende

En cette année du Singe de Feu, le dixième jour du septième mois, se trouvaient réunis, dans le grand temple de Samyé au Tibet, le grand roi du Dharma Trisong Détsen et les vingt-cinq disciples principaux de Padmasambhava.

Se prosternant devant le guru, le roi lui fit cette requête :

« O grand Guru, j'ai construit le monastère de Samyé, résidence des trois Joyaux dont la doctrine se propage dans ce pays barbare comme le soleil du matin sur les pics neigeux. Explique-nous comment fut construit le grand Stupa, que nous sachions, nous, ayant construit le temple de Samyé, comment prier et avoir confiance dans l'avenir. »

Le guru répondit : « (...) Autrefois, une femme nommée Shamvara eut quatre fils de quatre pères différents. Elle gagnait sa vie en élevant des volailles et devint si riche que ses quatre fils étant tirés d'affaire, elle désira construire un grand Stupa, réceptacle de l'esprit de tous les Bouddhas pour le bien d'autrui. Elle demanda au maharaja l'autorisation d'entreprendre la construction de ce Stupa et malgré les réticences de ses courtisans, il trouva merveilleux qu'une pauvre femme ayant eu quatre fils illégitimes souhaite ériger un tel monument pour le bien des êtres ; il accepta donc et la femme et ses quatre fils, aidés d'un âne et d'un éléphant commencèrent les travaux. »

Mais bientôt Shamvara se sentant mourir, réunit fils et serviteurs et leur dit : « Achevez ce grand Stupa qui sera un champ d'adoration pour les êtres humains et non humains. Placez en son sein les restes des Tathagatas et consacrez-le selon les usages. Ceci est mon souhait le plus cher. Accomplissez-le et vous réaliserez ainsi vos desseins de cette vie et des suivantes. »

La femme ayant disparu, ses fils continuèrent son œuvre selon ses vœux et, lors de la consécration du Stupa, l'assemblée des Bouddhas et des Bodhisattvas s'adressa d'une seule voix aux bienfaiteurs et aux dévots réunis : « Ecoutez, vous tous, êtres fortunés. Par l'accomplissement de ce grand œuvre, suprême réceptacle du Corps de la simplicité infinie, inséparable de l'esprit de tous les Victorieux du passé, du présent et du futur, toutes vos prières et vos souhaits seront accomplis parfaitement ». Les quatre fils comprirent l'importance de cette révélation et chacun d'eux voulut faire un vœu à la hauteur de l'aspiration de leur défunte mère.

Le fils aîné pria ainsi : « Puissé-je établir la doctrine des Bouddhas au Tibet. Pour ce faire, puissé-je renaître comme un grand roi protecteur de la religion dans le pays des neiges des sauvages du nord. »

Le deuxième fit la prière suivante : « Lorsque mon frère sera un grand roi, puissé-je renaître comme un moine qui deviendra un Ahrat pour ordonner les membres du Sangha. »

Le troisième fit ce vœu : « Puissé-je à cette époque renaître comme un yogi adepte des Tantras pour préserver la doctrine des Bouddhas que mes frères auront établie. »

Le plus jeune fit le souhait d'être ministre pour coordonner les actions de ses aînés.

Mais l'âne, incapable de formuler un souhait positif, se mit en colère et des pensées négatives apparurent dans son esprit : « Quand le fils aîné sera roi, que je sois un ministre qui rende toutes les actions du monarque inefficaces. »

Quant à l'éléphant, il pensa : « J'ai transporté toutes les pierres du Stupa et je n'ai pas été récompensé. Dans ce pays de sauvages, que je renaisse comme le petit-fils du roi pour détruire la doctrine. »

Mais un corbeau perché près de là, révolté par un tel souhait, fit cette prière : « Quand ce destructeur de la doctrine renaîtra, que je renaisse moi comme un grand Bodhisattva qui assassinera ce mauvais roi. »

De nombreuses autres personnes présentes firent elles aussi des souhaits pour renaître au Tibet à cette époque.

« C'est ainsi, dit le guru à Trisong Détsen, que le fils aîné naquit au Tibet et c'est vous-même grand roi et protecteur du Dharma : le deuxième fils est l'abbé Bodhisattva Shantarakshita et le troisième, le yogi tantrique, c'est moi-même. Le plus jeune fils, c'est le roi actuel du Yarlung. Quant à l'âne, c'est le mauvais ministre bön Mashang Tromba et l'éléphant sera Langdarma, celui qui a une tête de bœuf : mais le corbeau, sous les traits du Bodhisattva Lhalung Palgyi Dorjé le tuera... »

Le roi Trisong Détsen et toute l'assemblée furent émerveillés et animés d'une grande foi, ils se prosternèrent et offrirent de puissantes prières pour la propagation de la doctrine et le bonheur de tous les êtres vivants » (1).

_____

(1) D'après un texte tibétain de Nag Tchang Sakya Zangpo, traduit en anglais par Keith DOWMAN, *The Legend of the Great Stupa,* Dharma Pub. 1973.

Marchand et sa femme
(Ph. : Fondation - A. David-Neel)

III — Vivre au Tibet

Nouvel an à Lhassa

Dans la nuit noire de mars, l'orbe de la lune jaillit soudain, si pur qu'on croirait pouvoir toucher les montagnes qui se découpent sur le ciel d'encre et qui protègent, comme un écrin, Lhassa et les façades austères du Potala dont les toits scintillent au loin. La lumière de la pleine lune éclaire la foule massée sur le parvis du Jokhang, le cœur du Tibet, le temple des temples, dans lequel repose la paisible statue du Bouddha qu'une princesse chinoise apporta dans sa dot, il y a quelques treize cents ans. La foule est dense, compacte même, pour admirer les gigantesques offrandes qui ont été dressées dans les quatre directions, aux quatre portes du temple. Devant chacune d'elles, des moines venus des trois grands monastères de Lhassa psalmodient le rituel de leurs voix graves dans la lumière vacillante de myriades de lampes à beurre.

Combien sont-ils à tourner autour du temple ou à se prosterner dans la nuit ? Cinquante mille, quatre-vingt mille, cent mille peut-être, venus de tout le Tibet, en camions, à cheval, à pied parfois, pendant des jours, pèlerins, commerçants, nomades ou moines de quelque lointain monastère de province, arrivés ici pour fêter la nouvelle année et participer aux festivités de la Grande Prière qui, durant trois semaines, va rythmer toute la vie de la capitale.

C'est la plus grande fête religieuse du pays. Elle fut établie en 1408 par Tsong Khapa, le grand réformateur, dont les successeurs réincarnés, les Dalaï-Lamas, ont été investis du pouvoir temporel et de l'autorité spirituelle sur tout le pays. Depuis lors, chaque année, la célébration annuelle de cette grande Prière de Souhaits (tib. Mönlam) est la réaffirmation solennelle de l'attachement du Tibet à la foi bouddhique et à son chef spirituel, le Dalaï-Lama.

Comme dans de nombreuses autres traditions, le nouvel an tibétain correspond à un temps fort de l'année qui inaugure le renouveau liturgique par des souhaits pour la prospérité du pays, la longévité des vivants ou le bonheur céleste des morts.

Au cours des derniers jours de l'année, dans tous les temples, les moines implorent les divinités protectrices afin d'exorciser les forces négatives. Rituellement, ils « se débarrassent de l'année moribonde » tandis que, dans les familles, on dispose sur un morceau de bois quelques pièces de tissu ou de laine, grossières effigies des démons de mauvais augure. Le vingt-neuvième jour du mois, le moine ou le lama du village emporte l'effigie qui sera jetée à la croisée de quatre chemins.

A Lhassa, traditionnellement, le jour du nouvel an, le Dalaï-Lama recevait au Potala, en grand apparat, tous les membres du gouvernement, les représentants des grands corps de l'Etat et des différentes communautés. A cette cérémonie étaient notamment conviés les représentants du Ladakh et du Bhoutan venus, chargés de présents, prêter allégeance au souverain. Du Ladakh, depuis le XVIIᵉ siècle, une caravane Lopchak (tib. Tous les deux ans) était envoyée à Lhassa par les rois ladakhis afin de maintenir les relations d'amitié et de commerce entre les deux pays. Pendant quatre mois, la caravane de yaks et de mules devait affronter la froidure désertique du Tibet de l'Ouest, longeant les rives gelées du lac Manasarovar, au pied du mont Kaïlash, pour rejoindre Lhassa et apporter aux Dalaï-Lamas, selon l'usage, de l'or, du safran, des châles du Cachemire et des tissus du Xinjiang. Outre ces offrandes, les Ladakhis emportaient avec eux des marchandises qu'ils échangeaient librement au Tibet, avant de s'en retourner vers leur lointaine capitale de Leh. Cette tradition s'est perpétuée jusqu'en 1951, date de la fermeture complète de la frontière avec la Chine.

Le deuxième jour de l'année était marqué par l'arrivée solennelle de l'Oracle d'Etat se rendant en grande pompe de son monastère de Néchung, près de Drépung, au temple du Jokhang, près duquel il prenait ses quartiers pour toute la durée des festivités, prophétisant les événements importants de l'année à venir. Enfin, le Dalaï-Lama lui-même quittait son palais du Potala entouré d'une garde spéciale, vêtue selon la tradition mongole, pour venir présider les cérémonies religieuses du Mönlam.

Pendant onze jours, des milliers de moines, rassemblés dans la cour intérieure du temple, récitent les six rituels quotidiens, tandis que les bienfaiteurs laïcs viennent présenter au Dalaï-Lama une écharpe blanche (Khatag) et offrir aux moines de la nourriture, du thé et quelques pièces d'argent, sous l'œil sévère des maîtres de discipline qui rythment leurs pas de leurs lourds sceptres incrustés d'or et d'argent.

Avant 1959, en l'absence d'un corps de police à Lhassa, les détenteurs du pouvoir temporel confiaient à ces maîtres de discipline l'administration du pays et la charge de maintenir l'ordre durant toute la durée du Mönlam. Ainsi, pendant quelques semaines, les moines du monastère de Drépung, constitués en milice, essayaient de régir la foule des pèlerins, moines et laïcs, qui déferlait sans cesse vers la capitale.

Aujourd'hui, la milice monastique a disparu, remplacée par une police uniquement constituée, pour l'occasion, de Tibétains qui tentent, dans une ambiance bon enfant, de canaliser la dévotion débordante des pèlerins qui déambulent en vagues serrées sur la Barkhor, le chemin circulaire qui entoure le temple du Jokhang. Les échoppes sont fermées — elles auraient été emportées dans la tourmente — mais, dans ce brouhaha de la foi, on dirait que la moitié de la foule distribue de l'argent à l'autre moitié qui, assise à même le sol, récite des textes, implore des divinités de toutes sortes et rythme ses chants de clochettes et de tambours. Pour la plupart, ces pèlerins ont dépensé leurs derniers yuans sur la route de Lhassa et l'heure de leur retour dépendra des largesses des passants. Devant ce lama médecin, deux femmes nomades en pelisse, venues de la lointaine province de l'Amdo, sont prostrées, silencieuses, dans la poussière, attendant le verdict des dieux. Un écrivain public prépare des ex-voto que les pèlerins iront déposer dans l'intimité des temples.

Dans l'enceinte du temple, les rituels ont laissé la place à un autre exercice, attendu par la foule qui s'est massée sur le toit : les débats qui sanctionnent les meilleurs étudiants des grandes universités monastiques du pays. C'est en effet durant le Mönlam qu'ont lieu les derniers examens de logique et de débat métaphysique pour les candidats au titre de Guéshé Lharampa, la plus haute distinction monastiques, qui vient récompenser douze à quinze années d'études, quelques dizaines de milliers de pages mémorisées et une maîtrise parfaite de toutes les branches du savoir.

Cette année, ils sont quatre candidats qui devront subir, pendant plusieurs jours, les assauts oratoires des plus grands Guéshés du Tibet, déjouer les pièges et faire valoir leur maîtrise intellectuelle de la métaphysique bouddhique. En face d'eux, sur son trône, siège le Ganden Tri Rinpoché, chef actuel de l'école Guélugpa, nouvellement élu à Lhassa bien que son prédécesseur vive toujours en exil en Inde.

C'est à cet examen que se préparait le jeune Dalaï-Lama en ce mois de février 1959, lorsqu'il fut invité par les autorités chinoises à assister à une représentation théâtrale au quartier général de la garnison de Lhassa. La foule, en voulant l'empêcher de s'y rendre, craignant pour sa sécurité, allait provoquer sa fuite vers l'Inde et précipiter le bain de sang qui allait ravager la capitale en quelques heures.

Avec la libéralisation survenue au Tibet, les fêtes du Mönlam ont été réinstaurées en 1986, après vingt-sept années d'interruption, sous la présidence du Panchen-Lama. Certains y ont vu une manœuvre politique visant notamment à servir de contrepoids aux grandes initiations don-

TEMOIGNAGE

Ce témoignage d'un réfugié tibétain fut recueilli au Bhoutan en avril 1987.

« *Je suis né au Kham près de Dergué. Jusqu'à l'âge de vingt-six ans, j'ai été moine dans un monastère de l'école Kagyupa à deux jours de marche au sud de Gyamda.*

En 1956, mon frère s'est tout d'abord engagé dans la résistance Khampa. Après quelques mois, voyant qu'il n'était plus possible de rester en dehors d'un conflit qui détruisait villages et monastères, j'ai déposé la robe de moine et j'ai rejoint les forces tibétaines. Mon père est mort de maladie à cette époque et ma mère est restée seule à la maison pour s'occuper de mes jeunes frères et sœurs. Au Kham, au début de l'année 1958, j'appartenais à un groupe de six mille hommes. Mon frère est mort au combat. J'ai passé le nouvel an tibétain de l'année 1959 sur les hauts plateaux du Kham. Nous ignorions tout des événements de Lhassa, de la fuite du Karmapa et de celle du Dalaï-Lama.

Durant le nouvel an de 1960, nous étions en Amdo au-delà du lac Kokonor et en 1961, ayant traversé tout le Chang Thang, nous arrivâmes au mont Kaïlash et nous atteignîmes le Népal. Des six mille hommes, nous n'étions que cent dix à passer la frontière : beaucoup sont morts de faim, d'autres ont été emportés par des avalanches ou par des torrents car nous devions traverser les rivières à gué.

Nous avions des chevaux, quelques munitions, mais peu de nourriture. Pour survivre, nous chassions le Kyang ou la gazelle. Parfois, nous devions demander de la nourriture aux nomades. Le plus souvent ils nous aidaient de leur plein gré, mais parfois, nous dûmes les forcer un peu. Le problème était que nombre d'entre eux étaient liés aux Chinois et nous dûmes parfois nous battre avec eux avant de poursuivre notre errance, sans cesse à la merci des troupes chinoises et de leurs avions qui nous causaient de lourdes pertes.

Depuis, ma mère est morte, mais mes trois frères et sœurs vivent toujours au Kham. Ils m'ont écrit parfois pour je vienne les rejoindre, mais je n'y suis pas encore retourné et je ne sais si j'y retournerai un jour.

Lorsque le gouvernement de Mao était fort, les Chinois ont pu envahir le Tibet et y imposer leur loi. Aujourd'hui, il semble que le gouvernement de Pékin soit moins puissant et le Tibet jouit d'une certaine libéralisation. Mais la politique chinoise est imprévisible comme un torrent de montagne, calme parfois, mais en quelques minutes, il peut tout emporter sur son passage. Je me suis battu pour mon pays et si je retourne au Tibet, je risque la prison. En fait, je ne sais pas vraiment ce qui se passe là-bas. Mon frère a pu venir me voir avec des papiers chinois. Les lettres, disait-il, ne lui suffisaient plus et il voulait me voir avant de mourir. J'ai donc revu mon frère après vingt et un ans de séparation et il est reparti heureux.

Un de mes neveux a pu traverser la frontière illégalement, mais il lui est très difficile de rester ici, car l'Inde et le Népal ne veulent plus accueillir de réfugiés et il ne peut obtenir de papiers.

En arrivant en Inde, j'ai travaillé comme porteur dans l'Uttar Pradesh puis, pendant trois ans, j'ai participé à la construction du monastère de Rumtek, au Sikkim. Nous avons cassé la montagne à la main. Nous étions tous bénévoles bien sûr, car pour nous, Tibétains, construire un monastère est une activité bénéfique. Je l'ai fait par dévotion pour le Karmapa mais aussi pour mes parents qui sont morts et pour mes vies futures. Malgré la difficulté des travaux (j'ai encore des cals dans les mains) ce fut une période de grand bonheur.

Ensuite, j'ai travaillé à la construction de routes au Sikkim. Chacun de nous se construisit une petite maison en matériaux de récupération et nous gagnions trois roupies par jour (1,20 FF). A cette époque, quarante kilos de riz coûtaient dix-huit roupies. Nous dépensions ainsi une roupie par jour pour la nourriture et nous en économisions deux. Aujourd'hui, les travailleurs gagnent quinze roupies, mais ils en dépensent plus de dix pour se nourrir.

Après cinq ans au Sikkim, le Karmapa m'a fait obtenir un passeport bhoutanais, c'est là que je vis depuis. J'ai installé un « tea shop » pour les voyageurs et les ouvriers des routes. Grâce à un emprunt, j'ai pu, après quelques années, acheter un camion que j'ai revendu par la suite et, en empruntant encore, j'ai pu construire cette maison. J'ai encore beaucoup de dettes. J'ai cinquante-six ans et mes trois enfants vont à l'école à Kalimpong où ils apprennent l'anglais et reçoivent une éducation moderne.

Maintenant mes yeux se fatiguent. Mon souhait est de pouvoir pratiquer ma religion, ici auprès des lamas, jusqu'à ma mort et surtout que mes enfants puissent poursuivre leurs études. Ils sont dans une école chrétienne et je ne leur parle pas du bouddhisme, ils pourront l'étudier plus tard.

Si je retournais au Tibet, je ne sais si je pourrais vraiment pratiquer ma religion. Maintenant ma vie est ici. Mes frères et sœurs me demandent de venir les rejoindre, mais eux-mêmes ne sont pas sûrs de l'avenir. Du jour au lendemain, la politique de libéralisation peut changer et ils peuvent être envoyés en Chine. Tout le monde, là-bas, se réjouit bien sûr de la libéralisation du régime, mais chacun sait que demain un durcissement peut venir à nouveau : ils vivent au jour le jour... »

nées à Bodhgaya, en Inde, par le Dalaï-Lama, devant près de trois cent mille personnes.

Interrogé à ce sujet en avril 1987, le Dalaï-Lama nous déclara : « Certaines personnes à Lhassa disent que ce Mönlam n'est pas un Mönlam religieux, mais un Mönlam politique — ou quelque chose comme ça. Je pense, en effet, que c'est une sorte de vitrine particulièrement destinée à l'Occident, sans doute pas très authentique. Mais quoi qu'il en soit, cela donne la possibilité aux gens de faire des offrandes et des actes vertueux. Et pour les jeunes moines, l'opportunité de s'entraîner aux débats et cela les motive pour étudier plus. En ce sens, c'est sûrement positif ».

On vit donc, au Tibet, au jour le jour mais en ce jour de fête à Lhassa, il n'y a sans doute pas de place pour le doute. Dans la lumière dorée du soleil levant, parmi les ombrelles et les étendards multicolores, la lente procession des moines tente de se frayer un passage dans la foule toujours aussi dense.

Les rayons du soleil semblent embraser les pourpres, les ocres, les ors et les brocards. Sur une plateforme, quelques lamas entourent une statue du Bouddha Maitreya, le Bouddha à venir, dont la précieuse représentation ne sort qu'une fois l'an de la pénombre du Jokhang pour une procession autour du temple. Concluant ainsi la Grande Prière, Maitreya catalyse l'espérance de tous les Bouddhistes du Tibet et chacun appelle de ses souhaits sa proche apparition dans le monde.

En mars 1988, cette cérémonie dégénéra en émeute lorsque les moines demandèrent la libération de leurs confrères emprisonnés. Les moines, après une courte manifestation, se réfugièrent dans l'enceinte du Jokhang. Quelques voitures furent incendiées, notamment les véhicules de la télévision dont les films servent à identifier les protagonistes. Les militaires pénétrèrent en nombre dans le temple, ravageant tout sur leur passage. Un militaire fut défenestré, six moines furent tués par balles tandis qu'une quinzaine d'autres furent matraqués à mort. Cette année-là, le festival de la Grande Prière s'est terminée dans un dramatique bain de sang...

Le masque des dieux

Le calendrier lunaire rythme au Tibet l'année lithurgique et les fêtes religieuses et laïques. Les années sont nommées suivant la combinaison de douze animaux et de cinq éléments, en un cycle de soixante ans. L'année 1987 du Lièvre-Feu est suivie par l'année du Dragon-Terre, 1988.

Le nouvel an, qui se situe selon les années entre le 1er février et le 15 mars, est suivi par la grande fête du Mönlam, la Grande Prière, lors de la pleine lune suivante. Elle est accompagnée de fêtes laïques, courses de chevaux, parades et jeux.

En général, le dixième jour du mois est consacré à Padmasambhava et chaque monastère célèbre, une fois l'an, la mémoire du saint au cours d'un Tséchu qui dure trois jours environ. Le quinzième jour du mois lunaire, jour de la pleine lune, est considéré comme bénéfique. Dans chaque village, monastère ou sanctuaire, cette journée est consacrée à des rituels ou à la récitation des textes du Kangyur.

Dans les monastères Guélugpas notamment, ce jour est fêté par de vastes célébrations parfois accompagnées de Cham, festival de danses rituelles. A cette occasion sont déroulés les précieux Thankhas monumentaux qui sont exposés une fois l'an à la dévotion des fidèles.

Ces cérémonies, interrompues durant la Révolution Culturelle, ont repris au Tibet depuis quelques années. Vers quatre heures du matin, le Thankha est déplié sur le grand mur blanc qui lui sert de remise, tandis que les moines psalmodient les rituels d'offrande à la lueur des lampes à beurre. Au Bhoutan, par exemple, ces Thankhas ne peuvent être touchés par les rayons du soleil et doivent être repliés avant qu'il ne s'élève sur l'horizon. D'autres, comme à Shigatsé, sont exposés toute la journée.

Au Tibet central, ces cérémonies ont lieu à Gyantsé, le 15e jour du quatrième mois de l'année lunaire, à Shigatsé le cinquième mois et à Ganden le sixième. Ces journées sont aussi l'occasion de foires où se pressent pèlerins et commerçants, nomades et fermiers venus parfois de très loin. On y vend pêle-mêle « bondieuseries », laine, chevaux, yaks ou moutons, de la quincaillerie, et une vaste panoplie de bric-à-brac chinois. Comme la plupart des fêtes du Tibet, ces cérémonies favorisent les échanges traditionnels entre pasteurs et sédentaires et sont souvent accompagnées de fêtes laïques qui culminent par les courses de chevaux.

Fêtes à Samyé

Des lambeaux de brume se déchirent lentement sur les eaux miroitantes du Tsangpo, dans la froidure de ce matin de mars. Les eaux tranquilles ne sont troublées que par l'étrave des grosses barques qui croulent de pèlerins endimanchés, de fonctionnaires en vareuse et de moines. Tous convergent aujourd'hui vers Samyé, le plus ancien sanctuaire du Tibet fondé au VIIIe siècle par Padmasambhava, le thaumaturge indien dont on célèbre l'anniversaire pour la première fois depuis vingt-cinq ans...

A l'intérieur de l'enceinte écroulée qui fut autrefois un mur, devant le temple principal, une grande tente blanche décorée de motifs de bon augure abrite les moines musiciens qui, pendant deux jours, vont rythmer les danses de tambours, de cymbales et de trompes. Tout autour, la foule joyeuse et bariolée jubile d'impatience, lorsque le maître de discipline en grand apparat conduit de son sceptre les masques des divinités terribles, qui vont rendre propices les esprits du lieu. Lorsqu'ils auront exorcisé les forces négatives qui pourraient faire obstacle aux cérémonies, l'aire sera devenue un Mandala, un réceptacle sacré, où pourra s'accomplir la célébration des mystères qui constituent le fondement de l'identité culturelle du Tibet. Les danses se succèdent dans une féérie de brocarts, mais dans le temple, des moines s'affairent pour préparer masques et costumes qui attendent dans la pénombre. C'est là que, pendant une semaine, tous les danseurs se sont préparés à incarner les dieux en les invoquant par de longs rituels de méditation. Car ces cérémonies n'ont rien d'un spectacle ni d'un divertissement. Selon le Dalaï-Lama, « ces danses ont pour but principal de rappeler au danseur sa pratique intérieure, sa divinité de tutelle. Cette tradition est avant tout un exercice spirituel personnel qui était autrefois secret et s'est peu à peu socialisé. Pour certains c'est même parfois l'occasion de boire un peu trop ! »

Il semble que les masques soient nés avec les dieux. Dans l'Antiquité grecque, ils étaient déjà utilisés pour représenter la divinité qu'aucun mortel ne pouvait incarner. Au Tibet, cette tradition serait apparue avec les magiciens bönpos qui les utilisaient dans certains rites d'exorcisme. Cependant, bien que les éléments prébouddhiques soient incorporés dans ces Chams, il est difficile de savoir s'ils appartenaient à des rituels de danses avant l'introduction du Bouddhisme. L'utilisation de masques est mentionnée dans certains textes tantriques tels que le Guhyasamaja Tantra aux alentours du VIIIe siècle et la forme actuelle, venant initialement de l'Inde, se serait donc développée à l'intérieur même des écoles tantriques du Tibet (1). Quoi qu'il en soit, le plus ancien témoignage sur ces danses remonte à l'assassinat du roi Langdarma par un moine bouddhiste au cours de la danse des « Chapeaux Noirs », au IXe siècle.

Un moinillon traverse en courant l'aire de danse dans un tourbillon de pourpre ! Il a neuf ans. Durant les deux années qu'il a passées au monastère, il a maîtrisé l'alphabet et récite déjà avec une rapidité surprenante les gros textes enroulés de tissus qui racontent la vie des grands saints du passé ou décrivent les subtilités d'un rituel. Pour lui, aujourd'hui, c'est la fête. Toute sa famille est là, il est fier de la guider dans les méandres des temples alentours et profite de sa liberté d'un jour pour faire le tour des échoppes qui se sont installées en un marché improvisé. Mais il se précipite bientôt pour rejoindre sa place parmi les moines car les Atsaras aux masques grotesques ont commencé leurs pitreries rafraîchissantes que la foule ponctue de rires bon enfant. Contrepoints burlesques et improvisés, rien n'échappe à leur satire. Ces Atsaras qui, au Bhoutan,

---

(1)Sur ce sujet voir NEBESKY, *Tibetan Religious Danses*, Mouton. Paris 1976 et STEIN, *La Civilisation tibétaine,* p.167, L'Asiathèque 1962.

sont affublés de gros nez rouges, sont, au Tibet représentés par des masques blancs aux cheveux crépus car ils représentent les maîtres indiens du passé – Atsara étant une déformation d'« Acharya » qui signifie maître ou docteur en sanskrit – et nul ne sait avec certitude comment ces vénérables yogis qui apportèrent le Bouddhisme au Tibet se sont transformés en bouffons !

Tandis qu'apparaît Padmasambhava suivi de ses huit manifestations paisibles et courroucées, je regarde cette foule où se mélangent les robes traditionnelles et les vestes de drap vertes et bleues, les coiffes parées de rubans et de turquoises et les casquettes chinoises où trône parfois un badge du Dalaï-Lama. J'essaie de percer ces visages souriants mais profonds en pensant aux vingt-cinq années qui viennent de s'écouler, à la terreur de la Révolution Culturelle et aux contradictions du vieux Tibet, celui d'avant. Que peuvent signifier aujourd'hui la célébration de ces mythes et la représentation de ces symboles vivants qui, pendant plus de mille ans, furent le ciment de l'identité culturelle des Tibétains ? Que représentent-ils pour tous ces jeunes, nés depuis l'invasion chinoise et qui parlent depuis l'enfance la langue des mandarins parfois mieux même que leur langue maternelle ? Ces deux mondes cohabitent aujourd'hui, après que l'un eut tenté d'anéantir l'autre, et la vérité est peut-être à l'intérieur même de leurs contradictions, au fond du cœur de chacun d'eux…

Fantasia

Dès la fin des cérémonies religieuses, un murmure parcourt la foule car, dans quelques instants, vont commencer les courses de chevaux. Tandis que tous se rassemblent sur l'aire, les cavaliers orgueilleux paradent, arborant leurs blanches tuniques, un énorme corail à l'oreille gauche et le coutelas passé à la ceinture. Malgré la passion des jeux de hasard, de la boisson et des affaires, le défilé des concurrents des courses de chevaux interrompt les conversations et canalise les regards ; montés sur leurs plus beaux étalons aux gigantesques encolures, pleins de sang et enrubannés des oreilles à la queue, ils défilent au trot, lance au poing.

Pour ces courses, chaque clan a sélectionné un ou deux pur-sang, étalons pour la plupart. Les chevaux ont suivi pendant deux mois environ un entraînement rigoureux et un régime sévère. Après chaque sortie, le cheval écumant est violemment aspergé d'eau glacée puis frictionné et recouvert de chaudes couvertures. Pendant ces deux mois, même si sa litière est abondante, il ne pourra pas se coucher et un licol lui maintiendra la tête haute pour l'empêcher de se gonfler de fourrage et pour développer, selon les Tibétains, son arrogance et sa race ! Il ne sera nourri que de fèves et d'orge mélangés à du beurre et à du lait caillé.

Trois compétitions vont opposer, le jour de la fête, les meilleurs chevaux de la région. La première consiste à ramasser en pleine course une écharpe blanche déposée sur le sol : certains cavaliers, pour corser l'exercice, se renversent complètement en arrière, puis, d'une pirouette effectuent une rotation du corps et ramassent l'étoffe de soie, n'étant retenus à la selle que par une jambe ! Le deuxième exercice consiste à tirer à pleine vitesse sur des sacs de farine suspendus à quelque cinquante mètres de la piste.

La troisième épreuve est incontestablement la plus spectaculaire et la plus attendue par la foule. Partant du fond de la vallée, les cavaliers doivent couper la ligne d'arrivée après une course de plusieurs kilomètres ! Pas de haute école pour ces chevaux à peine dressés, plus d'adresse ni de voltige mais une course de puissance pure sans autres règles que la vitesse.

On distingue à peine les points noirs qui se détachent à l'horizon, mais le nuage de poussière qui monte de la terre aride, puis le bruit sourd du martèlement des sabots mêlé aux cris stridents des cavaliers nous indiquent que la course est lancée. Il faut une poigne de fer et une assiettte à toute épreuve pour maîtriser ces étalons puissants, rablés et trapus, et certains concurrents sont embarqués sur des kilomètres vers des vallées latérales, incapables de diriger leurs montures emballées...

Spectacle hallucinant et primaire qui émerge du fond des âges et on ne peut s'empêcher de songer aux hordes déchaînées des grands Mongols du passé ; on pense aux bouzkachis afghans immortalisés par Kessel, mais ici point de combats, point de luttes ; seuls s'affrontent chevaux et cavaliers à l'état brut, déchaînant les forces vives qui sommeillent au cœur de ce peuple forgé à l'image de la nature qui l'entoure. Qu'importe le vainqueur qui vient recevoir, au milieu de la foule, la récompense des hommes, seul compte le rituel sauvage qui a permis à la communauté d'affirmer son existence précaire, d'exorciser ses démons, de triompher de ses dieux et de se croire, pour quelques instants, maître de la terre et des cieux.

Encore tout imprégnés de ces heures d'exception, nous regagnâmes en silence notre camp, conscients que nous venions d'assister, témoins privilégiés, à l'un des temps forts de la vie des hauts plateaux tibétains.

Par petits groupes, la foule se dispersa, cavaliers solitaires, familles emportant les enfants sur le dos ou villages entiers se tassant à l'arrière des camions.

Çà et là, près des tentes noires, des feux s'allumèrent et l'on se rassembla autour des foyers après avoir entravé les chevaux pour la nuit. Près de nous, quelques jeunes filles parées de turquoises et de gros cabochons d'argent savamment disposés dans leurs longues tresses, sellèrent leurs chevaux avec des gestes simples et précis. Derrière leur timidité apparente, leurs visages d'une farouche beauté rayonnaient de fierté et de sensibilité. Coiffées de leurs chapeaux de feu-

DITARASHTA

Le gardien de l'Est. Il tient un luth dans ses mains. Il est, avec les gardiens des trois autres directions de l'espace, souvent représenté à l'entrée des temples tibétains.

tre à large bord, elles sautèrent en selle et disparurent rapidement, happées par un repli de terrain. Sans doute allaient-elles rejoindre quelque campement caché quelque part dans l'immensité verte.

Bientôt, il n'y eut plus que les étoiles et le silence de la nuit tibétaine...

Nomades

Avant l'invasion chinoise des années cinquante, le Tibet constituait plus une zone d'influence culturelle qu'une nation au sens moderne du terme. Les trois quarts de cet espace tibétain qui s'étendait du Ladakh au Lac Kokonor, et des hautes vallées du Népal à la Mongolie, étaient de hauts plateaux, d'une altitude moyenne de 4 500 mètres, habités par des « Drogpas », pasteurs transhumants, semi-nomades plus que nomades. Ces Drogpas changèrent souvent de maîtres au cours de l'histoire, tantôt sous le contrôle de la Chine, au Qinhaï et au Kham, parfois rattachés au Tibet central, le plus souvent vivant en marge de deux communautés, dont ils ne reconnaissaient pas les gouvernements et avec lesquels ils n'entretenaient que des relations commerciales. Ils s'arrangeaient pour ne payer l'impôt ni aux uns ni aux autres.

Pasteurs et fermiers constituent au Tibet les deux groupes sociaux les plus importants ; bien que les recensements aient toujours été difficiles et peu nombreux, il semble cependant que l'on puisse estimer que la moitié de la population vit sous la tente. Ces deux communautés se méprisent réciproquement mais ont cependant toujours été liées entre elles par des relations commerciales vitales. Les pasteurs fournissaient la viande, le beurre, les peaux, la laine et le musc en échange d'orge, de poteries, de chaudrons en cuivre et de petits ustensiles. Au cours de l'hiver, les pasteurs se rendaient dans les marchés des villes, lors des grands festivals religieux et des fêtes du nouvel an, profitant de ces foires pour vendre leurs produits et effectuer pèlerinages et offrandes dans les grands centres monastiques du Kham, de l'Amdo ou du Tibet central.

Les nomades vivent en tribus qui peuvent compter jusqu'à un millier de tentes, les plus connues et les plus farouches étant les Ngologs de l'Amnyé Machen dans le Qinhaï. On compte traditionnellement dans le Dzachukha (Kham), quinze tribus vivant dans la région de Dergué, trois dans la région de Ling, dix-huit dans le Sertha, située au nord du Dzachukha et au sud-ouest des monts de l'Amnyé Machen. J.F. Rock (1), qui visita les gorges du Fleuve Jaune en 1930, ne cite pas moins de vingt tribus entre l'Amnyé Machen et le monastère de Labrang. D'autres sont installées dans le Chang Thang, les grands plateaux du nord, et dans toute la région s'étendant du Shijapangma au mont Kaïlash.

_____

(1) ROCK J.F., *The Amnyé Machen Range and Adjacent Régions,* Série orientale, Roma 1956 ;

En fait, il faudrait distinguer deux sortes de pasteurs : les véritables Drogpas, vivant sous la tente, et les Rongdrogs (rong : vallée signifie paysans ; drog : solitude caractérisant les pasteurs) qui habitent l'hiver dans des maisons, cultivent un peu d'orge mais vivent tout l'été avec leurs troupeaux sur les hauts plateaux, laissant vides leurs villages d'hiver, ne redescendant que pour faire les moissons. On aperçoit souvent ces villages déserts, notamment sur les pentes du Shijapangma ou aux alentours du mont Kaïlash. Quoi qu'il en soit, Drogpas et Rongdrogs, vivent sur des territoires bien délimités, leur appartenant. A l'intérieur même de la tribu, les pâturages sont le plus souvent tirés au sort, laissant ainsi à la justice divine le soin de les répartir entre les familles.

Durant la grande réforme agraire des années soixante, les Chinois ont essayé de sédentariser ces nomades. Ils furent organisés en communes pastorales et leurs territoires délimités par de grands murs de pierres que l'on voit courir à l'infini, épousant les accidents du terrain. Quelques-unes de ces communes ont survécu dans les alentours de Yangpachen, mais la plupart des nomades ont retrouvé, depuis la libéralisation, les chemins de la transhumance et les coutumes tribales millénaires.

Tentes

« — Qu'est-ce que cent yaks domestiques tenus par une corde et un seul anneau dans le nez ?
— Un rosaire.
— Qu'est-ce qu'un seul yak tenu par cent anneaux ?
— Une tente de Drogpa. »

Cette devinette, classique chez les nomades, illustre bien l'aspect extérieur des tentes noires qui ressemblent à de grosses araignées disséminées au creux d'un vallon ou agrippées aux flancs d'une colline. Les tentes, bien que moins sophistiquées que les yourtes mongoles, sont de bonne qualité, entièrement confectionnées en poil de yak par les nomades eux-mêmes. Certaines comptent douze ou même seize piquets extérieurs tendus par des cordes en poils tressés. Chaque tente abrite une famille, un campement pouvant en réunir une dizaine, ou parfois plusieurs centaines, plantées à portée de voix et gardées par de féroces molosses interdisant l'accès aux étrangers.

L'intérieur de la tente est identique chez tous les nomades tibétains : face à l'entrée, dans la partie gauche, appelée la « tente des femmes », sont effectuées les activités blanches, lait, beurre, fromage, etc. Cette partie sert aussi au stockage de la nourriture.

La partie droite est réservée aux hommes, aux travaux rouges, qui concernent la viande, ainsi qu'aux hôtes.

Ces deux parties sont séparées par le foyer en terre ajourée, sur lequel reposent les marmites, et que l'on alimente régulièrement de bouses séchées et de tourbe, le bois étant pratiquement inexistant sur les hauts plateaux. Dans la partie des hommes se trouve, en général, un petit autel sur lequel brûle en permanence des lampes à beurre devant des représentations de divinités. C'est près de celui-ci que s'assied le chef de famille.

Cette division est très stricte : si on met de la viande dans l'espace des femmes, on dit, selon une croyance bön, qu'un désastre va s'abattre sur les hommes et les animaux car les dieux célestes sont dérangés. Ici, céleste signifie le ciel de la tente, c'est-à-dire le trou ménagé pour évacuer la fumée. Ce trou symbolise la divinité et ne doit jamais être fermé. Si les jeunes tendent mal la toile, les personnes âgées leur diront : « N'obscurcissez pas le ciel, car nous craignons les ténèbres... »

Tout autour de la tente sont disposés coffres de rangement, sacs à grains, couvertures et peaux qui constituent, avec les ustensiles de cuisine et les barattes, tout le mobilier. Cette tente principale est la « demeure noire ». A proximité, peuvent se trouver d'autres tentes, une plus petite pour les parents, lamas ou amis de passage, la Gura, qui sert d'entrepôt et la Dragur, tente décorée de motifs de bon augure.

La vie, l'amour, la mort

Ces être rudes et indépendants sont d'une loyauté légendaire, accueillants et joyeux. « Lorsqu'un nomade accepte quelqu'un pour ami, il accroche son index au sien et prête serment à vie » (1).

Cependant, lorsque des querelles éclatent, ce qui est fréquent, les chefs de villages concernés ou une personne connue pour son intégrité, un lama par exemple, devra rendre justice. Etant donné les liens étroits qui unissent les tribus, une solution équitable est toujours recherchée, basée sur le droit coutumier et sur les exemples du passé. Selon un proverbe :

« Lorsqu'un jugement est prononcé par un homme brave
et intelligent, même le tigre le plus rusé ne peut aller contre ».

Les relations sociales entre les tribus sont régies par un code d'honneur non écrit et le pillage des tentes désertées est pratiquement inconnu, sauf en cas de conflit déclaré entre les clans.

En cas de meurtre, le coupable doit payer à la famille du défunt une compensation en espèce ou en nature, lui offrir un cheval en signe de condoléance et payer les rituels du Bardo qui seront effectués par des moines pendant quarante-neuf jours. En plus, le meurtrier doit livrer à la famille l'arme du crime, épée ou fusil. La compensation peut être un yak auquel s'ajoute « un cheval connu pour sa beauté » et des bijoux pour les femmes. Finalement, l'assassin devra donner un yak femelle à

---

(1) *Un Cavalier dans la Neige,* p. 55, Maisonneuve, Paris 1981.

chacune des femmes de la tente du défunt pour restaurer l'amitié entre les familles, et au père, un cheval afin de restaurer le lien clanique les unissant.

L'attaque des grandes caravanes annuelles qui traversaient leurs terres constituait, pour les nomades des frontières de la Chine, et ce jusque dans les années cinquante, un passe-temps, un moyen de prouver sa bravoure et la façon la plus économique de se procurer armes, chevaux et autres produits manufacturés. Hauts faits guerriers, ces razzias ont donné naissance à des légendes et, comme le souligne Alexandra David-Neel, « la honte n'est pas, dans le code d'honneur propre à ces guerriers gentilshommes, pour le voleur, s'il est adroit et qu'il a réussi, mais pour le volé qui n'a pas su préserver son bien ! ».

On comprend pourquoi, lorsque les armées de Mao envahirent le Tibet dès 1950, les premiers Tibétains à se révolter furent ces farouches cavaliers, « nés sur le dos d'un cheval, les armes à la main ». Regroupés en bandes, ils tinrent tête pendant plus de dix ans aux armées chinoises, cent fois supérieures en nombre et en armements.

Attaquant les convois, coupant les routes et les ponts, harcelant les garnisons, le fusil collé contre l'encolure de leurs chevaux lancés au grand galop, ils reconquirent les deux tiers du territoire occupé. Après chaque attaque, ils disparaissaient par des sentiers connus d'eux seuls avec pour toute nourriture dans leurs besaces accrochées à leur ceinture, de la farine d'orge et de la viande séchée glissée sous la selle de leur monture...

L'enlèvement de la fiancée par le clan du futur époux est une des coutumes toujours en vigueur chez les nomades. Même s'il ne s'agit plus aujourd'hui que d'un simulacre d'enlèvement, on ne peut s'empêcher de penser aux hordes mongoles déferlant de la plaine immense et arrachant sur leurs chevaux, les femmes d'un clan adverse. Au jour prévu par l'astrologue, la famille du fiancé dépêche une troupe de cavaliers excités et hurlants dans la tribu de la jeune fille. Après un parodie de combat et force insultes, celle-ci est enlevée sur un cheval et simulant pleurs et lamentations, elle est emportée dans la tente de son futur époux. Certaines jouent d'ailleurs si bien leur rôle qu'on se demande parfois s'il s'agit toujours d'un simulacre !

Réminiscence du passé, ce rite suggère toujours la peur qu'inspirent et que doivent inspirer les pasteurs pour protéger leurs vastes troupeaux. Si on peut clôturer un champ, ceindre une maison de murs, seule la peur, la rapidité des chevaux et l'adresse dans le maniement des armes, permettent aux nomades de garder des territoires de plusieurs dizaines de kilomètres carrés et d'assurer la sécurité des leurs.

Après le mariage, le jeune couple habite, en général, une petite tente séparée, dans la famille de son mari. Si la jeune fille n'a pas de frère, le couple peut aller vivre dans sa famille à elle, afin de perpétuer la lignée

familiale. Il arrive parfois que des mariages soient conclus entre nomades et fermiers, le jeune couple pouvant alors choisir le lieu et le mode
de vie qu'il désire adopter.

En cas de mariage arrangé par les familles, si la jeune fille retourne
chez elle, ses parents devront payer neuf fois le montant de la dot versée
par le garçon pour le mariage. Dans le cas d'enfant illégitime, on essaie
dans la mesure du possible de marier le garçon et la fille. Mais si celui-ci
refuse le mariage, il devra offrir à la famille de la jeune fille, un cheval
de pure race « pour remplacer le père », une jeune Dri pour nourrir
l'enfant et sept moutons pour le vêtir. Ce genre de compensation se fait
en général par accord mutuel, basé sur la coutume.

Il n'existe pas à proprement parler de rites religieux de mariage. Cependant, un prêtre bönpo ou un lama peuvent être présents lors des cérémonies. Dans la vie quotidienne des Drogpas, le rôle des prêtres se limite
à réciter des textes et à effectuer les rituels de Longue Vie et de prospérité ou les cérémonies du moment de la mort et du Bardo. Les lamas visitent régulièrement les camps. Ils sont installés dans des tentes blanches
décorées ou dans la tente principale devant l'oratoire familial. Ils prélè-
vent des offrandes pour les grands rituels, les festivals religieux et l'entretien des monastères, sorte de dîme payée en beurre, en viande ou en biens
matériels. En outre, les religieux assurent l'instruction des jeunes enfants,
certains d'entre eux étant envoyés dans les grands monastères de la région.
Les nomades ne sont pas vraiment concernés par le sens profond des textes ; pour eux, les livres sont avant tout des objets de vénération que l'on
place sur l'autel et leur récitation apporte bénédiction, protection et prospérité, mais rares encore sont ceux qui savent lire ou écrire.

Dix mille blancs et mille noirs

Dix mille moutons et mille yaks, c'est, selon le dicton, le troupeau que
doit posséder une famille de nomades pour survivre. En fait, il semble
que le cheptel moyen soit composé de cinq cents à mille moutons et chèvres, de trois cents à sept cents yaks et de trente à cinquante chevaux.

Le yak est la providence des hauts plateaux : outre sa viande, son lait
et son beurre, son poil sert à fabriquer tentes, cordes et couvertures, son
cuir sert à confectionner des sacoches et des semelles pour les bottes, et
sa bouse est le seul combustible disponible et gratuit ! Malgré sa taille
imposante, il est d'une agilité de chèvre et d'une résistance à toute épreuve,
capable de passer des cols à plus de cinq mille mètres d'altitude. Bien
que docile, le yak est toujours difficile à bâter, particulièrement à la fin
de l'été, lorsqu'il a été laissé en liberté pendant de longs mois. Incapable
de supporter sa charge, il n'aura de cesse qu'il n'ait brisé ses entraves
et se soit débarrassé de son fardeau.

Il arrive parfois qu'un yak tue un cheval d'un coup de corne. Le yak devra être donné en dédommagement au propriétaire lésé et, en l'absence de témoin, on suivra le dicton :

« C'est au sang sur les cornes qu'on reconnaît l'assassin ! »

On trouve aujourd'hui encore, et notamment dans la région du mont Kaïlash, des yaks sauvages. Véritables monstres qui semblent sortis du plus profond des âges, ils peuvent mesurer plus d'un mètre quatre-vingts au garrot et vivent dans la solitude des hauts plateaux. D'après nos informateurs tibétains, ces « yaks Chuba » appartiennent à des propriétaires tandis que les « Drong » sont totalement sauvages. Le yak Chuba est laissé en liberté avec une femelle, une Dri. Les nomades récupèrent les jeunes yaks à peine sevrés, insufflant ainsi un sang nouveau dans le troupeau.

Bien que les pasteurs filent et tissent le poil de yak, ils ne tissent pas la laine de mouton et, vers la fin de l'été, dans la région de l'Amnyé Machen, des caravanes de yaks chargés de laine et de peaux descendent des alpages et les marchandises sont vendues aux grossistes chinois. Les transactions se font sur le bord de la route, qui constitue aujourd'hui la limite entre les sédentaires et les pasteurs.

Si les ours semblent en voie d'extinction, sauf dans les régions du Minya Kongkha et les forêts du sud, loups et chacals abondent dans le Chang Thang. Même en pleine journée, on en rencontre à quelque distance des troupeaux, tranquillement couchés, indifférents aux Kyangs qui traversent la plaine au galop, dans un nuage de poussière blonde.

Le Kyang est une espèce d'âne sauvage (hémione) vivant en Asie occidentale. Nous en avons rencontré des bandes d'une dizaine de bêtes mais, d'après certains témoignages, ces troupeaux peuvent atteindre plusieurs centaines de têtes. Très craintif, il s'enfuit à la moindre alerte mais à peine a-t-il disparu qu'il réapparaît, bondissant à près de soixante à l'heure pour traverser la piste à quelques centaines de mètre, décrivant de larges cercles autour des intrus. Il n'a dû sa survie qu'à son inutilité, tant pour sa viande que pour sa peau, et il reste, avec les gracieuses gazelles, l'une des images les plus poétiques des immensités désertiques du Tibet.

CARAVANE

Dans le ciel sombre où rien encore ne laisse présager l'aube, quelques hennissements percent le silence auxquels se mêlent bientôt le bruit des harnais et des selles et le râle des yaks, autour desquels s'affairent les hommes. Il fait froid, bien que nous soyons déjà début juin. Les hommes ont rapidement noué d'une large ceinture les houppelandes de peau sous lesquelles ils ont dormi et qui constituent leur seul vêtement, laissant une épaule dégagée pour être plus à l'aise dans leurs mouvements. Les bâts sont jetés sur le dos des yaks et les sacs de jute ou de laine arrimés à la hâte, car les animaux à demi-sauvages refusent les charges qui les entravent. Les tentes sont pliées, les chevaux sellés.

Tandis que l'aube découpe, loin vers le sud, les hauts pics himalayens, la petite caravane s'est mise en route, refaisant comme chaque jour, les gestes millénaires qui rythment la vie des voyageurs de l'Asie centrale : une trentaine de yaks, un vaste troupeau de moutons et de chèvres, et douze chevaux.

Sur l'un d'eux s'est hissé un ecclésiastique de haut rang, lama de quelque lointain monastère, enveloppé dans ses robes de pourpre et de brocart. Entouré de sa suite et de quelques fières cavalières parées de turquoise et de corail, il s'est joint à ce petit groupe de nomades marchands, qui en route vers les marchés du Népal, en profitent pour effectuer un pèlerinage au mont Kaïlash, la montagne la plus mystérieuse et la plus sacrée du Tibet occidental.

Pour gravir les derniers lacets du col, tous mettent pied à terre suivant ainsi le dicton tibétain :

« Le cavalier qui ne descend pas de sa monture pour gravir un col n'est pas digne d'être appelé un cavalier.

Le cheval qui ne porte pas son cavalier à la descente d'un col n'est pas digne d'être appelé une monture ! »

Ils nous rejoignent bientôt au sommet du col, découvrant pour la première fois la montagne sacrée qu'ils avaient appelée de leurs vœux et de leurs prières, pour la contemplation de laquelle ils avaient entrepris ce long périple. Soudain exaltés par cette apparition, ils se prosternent de tout leur long dans la poussière, remerciant les dieux de les avoir protégés en chemin et ajoutent une pierre sur le cairn marquant la passe, comme le firent depuis toujours, en signe d'action de grâce, les milliers de pèlerins qui les précédèrent.

Depuis des millénaires, ils préservent les traditions des caravanes de la haute Asie. Pour ces descendants des tribus de l'Asie Centrale, le cheval est un symbole de noblesse et de puissance et un signe extérieur de richesse. Né avec les chevaux, on juge ici les qualités d'un homme à sa maîtrise de cavalier. Dès l'enfance, tandis que yaks et chevaux sont rendus à l'état sauvage dans des alpages d'été, ce ne sont que courses folles, chevauchées effreinées à cru et souvent sans bride, dans l'espace illimité qui semble avoir été dessiné à leur mesure.

Si la race de ces chevaux est difficile à déterminer, ils ressemblent fort aux pur-sang arabes, petits et trapus, au pelage épais. Selon les Tibétains, ils seraient les descendants des poneys mongols grâce auxquels Gengis Khan puis Tamerlan conquirent leurs vastes empires et firent régner la terreur sous les sabots de leurs armées de la mer de Chine aux portes de l'Europe.

Jusqu'à une époque récente, les chevaux et les mules amenés à Lhassa devaient être inspectés par un fonctionnaire des haras avant de pouvoir être offerts à la vente. Ce fonctionnaire avait le droit de choisir n'importe quelle bête qui lui semblait bonne pour les écuries du Dalaï-Lama ou le service du gouvernement. Lorsque le prix était fixé avec le marchand, celui-ci ne pouvait ensuite vendre l'animal à un prix inférieur.

Alexandra David-Neel, qui parcourut à pied et à cheval des milliers de kilomètres au Tibet dans les années trente, rapporte qu'un jour, un homme ayant amené à Lhassa une superbe mule du Kansou, fort prisée au Tibet, le Dalaï-Lama la vit par hasard et désira l'acheter. Il envoya le chef de ses écuries s'aboucher avec le maquignon. Celui-ci, misant sur un caprice du Lama, annonça une somme extravangante. Le chef des écuries lui remontra qu'aucune mule n'avait jamais été payée si chère mais le marchand resta intraitable. La chose ayant été rapportée au Dalaï-Lama, celui-ci renonça à sa fantaisie, mais, dès lors, il était interdit au maquignon de vendre sa mule sauf au prix exorbitant qu'il avait demandé ! Incapable de trouver un acheteur, il dut se résoudre à ramener l'animal en Chine !

L'automne est l'époque du commerce : yaks, chevaux et moutons porteurs remontent en lourdes caravanes vers les plaines du Nord pour y échanger contre des produits laitiers et de la viande, le précieux sel des lacs d'altitude qui sera ensuite convoyé vers le sud, à la frontière népalaise et échangé à nouveau contre du riz, des épices et des ustensiles de cuisine.

Rythmes immuables des échanges vitaux pour les différentes communautés où l'argent, jusqu'il y a quelques années, n'avait pas cours et où le seul troc et les échanges de services régentaient le commerce, nécessitant parfois des jours de palabres et de discussions.

Dans la région du mont Kaïlash où nous fûmes parmi les premiers Occidentaux à pénétrer depuis la fermeture des frontières dans les années cinquante, nous avons retrouvé ces moutons porteurs dont on croyait la tradition éteinte : bâtés de petits sacs de sel de dix à quinze kilos, les moutons descendent du Nord et sont vendus dans les marchés de Purang, du Mustang ou de Tingri au pied de l'Everest. Le sel sera ensuite acheminé à dos de mulet jusqu'aux routes où l'attendent les camions, après avoir été ainsi transporté sur près de mille kilomètres !

Les caravanes du sel sont aussi l'occasion pour les nomades tibétains de se procurer selles et harnais chez les forgerons et les ciseleurs des bourgs et des villes. Ces artisans, musulmans pour la plupart, se sont transmis, de générations en générations, le secret des alliages, l'art du travail de l'argent et des motifs traditionnels.

Les selles tibétaines sont constituées d'une ossature en bois à larges platbords. Pommeaux et troussequins sont relevés pour permettre de longues chevauchées sans fatigue. L'ossature est ensuite recouverte d'alliages incluant jusqu'à cinq métaux, ajourés pour éviter le poids. Les plus belles sont en argent, décorées de motifs ou s'entrecroisent les scènes issues de la tradition religieuse....

La vie monastique

Jusqu'en 1959, le Tibet était un Etat religieux sans être pour autant une théocratie, dans la mesure où le Dalaï-Lama, chef suprême, est une émanation de Chenrézig mais non son incarnation. Cependant le Tibet est exceptionnel, car il y a peu d'exemples dans l'histoire des peuples de la toute-puissance des ecclésiastiques sur la direction d'un grand pays.

On dit que sous le cinquième Dalaï-Lama on comptait 1 800 monastères qui abritaient 100 000 moines. En 1885, d'après Stein, on estimait le nombre des monastères à 2 500 abritant 760 000 moines (1).

La construction des monastères est relativement tardive puisque le premier temple tibétain, Samyé, ne date que du VIIIe siècle. Avant, les moines étaient nomades et allaient prêcher de campement en campement, s'isolant dans des huttes ou des grottes ou, à la mauvaise saison, s'arrêtant près des villages pour profiter des aumônes de la population.

La tradition des ermites a toujours eu beaucoup d'influence sur la diffusion du Bouddhisme tibétain car, dit-on, seule la méditation solitaire permet d'acquérir la réalisation. Milarépa est le modèle de ces grands mystiques. De nos jours on a tendance à appeler Gompa, les monastères de villages, mais à l'origine ce mot désignait seulement les lieux de méditation solitaire.

Avec la diffusion du Bouddhisme, les moines sont devenus plus nombreux et, tous n'ayant pas la force de caractère indispensable à la vie ermitique, les monastères se sont multipliés ; tantôt ils s'établissaient près des villages, tantôt un village se créait autour d'eux pour faciliter le commerce et bénéficier de la protection du lieu saint. En fait, les monastères ont un peu joué le rôle des châteaux forts dans notre ancien système féodal, d'autant qu'une grande part de leurs revenus venait de l'exploitation ou du fermage de leurs terres.

La gestion matérielle des monastères est assurée par un trésorier, le Chyasoq, secondé par un Nyerpo, qui occupe la fonction d'intendant, et par un responsable de l'exploitation du domaine foncier.

Les moines ne sont généralement pas logés gratuitement et, selon leurs moyens, ils disposent d'appartements ou d'une simple cellule. Les plus pauvres deviennent quelquefois les serviteurs des plus fortunés. Les revenus des moines proviennent d'offrandes, de rétributions pour l'exécution des cérémonies, de la fabrication de statues, de Thankhas ou d'amulettes. Ce besoin qu'ont les moines de se procurer des moyens d'existence

---

(1) STEIN A, *La civilisation tibétaine,* Asiathèque, Paris.

amène des jugements sévères et Alexandra David-Neel n'est pas tendre lorsqu'elle les décrit comme des « vendeurs de drogues et trafiquants d'absolutions... ».

Les Chinois ont amplifié cet état de choses en imposant aux moines de vendre des tickets d'entrée dans les temples et en leur faisant réclamer aux touristes des droits élevés pour les photographies. Cela est peut-être plus destiné à les rendre peu sympathiques qu'à procurer des ressources à la communauté.

Dans les débuts du Bouddhisme tibétain la vocation de moine venait d'un puissant appel, d'un besoin mystique et cela, heureusement, n'a pas disparu complètement (on lira à ce sujet le merveilleux récit de Guéshé Rabten) (1). Cependant la majorité était destinée à cet état dès le plus jeune âge. Cela venait d'abord d'une contrainte économique, car dans la plupart des régions, la terre n'était transmise qu'au frère aîné et les plus jeunes devaient soit épouser la même femme, soit se tourner vers une autre activité. Contrainte sociale aussi, car il était de bon ton d'avoir des liens avec la hiérarchie religieuse. Le futur moine était envoyé au monastère vers l'âge de huit ans mais les jeunes Trulkus, les réincarnations, étaient pris en charge beaucoup plus jeunes. Aux uns comme aux autres les manquements à la règle pouvaient entraîner de rudes châtiments corporels.

A l'arrivée au monastère un moine prend l'enfant sous sa responsabilité mais la famille continue d'assurer sa subsistance. Le menu ne change guère : tsampa et thé au beurre.

Dès leur entrée au monastère, après un rapide apprentissage de la lecture, les jeunes moines doivent mémoriser de longues pages de texte, mais comme ils ne sont pas encore familiarisés avec le tibétain littéraire, le sens leur échappe souvent complètement. Une fois par an ils doivent réciter les textes appris en présence de l'abbé. Les novices, entre autres tâches, doivent assurer la distribution du thé pendant les offices et c'est un spectacle surprenant que de voir ces jeunes enfants transporter d'énormes pots à thé en cuivre qu'ils peuvent à peine soulever.

Vers l'âge de quinze ans ils reçoivent leur première ordination et beaucoup n'iront guère plus loin. On trouve en fait trois sortes de moines : les moines convers qui s'occupent des tâches domestiques ; ceux qui sont responsables des cérémonies et des rituels ; ceux qui ayant de grandes possibilités intellectuelles, étudient les grands textes sacrés, se consacrent à la médecine, à la logique ou à l'éxégèse, etc.

_____

(1) GUÉSHÉ RABTEN, *Vie et enseignement,* Ed. Dharma.

Après avoir prononcé ses vœux de novice, le jeune moine pourra revêtir l'habit monastique puis, après quelques années d'études, il sera autorisé à prononcer les vœux de Guélong, moine totalement ordonné. C'est en fait la plus haute ordination et le Dalaï-Lama lui-même n'en a pas reçu d'autre.

Les études comme les méditations spirituelles sont prenantes pour le maître comme pour l'élève et se poursuivent souvent tard dans la nuit. Les grands Trulkus, qui doivent acquérir une érudition supérieure, ont près d'eux des maîtres qui leur consacrent tout leur temps.

Réveillés à l'aube au son d'une conque, les moines se rendent au Lhakhang pour une cérémonie d'offrande. La matinée sera consacrée à l'étude, l'après-midi aux débats qui, durant plusieurs heures, opposent les étudiants en joutes oratoires, sur les plus hauts thèmes de la métaphysique.

Debout, martelant ses arguments, un moine apporte la contradiction au défenseur qui, assis sur le sol, défend la thèse. Pour les plus doués, cet entraînement trouvera sa conclusion aux examens de Gueshé dont le plus haut grade est Guéshé Lharampa, disputé devant une assemblée de moines et un vaste public au moment du Mönlam (voir nouvel an à Lhassa). Le Guéshé pourra rester au monastère ou devenir pendant six ans le Kempo d'un des collèges d'une université monastique. Les Trulkus, eux, retourneront à leur monastère qu'ils sanctifieront par leur présence.

Plus haut dans la hiérarchie se trouvent les chefs des quatre grandes écoles qui se succèdent par réincarnation ou d'oncle à neveu chez les Sakyapas. Chez les Guélugpas, le Ganden Tripa, chef de l'école est élu par les moines ; il est actuellement le 98e successeur de Tsong Khapa.

Au sommet de la hiérarchie se trouve le Dalaï-Lama qui coiffe toutes les écoles, y compris les Böns blancs qui reconnaissent son autorité. Comme on le voit, l'organisation monastique est complexe. Les ordres religieux sont des microcosmes, à la fois très libres et fortement hiérarchisés, mais qui ont traversé les siècles et donné au Tibet son incroyable vitalité spirituelle.

Le lama volant

Les Tibétains ont le sens de l'humour et, bien sûr, la plupart des histoires qu'ils racontent tournent autour de la religion et ils ne craignent pas de tourner les moines en dérision. L'histoire du yogi volant, qu'un paysan du Zanskar nous a racontée, est particulièrement savoureuse.

Les moines d'un monastère Guélugpa étaient bien ennuyés car chaque jour un yogi Kagyupa, qui avait le don de lévitation, venait tournoyer autour du grand mât de la cour du monastère. Un peu jaloux de ce don fabuleux, les Guélugpas disaient : « Cela gêne notre méditation, il faut que cela cesse ! » Aussi décidèrent-ils de construire un gigantesque filet à papillons et lorsque le yogi vint faire son vol quotidien, ils le plaquèrent au sol !

Mais ils furent alors bien embarrassés :

« Nous sommes Bouddhistes, notre premier devoir est le respect de toutes vies, un crime de ce genre nous ferait régresser de milliers de vies sur le chemin de la libération ».

Un des moines eut alors une idée :

« Nous n'avons qu'à construire sur lui un Chöten, ainsi il sera sacralisé et ne viendra plus nous déranger ! »

Ils firent ainsi, mais quelque temps plus tard un des moines rencontra le yogi sur un sentier de la montagne.

— Comment as-tu fait pour t'échapper de sous le Chöten ?
— C'est très simple, ne pouvant sortir par le haut sans abîmer l'édifice sacré, je suis descendu, j'ai traversé les enfers et me voilà !
— Mais ils ne t'ont pas gardé aux enfers ?
— Il n'y avait plus qu'une place et elle était réservée pour votre abbé ! »

Yogis et poètes

En marge des monastères et de la hiérarchie ecclésiastique, vivent les yogis errants et les ermites. Libres de contraintes sociales, ils ont renoncé au monde pour se consacrer, dans la solitude d'un ermitage ou d'une grotte, à la méditation.

Ces yogis préservent la tradition des Mahasiddhas de l'Inde. Pour actualiser les enseignements tantriques, ils doivent transcender les notions de bien et de mal et réaliser l'unité de toute chose, sans tenir compte des comportements sociaux ordinaires.

A l'encontre de l'Eglise du Moyen Age qui rejeta de son sein les mystiques et privilégia la hiérarchie intellectuelle aux dépends de l'expérience mystique, le Bouddhisme tibétain a su garder un équilibre entre les institutions religieuses et les méditants hors des normes. Ceux-ci ne manquaient pas de ridiculiser les ecclésiastiques imbus d'eux-mêmes et de leur science. La vie de Milarépa regorge d'anecdotes de ce genre (1).

Le peuple prenait en charge ces yogis lorsqu'ils s'installaient près d'un village car, loin des riches monastères, ceux-ci réalisaient l'idéal de renonciation, de pauvreté et de sainteté prêché dans les textes.

Deux d'entre eux ont marqué la vie religieuse du Tibet.

Le plus célèbre vécu au XIe siècle. Milarépa, après avoir subi de nombreuses épreuves, fut initié par Marpa le traducteur et passa sa vie en retraites solitaires. Il exprima sa réalisation spirituelle par des chants mystiques qui restent, aujourd'hui encore, une source vivante d'inspiration pour tous les Tibétains. Ecoutons Milarépa :

> *Je suis Milarépa, le meilleur des Yogis,*
> *je suis celui qui pourchasse les apparences,*
> *je suis le yogi sans opinion,*
> *je suis le renonçant sans vivres,*
> *le mendiant sans possession, le vagabond nu,*
> *je demeure ici mais n'y réside pas,*
> *je suis un Fou, heureux de la mort,*
> *je ne possède rien, je n'ai besoin de rien (2).*

Le deuxième, Drukpa Künleg, naquit au XVe siècle. Il aurait pu connaître Rabelais. Comme celui-ci, il était moine et irrévérencieux ; tous deux étaient buveurs et paillards. Cependant, sous des dehors dévergondés, Drukpa Künleg était un véritable maître des Tantras et un yogi accompli. Vivant dans le monde, il tourna en dérision les institutions et les moines

---

(1) BACOT J., *Milarépa,* Ed. Fayard.
(2) LAMOTHE M.J., *Les cent mille chants de Milarépa,* p. 87, Ed. Fayard.

qui, comme il le dit dans un de ses chants, renoncent aux petites fautes mais commettent allégrement les plus grosses !

Une de ses histoires est restée célèbre :

Drukpa Künleg voulut un jour rendre visite au grand Tsong Khapa.

— « Si tu viens demain avec cinquante pièces d'or, peut-être pourra-t-il te recevoir », lui répondit le secrétaire du maître.

Le lendemain Künleg fut reçu par Tsong Khapa qui lui remit un cordon de bénédiction. Mais en sortant, le yogi fut bien ennuyé :

— Si je le mets autour de mon cou, cela risque de me gêner. Autour de mon poignet, ce ne sera pas mieux. Heureusement, j'ai sous ma robe un endroit bien propre pour l'attacher !

Künleg se rendit ensuite au marché et ameuta la foule. Relevant sa robe, il s'écria :

— « Regardez ! Si vous avez cinquante pièces d'or, vous pourrez être reçu par le grand Tsong Khapa et peut-être vous donnera-t-il un cordon comme celui-ci ! »

Sous le couvert de farces, ces anecdotes sont de véritables enseignements que Künleg dispense au hasard des situations car, comme il le dit lui-même, « le but des Tantras est d'enseigner l'unité des contraires ».

« Il mourut au bel âge de cent quinze ans et des cinq milles femmes que connu Künleg, treize furent ses favorites et, parmi elles, Lhacho Drolma fut la plus chère à son cœur »... (1)

---

1) DOWMAN K., *Le fou divin,* Ed. Albin Michel.

Les explorateurs

Capucins et jésuites.

Les premiers voyageurs qui parcoururent l'Asie Centrale au Moyen Age accusèrent les Tibétains de cannibalisme et Marco Polo, au XIIIe siècle, évoque la province du « Tebet ». Mais l'histoire de l'exploration de ce pays ne commence véritablement que quatre siècles plus tard avec l'arrivée à Tsaparang, au Tibet de l'Ouest, du jésuite portugais Antonio de Andrade. A cette époque, le Tibet est déjà interdit aux étrangers et Andrade va utiliser le seul stratagème susceptible de tromper la vigilance des Tibétains et qui sera utilisé régulièrement jusqu'à nos jours : déguisé en hindou, lui et son compagnon se joignent à un groupe de pèlerins qui se rendent au mont Kaïlash par la haute vallée du Gange et le col du Daugrila. La motivation de ces missionnaires portugais de Goa était peut-être d'aller vérifier les récits de certains voyageurs qui affirmaient avoir vu au Tibet des chrétiens, des églises et de nombreux prêtres ! Sans doute, comme le fait remarquer Michaël Taylor (1), des voyageurs musulmans avaient-ils pris les rites bouddhiques ou bön pour des rituels chrétiens. La confusion était possible puisque Bouddhistes et Nestoriens ayant cohabité à la cour des Khans, on pouvait remarquer des ressemblances frappantes dans les rituels et les costumes des dignitaires des deux religions, tels que la mitre ou la crosse par exemple.

En ce début du XVIIe siècle, le royaume de Gugué n'est déjà plus un Etat indépendant, mais le Gyalpo (souverain), dernier descendant de la dynastie des rois de Gugué, règne encore sur cet Etat vassal de Lhassa et essaye de maintenir une autorité face au pouvoir grandissant des écoles ecclésiastiques de Töling.

Fait stupéfiant, le Gyalpo autorisa Andrade et son compagnon à s'établir à Tsaparang et lui-même, sans doute par dessein politique, sembla embrasser la religion des lamas étrangers. Ainsi, en août 1626, avec l'achèvement de l'église de Tsaparang, fut établie la première mission chrétienne au Tibet.

Mais ces jésuites, voyageurs superbes et missionnaires convaincus, ne devaient sans doute pas faire preuve d'une grande ouverture d'esprit et ils furent bientôt en opposition ouverte avec les lamas qui voyaient d'un mauvais œil ces étrangers les supplanter à la cour. La mission de Tsaparang s'acheva par l'invasion des troupes ladakhies, appelées à la rescousse par les lamas de Töling, qui rasèrent l'église et jetèrent les jésuites en prison.

Cependant la voie des missions au Tibet était ouverte et d'autres allaient suivre l'exemple de Andrade, à tel point que jésuites et capucins

(1) Selon TAYLOR M. *De Marco Polo à Alexandra David-Neel,* Payot 1985

allaient bientôt se trouver en compétition pour ouvrir une mission à Lhassa.

Tandis que le capucin della Penna parvenait à Lhassa par la route de Kathmandu, le jésuite Désidéri partait de Leh en 1715 et, se joignant à la caravane d'une princesse tartare, atteignait la ville sainte l'année suivante. Ayant reçu du Khan mongol l'autorisation de prêcher la foi chrétienne, il fut installé dans la mission des capucins qui avaient dû quitter le pays quelques années plus tôt et qui furent sans doute stupéfaits de trouver, à leur retour, un jésuite sous leur toit.

Désidéri s'attacha à l'étude du tibétain, convaincu que seule la connaissance de la langue et du Bouddhisme lui permettrait de battre les lamas sur leur terrain et de convertir les Tibétains. Il fut admis avec son collègue della Penna au collège de Sera pour y poursuivre des études approfondies sur le Bouddhisme. Désidéri, que l'on peut considérer comme le premier tibétologue, composa même un traité en tibétain pour réfuter la « Doctrine du Vide ».

Mais l'arrivée de l'Amban chinois et les changements de politique qui suivirent, forcèrent les missionnaires, privés de l'appui du Khan, à quitter la ville tandis que la « Compagnie pour la Propagation de la Foi » accordait officiellement aux capucins le droit exclusif d'ouvrir des missions au Tibet. Les capucins retournèrent à Lhassa et, jusqu'au milieu du XVIIIe siècle, della Penna dirigea la mission, mais sous la pression des dignitaires bouddhistes, ils durent bientôt quitter la ville et se réfugier au Népal.

La Compagnie des Indes Orientales et les Pandits espions

Après l'échec des missions, une orientation nouvelle va se dessiner chez les explorateurs du Tibet. Il s'agit maintenant pour la Compagnie des Indes Orientales d'ouvrir des voies commerciales entre le Raj (Inde) et le Tibet qui, du moins le croyait-on, regorgeait de cet or qui faisait tellement défaut aux Anglais.

En 1774, Warren Hasting y envoya Bogle, un Ecossais de vingt-huit ans, avec pour mission de recenser les produits de l'Inde susceptibles d'être vendus au Tibet et de collecter un maximum de renseignements sur le pays, les moyens de communications, les matières premières, la flore, la faune, etc.

Bogle resta près d'une année au Tibet, au cours de laquelle il se lia d'amitié avec le « Tshoo Lama », le troisième Panchen-Lama du Tashilumpo, et avec ce peuple « simple et heureux de vivre ». Bien qu'il n'ait pu ouvrir aucun comptoir commercial, il rapporta de son périple une somme importante d'informations et surtout, établit entre le Panchen-Lama et la Compagnie des relations suivies et une amitié solide. Malheureusement cette relation fut bientôt interrompue par l'invasion des Gurkhas en 1788.

Les Tibétains repoussèrent les envahisseurs, mais les Chinois en profitèrent pour envoyer au Tibet un important corps expéditionnaire, ce qui leur permit de resserrer leur contrôle sur le pays et de faire fermer les frontières.

Une fois encore le Tibet allait se replier sur lui-même et devenir « le Pays Interdit ». Atteindre Lhassa, « la ville sainte du Dieu Vivant » devint un défi qu'allaient relever les explorateurs du XIXᵉ siècle, et notamment les Anglais du Raj. Puisque les occidentaux étaient maintenant interdits au Tibet, les services du « Survey of India » allaient envoyer sur place des espions indiens entraînés aux techniques de reconnaissances et de renseignements. Déguisés en pèlerins, ces hommes que l'on appellerait plus tard « les Pandits espions » en raison de leur érudition et de leur science en matière d'espionnage (Pandit en sanskrit signifie érudit), vont parcourir le Tibet à pied en n'utilisant que quelques instruments de mesures rudimentaires, sextants, ou compas cachés au fond de leur maigre besace, et jouer leur personnage de pèlerin parfois pendant plusieurs années.

Le plus célèbre d'entre eux fut, sans aucun doute, Sarat Chandra Das, érudit bengali qui allait inspirer à Rudyard Kipling son fameux roman « Kim ».

Une des idées géniales des stratèges anglais fut de remplacer le rosaire de cent huit grains par un autre de cent grains pour faciliter le calcul. Les Pandits pouvaient alors compter leurs pas comme les pèlerins du Tibet comptent les Mantras qu'ils récitent en chemin. Rien de plus naturel ! De plus, les informations recueillies, les cartes, les relevés topographiques remplaçaient les pieuses invocations, à l'intérieur des moulins à prières que les dévots espions faisaient tourner au rythme de leurs périgrinations.

Pendant des années, ils arpentèrent le Tibet. L'un d'entre eux fut même reçu en audience à Lhassa par le Dalaï-Lama, que les Tibétains appellent « l'Omniscient », mais même le Pontife ne put, ou ne voulut pas, dévoiler la supercherie !

C'est ainsi que Nan Singh, qui demeura près d'un an à Lhassa, put établir pour la première fois la latitude de la ville à 29° 39' 17 alors qu'aujourd'hui les atlas l'estiment à 29°41'. De même, Nan évalua l'altitude de la ville interdite à 3 550 mètres, soit à peine cinquante mètres en dessous de l'altitude mesurée par la suite. Durant son périple, il parcourut deux mille kilomètres à pied et compta sur son rosaire deux millions cinq cent mille pas !

Autour de 1870, une douzaine de Pandits furent ainsi lâchés au Tibet dans toute l'Asie centrale. Les renseignements recueillis allaient permettre aux Anglais d'établir des cartes précises et de préparer l'expédition Younghusband du début du XXᵉ siècle (voir Histoire).

Le R.P. Huc et Cosma de Koros.

Sans pouvoir citer tous ceux qui tentèrent d'atteindre Lhassa au cours du XIXᵉ siècle, il faut cependant nous arrêter sur deux d'entre eux qui marquèrent cette époque par leur personnalité. Le premier fut le missionnaire lazariste Régis Evariste Huc dont les « Souvenirs d'un voyage dans la Tartarie et le Tibet » viennent d'être réédités (1). Accompagné du père Gabet, il traversa la Tartarie (Mongolie) et une partie de la Chine puis, irrésistiblement attiré par le Tibet, il parvint à Lhassa déguisé, comme il le dit lui-même, en « Lama de l'Ouest », maintenant l'ambiguïté face à des interlocuteurs qui le croyaient originaire du lointain Ladakh. Bien que farouchement opposé au Bouddhisme, dans lequel il voit l'œuvre du diable, il va être surpris puis impressionné par cette « religion ». Son témoignage, peu suspect de complaisance, n'en est que plus intéressant.

Soupçonné d'espionnage, le R.P. Huc et son compagnon furent expulsés de Lhassa et reconduits en Chine. Son récit connut un succès considérable en Occident et suscita de nombreuses vocations de voyageurs en Asie centrale et au Tibet. Le duc d'Orléans, en 1850, entreprit une sorte de croisade pour démontrer l'inexactitude des récits du père Huc.

Le second personnage marquant du XIXᵉ siècle est le Hongrois Cosma de Koros qui s'installa à Leh puis au Zanskar. Brillant linguiste, il se consacra pendant de longues années à l'étude du tibétain :

« Pendant que je résidais au Zanskar, grâce à l'aide et aux capacités de cet homme de grande intelligence (son lama), j'ai appris grammaticalement la langue et me suis familiarisé avec les précieux trésors littéraires contenus dans trois cent vingt gros volumes imprimés (le Kangyur et le Tangyur) qui sont la base de tout l'enseignement et de la religion du Tibet » (2).

Pendant des années, enfermé dans sa cellule, souvent par des températures de moins vingt degrés, Cosma de Koros étudia sans répit du matin au soir. Il composa ainsi le premier dictionnaire tibétain contenant près de quarante mille mots.

Ayant passé huit années au Ladakh et au Zanskar, il se rendit à Calcutta où son dictionnaire fut publié par la mission baptiste. Il mourut en avril 1842 à Darjeeling. Après lui, Chandra Das, le Pandit espion, ou Jäschke, le missionnaire, composèrent des dictionnaires, fruits d'années de patientes recherches, mais, ironie de l'histoire, ces ouvrages qui devaient servir à évangéliser le Tibet sont des outils inestimables pour les traducteurs occidentaux qui traduisent aujourd'hui les textes bouddhiques du Tibet !

(1) HUC R.E., *Souvenirs d'un voyage en Tartarie et au Tibet,* Domaine Tibétain, Astrolabe, Paris 1987.
(2) Lettre au Capitaine Kennedy. Cité par LE CALLOC, dans *Nouvelle Revue Tibétaine,* n°10, janvier 1985.

Dans la longue liste des explorateurs du XIXe siècle, il faudrait encore citer Sven Hedin, explorateur suédois qui parcourut la région du mont Kaïlash et les Français Grenard et Dutreuil du Rhins qui connut une fin tragique près de Jékundo en 1894 (voir Amdo).

Le XXe siècle.

A la suite de l'expédition Younghusband à Lhassa en 1904 et des écrits des premiers tibétologues qui l'accompagnaient, comme Austin Waddell, (1) deux courants vont se dessiner parmi les voyageurs qui vont parvenir à pénétrer au Tibet dans la première moitié du siècle. D'un côté les tibétologues, comme Roerich et surtout Giusepp Tucci. Celui-ci, en quelques mois passés au Tibet central, va rapporter une somme colossale de documents et ouvrir la voie de l'histoire de l'art au Tibet avec la publication de son œuvre majeure : « Tibetan Painted Scrolls » (2) et son étude sur les Mandalas (3).

Mais à côté de ces chercheurs, d'autres voyageurs vont être attirés par les mystères du Pays des Neiges et certains vont se convertir au Bouddhisme tibétain.

Alexandra David-Neel débarqua à Ceylan en 1911, ayant laissé derrière elle son mari, pour visiter les hauts lieux du Bouddhisme. Sa rencontre avec le treizième Dalaï-Lama puis son séjour auprès de l'ermite de Lachen lui font choisir la voie tibétaine. Elle médite pendant trois ans dans un ermitage, sous la direction de son maître qui lui enseigne les techniques du yoga tibétain et notamment la génération de la chaleur intérieure (Tumo). Pendant des années elle essaiera en vain de parvenir à Lhassa, mais finalement, déguisée en pèlerin et accompagnée de son fils adoptif, un lama tibétain, elle accomplira son rêve à l'âge de cinquante-six ans, en plein hiver, parcourant une des régions les plus froides et les plus rudes du globe ! Exploit extraordinaire pour une femme extraordinaire. Son livre : « Voyage d'une Parisienne à Lhassa » la rendra mondialement célèbre.

De retour en France, elle s'établit à Dignes, écrivit de nombreux ouvrages sur ses voyages et fonda le premier Institut d'études tibétaines. Elle s'éteignit à l'âge de cent un ans.

Cependant, malgré des années de voyages, dans des conditions parfois plus que précaires, le lecteur est souvent étonné qu'elle puisse garder intact son esprit critique de journaliste occidentale. Ses remarques sur la propreté des Tibétains, sa plate description de Lhassa comme « une ville sans intérêt » ou du Potala comme « ne présentant rien de particu-

(1) WADDELL A., *Tibetan Buddhism*.
(2) Ed. Méo., Roma.
(3) *Théorie et pratique du Mandala*, Fayard, Paris.

lier » sont toujours inattendues ! Mais son œuvre reste le plus brillant témoignage que l'on connaisse sur la vie quotidienne et la vie religieuse au Tibet.

Anagarika Govinda était allemand et fut ordonné moine à Ceylan. Au cours de ses voyages en Himalaya, il se convertit au Bouddhisme tibétain et suivit l'école Kagyupa. Il passa plusieurs mois à Tsaparang pour copier les fresques qui sont parmi les plus beaux chefs-d'œuvre de l'art tibétain. Son essai : « Les fondements de la mystique tibétaine », fut pendant longtemps le seul ouvrage présentant une vue complète de la métaphysique tibétaine (1).

C'est en s'échappant d'un camp de prisonniers en Inde que l'Autrichien Heinrich Harrer, après des mois d'errance, arriva finalement à Lhassa. Sans doute trop cartésien pour intégrer la tradition tibétaine, il devint cependant le confident et l'ami du jeune quatorzième Dalaï- Lama. Ayant appris le tibétain avec les bergers et les petites gens, son langage brut faisait frémir les chambellans, mais le jeune pontife ne s'en offusquait pas. Au contraire, avec Harrer il pouvait assouvir sa soif d'informations sur le monde extérieur et sa passion pour la mécanique. Ensemble ils installèrent dans le Norbulingkha la première salle de cinéma du Tibet ! Harrer eut sans doute une influence sur le jeune Dalaï-Lama lorsque, lors de l'invasion chinoise, il dut faire face à des choix difficiles.

Aujourd'hui, le Tibet s'est ouvert au tourisme. Dans le sillage des explorateurs qui ont entretenu depuis près de six siècles le mystère du Tibet, des milliers d'Occidentaux débarquent chancelants sur le terrain de l'aéroport de Lhassa, prêts à tout pour venir partager à leur tour le grand rêve du Pays des Neiges. Comme le souligne Taylor (2) : « Le Tibet est plus qu'une réalité géographique, c'est une construction de l'esprit » et, en ce sens, il s'est élevé au rang des mythes vivants, transmis et ravivés de générations en générations, comblant depuis plus de cinq cents ans la soif de merveilleux qui demeure une des constantes de l'esprit humain. Dans cet univers imaginaire, sans cesse alimenté par les interprétations les plus folles, la réalité a perdu depuis longtemps de son importance. Les touristes peuvent ainsi vivre le mythe du Tibet dans le confort du Lhassa Hotel, repris depuis peu par Holiday Inn, en rêvant aux exploits du père Huc ou d'Alexandra David-Neel.

(1) HARRER H., *Sept ans d'aventures au Tibet,* Artaud.
(2) TAYLOR M., *Le Tibet de Marco Polo à Alexandra David-Neel,* Payot 1985.

Brèves considérations sur la cuisine tibétaine

Les Tibétains aiment faire ripaille et les réunions de famille ou d'amis, les grandes fêtes religieuses, les mariages sont autant de prétextes à faire bombance, même si ces excès entament les provisions et obligent ensuite à une sobriété forcée.

La nourriture tibétaine n'est guère variée puisque les aliments sont en nombre limité et, si les riches mangent plus, leur menu est bien semblable à celui du reste de la population.

La base de l'alimentation, c'est la célèbre Tsampa, farine d'orge grillée puis moulue que l'on peut consommer sans la cuire. Il y a des «crus» de tsampa et les Tibétains sont sensibles à sa finesse de goût. Pour faire de la bonne tsampa, les grains sont débarrassés de leur enveloppe, dans un mortier, sous les chocs du pilon, ils sont ensuite grillés, souvent avec du sable pour obtenir une cuisson régulière. Après tamisage, les grains sont moulus finement et la tsampa est conservée dans des coffres ou des sacs. Chaque voyageur est muni d'une petite poche en toile dans laquelle il malaxe la farine avec de l'eau ou du thé avant de la manger. La tsampa est présentée sur la table de l'hôte qui reçoit un voyageur ; elle est aussi distribuée aux moines lors des offices.

Si le thé au beurre est généralement peu apprécié des voyageurs occidentaux, c'est qu'il ne ressemble en rien à ce que nous connaissons. Plus proche du bouillon que du thé, sa préparation est tout un art. C'est du thé vert non grillé qui sera utilisé. Ce thé est beaucoup plus rustique que celui que nous connaissons, car de petites branches sont coupées avec les feuilles directement sur les arbustes. Ce thé, séché à l'air libre, est pressé en briques dont on cassera un morceau pour faire un concentré qui frémira longuement sur le feu. Cette décoction, noire comme de l'encre, le Chathang, est versée dans une baratte avec de l'eau bouillante, du sel, du soda et du beurre généralement rance ; ce n'est pas que les Tibétains aiment particulièrement ce goût, mais la conservation du beurre dans des peaux de chèvre ou des récipients pas très propres font rancir le beurre en quelques jours. Tous ces ingrédients sont barattés pour former un liquide homogène, le mélange ainsi préparé est laissé au coin du feu, mais pour garder sa finesse, il ne doit plus bouillir. En servant le thé aux invités, on y ajoute parfois un peu de beurre frais pour le rendre encore plus riche. Un Tibétain boit facilement une quarantaine de tasses par jour, car plus qu'une boisson, c'est une nourriture ; c'est l'indispensable complément de la tsampa, en graisse et sels minéraux. Etre aisé, au Tibet, c'est boire autant de bols qu'on en a envie. Un dicton tibétain signale le riche en disant : « Il a toujours du beurre sur les lèvres ». Un lama, d'une famille de pasteurs, après quelques années passées chez nous, s'étonna : « Mais, vous ne mangez jamais de beurre en France ? », car pour lui, cette matière inodore et pasteurisée n'avait rien à voir avec le goût puissant du beurre tibétain.

Si dans certaines régions de civilisation tibétaine, moines et laïcs ne mangent pas de viande, au Tibet central les uns et les autres la trouvent indispensable pour résister aux rigueurs du climat. Mais tuer un animal n'améliore pas le Karma, aussi ne mangera-t-on que de la viande d'un animal qui n'a pas été tué spécialement à votre intention et, tant qu'à faire, autant tuer un gros animal plutôt que de supprimer de nombreuses vies en mangeant de petits animaux ou des poissons, par exemple. Avec la viande, on préparera des Momos, petites boulettes enrobées de pâte et cuites à la vapeur, ou le Shia leb leb, fines tranches de viande cuites rapidement dans du beurre.

La viande séchée est la nourriture préférée des Tibétains. On dit que les guerriers Kampas pouvaient subsister pendant plusieurs semaines, à plus de 5 000 mètres, sans autre aliment que la viande qu'ils plaçaient sous la selle de leurs chevaux. Cette viande est aussi largement utilisée par les ermites qui la font sécher sur des cordes à proximité de leur coussin de méditation.

Quelquefois, cette sorte de pemmican sera réduite en poudre et constituera pour les voyageurs un concentré d'énergie en un minimum de volume. Mais la viande de tous les jours est généralement bouillie en gros morceaux et présentée sur un plat dans lequel chacun se sert largement.

Comme dans nos anciennes vallées de montagne, les laitages sont une des bases importantes de l'alimentation. Le lait, généralement tiré dans des récipients sales, se transforme rapidement en une sorte de yaourt : le Sho.

Avec du lait caillé séché, on fait une sorte de fromage qui devient dur comme de la pierre. Il est vendu sur les marchés, transporté en vrac dans des sacs ou présenté en petits cubes enfilés en collier. Croquer ce fromage est impensable, aussi doit-on attendre qu'il se ramollisse lentement dans la bouche.

Comme nous, les Tibétains aiment les desserts. Le « Dési » (le diplomate local) est un plat de riz avec sucre, raisins secs et beurre fondu. Les Toumas sont des racines de végétaux bouillies, sucrées et frites dans du beurre. Mais le fin du fin, les délices suprêmes, ce sont les larves de frelons. Des frelons énormes que les gourmets enfument au péril de leur vie. Le nid déserté est cassé, pour récupérer les précieuses larves qui seront frites dans du beurre.

Gros mangeurs quand ils le peuvent, les Tibétains sont aussi de grands buveurs. L'orge et le millet étant généralement abondants, servent à la fabrication de bière : le Chang.

La graine est bouillie, égouttée puis mélangée à de la levure séchée qui la fait fermenter. Plus la graine est ancienne, meilleur sera le Chang. Pour faire de la bière, les graines sont mises dans un pot spécial dans lequel on ajoute de l'eau bouillante. Après quelque temps, le Chang est prêt à être consommé. Cette boisson n'est pas forte en alcool, mais lorsque les Tibétains en boivent des litres, l'effet se fait rapidement sentir.

La distillation des graines fermentées donne de l'eau-de-vie : l'Arak, dont certains Tibétains font un usage immodéré.

Théoriquement, les moines ne boivent jamais d'alccol, mais les Tibétains racontent cependant cette histoire : un moine Kagyupa et un Guélugpa se rencontrent au moment des fêtes du nouvel an. Le Guélugpa dit timidement à son compagnon :

— « Comme c'est Losar, on pourrait peut-être boire un peu de Chang ?

— D'accord, répond l'autre, mais en douce, comme les Guélugpas ! ».

Karma Pakchi, le deuxième Karmapa.

Légendes des photos des pages 197 à 208

1 — *Transmission : A son arrivée au monastère, le novice est confié à un maître qui lui transmet les enseignements préservés oralement depuis le Bouddha. (Ph. : Ass. Regard. V. Ohl).*

2 — *Fête du Mönlam, à Lhassa. Sur le parvis du Jokhang, ces offrandes monumentales sont offertes à tous les Protecteurs du Tibet pour que l'année nouvelle soit propice et féconde. (Ph. : Ass. Regard. N. Jaques).*

3-4 — *Fête du Mönlam à Lhassa : procession du Bouddha Maitreya. (Ph. : J. Edou).*

5 — *Les fêtes du Mönlam sont aussi l'occasion pour les moines et les laïcs de recevoir les enseignements du Ganden Tri Rinpoché. Parvis du Jokhang (Ph. : Ass. Regard. N. Jaques).*

6 — *Moines-pèlerins du Kham effectuant le rituel de « Chöd » par lequel ils offrent leur corps aux démons et aux dieux. Lhassa. (Ph. : R. Dompnier).*

7 — *Dans le Jokhang de Lhassa, des moines des trois grandes universités viennent effectuer des rituels de souhaits et assister aux examens des candidats à la plus haute distinction universitaire et religieuse (Gueshe Larama), (Ph. : Ass. Regard. V. Ohl).*

8 — *Tamdrin (Hayagriva) le Protecteur dont la tête est surmontée d'une tête de cheval. Monastère de Drépung (Ph. F. Hans).*

9 — *Tsi'u Marpo, le puissant Protecteur de Samyé qui tient dans la main gauche un piège à démons et dans la droite, un étendard de soie. (Ph. : R. Vernadet).*

10-11 — *Instants de détente sur les toits du Jokhang de Lhassa (Ph. : J. Edou).*

12 — *Mudra de l'Union : la cloche tenue dans la main gauche, représente la sagesse immuable. Elle est protégée par le Vajra dans la main droite qui symbolise les moyens pour la réaliser, symbole de la Voie du Milieu. (Ph. : Ass. Regard. N. Jaques).*

13 — *Volutes de fumée s'échappant des maisons en pisé du village de Shégar (Ph. : Ass. Regard. N. Jaques).*

14 — *Moissons à Sakya (Ph. : J. Edou).*

15 — *A l'aube d'une journée de labour (Ph. : J. Edou).*

16 — *Maître de discipline en costume d'apparat (Ph. : Ass. Regard. V. Ohl).*

2

4

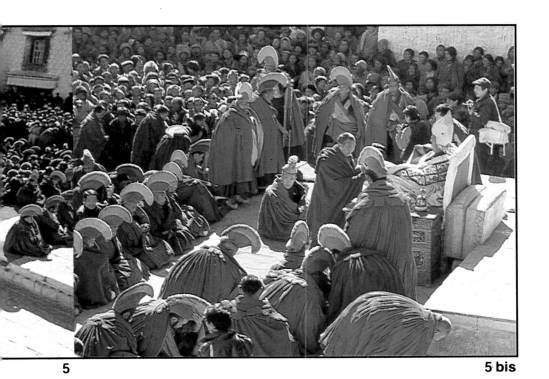

5　　　　　　　　　　　　　　　　　　　　　　　　5 bis

7

9

10

11

12

13

14

15

L'architecture

De même que l'espace culturel tibétain déborde largement les frontières politiques, l'architecture tibétaine couvre un espace beaucoup plus vaste et son influence se fait sentir jusqu'en Chine et en Mongolie.

Ici comme ailleurs, la construction est conditionnée par les matériaux disponibles sur place. Le bois d'œuvre étant inexistant dans la plus grande partie du pays, les bâtisseurs utilisent au maximum les pierres et la terre, d'où les constructions en briques crues ou en pisé. La boue sert aussi de mortier pour l'assemblage des pierres. De fines branches de saule ou de peuplier soutiennent la terre battue des planchers et des terrasses. Tout vise donc à l'économie du bois, rare et cher.

Dans un pays aussi religieux, la situation agréable ou fonctionnelle de l'édifice ne suffit pas, elle doit être confirmée par des critères religieux ou astrologiques, et de nombreuses cérémonies marquent la consécration du sol et les étapes de la construction.

Pour lutter contre le froid, les ouvertures sont petites et peu nombreuses, et il y a encore peu de temps, les vitres étant inconnues, des parchemins fermaient les ouvertures.

Dans les maisons à plusieurs niveaux, les étables occupent la partie inférieure et la chaleur des animaux tempère l'étage au-dessus. Dans certaines régions, une petite pièce occupe la partie centrale des étables ; toute la famille s'y réfugie pendant les grands froids de l'hiver ; aussi grâce à cette double enceinte occupée par les animaux, même par les froids les plus rigoureux, il y aura quand même un peu de chaleur à l'intérieur du Yokhang.

Les terrasses sont des parties importantes des habitations domestiques, protégées du vent dominant par un muret ou une pièce. On s'y tient en hiver lorsque le soleil de la journée apporte un peu de douceur.

Dans les maisons paysannes, un simple tronc d'arbre entaillé est utilisé pour monter à l'étage, et comme cet escalier peut s'enlever rapidement, c'est peut-être là le moyen de se protéger des intrus.

L'architecture sacrée est évidemment très différente tant par les plans que dans l'utilisation des matériaux, même si le bois est rare pour le commun des mortels, les pauvres humains en trouvent toujours pour les dieux. Les cèdres nécessaires à la construction de Töling furent apportés de Kunavar au prix des difficultés que l'on suppose. Les premiers temples, Samyé par exemple, furent édifiés sur les modèles des temples du Bihar et retrouvent le schéma du Mandala.

Au IXᵉ siècle, après le morcellement de l'empire Tibétain, une branche de la famille royale s'implante au Tibet occidental et fonde le royaume de Gugué. Rinchen Zangpo, infatigable bâtisseur, fait édifier les cités monastiques de Töling, de Tsaparang, de Tabo au Spiti et d'Alchi au

Ladakh. Selon l'exemple indien, les bâtiments sont groupés autour du temple principal et des Chötens sont placés aux angles de l'ensemble. Dans le Tibet central, le grand temple de Sakya semble, vu de l'extérieur, être plus une forteresse qu'un bâtiment religieux et certaines salles sont impressionnantes par leurs dimensions et témoignent de la splendeur passée de cet ordre.

Dans ces temples déserts, qu'un laïc fait visiter, on se plait à imaginer l'animation qui devait y régner au temps de l'apogée de la vie religieuse.

A Gyantsé ne subsistent à l'intérieur de l'enceinte fortifiée que le grand temple Tsuglhakhang, un autre temple situé plus haut, qui sert d'habitation aux moines qui y vivent encore, et le célèbre Kumbum. Construites comme un gigantesque Chöten, ses soixante-treize minuscules chapelles imbriquées les unes dans les autres, sont groupées selon le plan d'un Mandala et le sommet est revêtu de plaques de cuivre doré selon le modèle népalais.

Le Potala est l'édifice tibétain le plus connu dans le monde. Il épouse les formes de la Colline Rouge, ce qui contribue à lui donner encore plus de majesté. Ce palais fut construit au XVIIe siècle par le cinquième Dalaï-Lama, le grand cinquième comme l'appellent les Tibétains. Il complètait une forteresse construite par le roi Songten Gampo au VIIe siècle. L'harmonie de ses formes et la puissance de ses façades en font sans doute un des plus beaux monuments du monde.

Les trois grands monastères de la province centrale : Sera, Drépung et Ganden, ainsi que le Tashilumpo de Shigatsé, sont plus des cités monastiques que des temples. Ce sont des villes près de la ville qui, en dehors de leur fonction religieuse, étaient construites pour loger et dispenser l'enseignement à des milliers de moines.

L'architecture tibétaine devait influencer ses grands voisins, influence qui fut le fait du rayonnement du Vajrayana. Mongols et Chinois convertis prennent modèle sur les temples du Tibet et les « Suburgans » mongols, par exemple, s'inspirent fortement des Chötens tibétains.

Le Bhoutan a développé une architecture originale avec la construction de Dzongs à la fois forteresse, monastère et centre administratif. La plupart furent construits au début du XVIIe siècle dans la crainte d'une invasion tibétaine. Si extérieurement les Dzongs sont des forteresses, par contre la cour est plus aimable et abrite un temple ou une tour qui protège les chapelles.

Au Tibet, les Chinois ont bien sûr apporté la « modernisation ». Parpaings, toits en tôle, fils électriques, alignements de casernes, services administratifs ont modifié le paysage. Des villes entières ont été remodelées. A Lhassa et à Shigatsé, les maisons anciennes reculent de plus en plus et n'existeront bientôt plus. A Tséthang, bâtiments modernes à étages, citernes à essence, tour de télévision, hôtels de luxe pour touristes, préfigurent ce que risque de devenir le Tibet de demain.

La création de centres du Bouddhisme tibétain en Europe a introduit de nouveaux modèles d'architecture. Un exemple semble intéressant : le centre Kagyu-Ling à Toulon-sur-Arroux. Là, auprès de la construction d'un Chöten monumental, un grand temple de style bhoutanais a été consacré. Bâti avec des matériaux modernes par un architecte respectueux du style, ce temple a été réalisé sous la surveillance de lamas tibétains vivant en France. Des artistes sont venus spécialement du Bhoutan pour le décorer, façonner les statues et les décors rituels. Il se dresse maintenant fièrement dans les pâturages du Charollais.

L'art du Tibet

On considère généralement que les plus anciennes peintures tibétaines ne sont guère antérieures au XIIe siècle. Cependant, la tradition véhiculée par les textes anciens nous dit que, depuis l'époque monarchique (VIIe siècle), le Tibet était le centre d'importants échanges économiques et artistiques et que les arts plastiques s'y sont développés à partir des influences étrangères de la Chine, de l'Inde et du Khotan. Aussi les premiers documents dont nous avons connaissance sont-ils bien postérieurs à la naissance de la culture bouddhique tibétaine.

Entre la fin du XIe siècle jusqu'au début du XVe siècle, la peinture allait s'affirmer à partir d'influences très diversifiées, avec une prédominance des pays méridionaux et occidentaux limitrophes, principalement la culture indienne à travers le filtre du Népal et du Cachemire. L'influence septentrionale se manifesta de manière moins décisive à travers l'Asie centrale (le Khotan) et le Khara-Koto, ville détruite de la Monglolie extérieure.

1 - Les styles

L'histoire de l'art sacré du Tibet est liée à l'arrivée, au VIIe siècle, des deux princesses népalaise et chinoise, épouses de Songtsen Gampo. Cet événement qui marque l'avènement du Bouddhisme au Tibet, détermine en même temps le destin de l'art tibétain, globalement façonnée par les structures relatives à l'esthétique indienne et chinoise.

Le fait que le Bouddhisme aient été importé de l'Inde, et la victoire de l'approche indienne dans le débat de Samyé (voir : le débat) expliquent que les premières œuvres religieuses du Tibet aient porté le sceau d'une esthétique fondamentalement indienne, comme celles que Tucci appelle « l'école de Gugué » (XIe et XIIe siècles), au Tibet occidental. Ce style, influencé par l'art Gupta (330-750), s'inspire des miniatures Pala

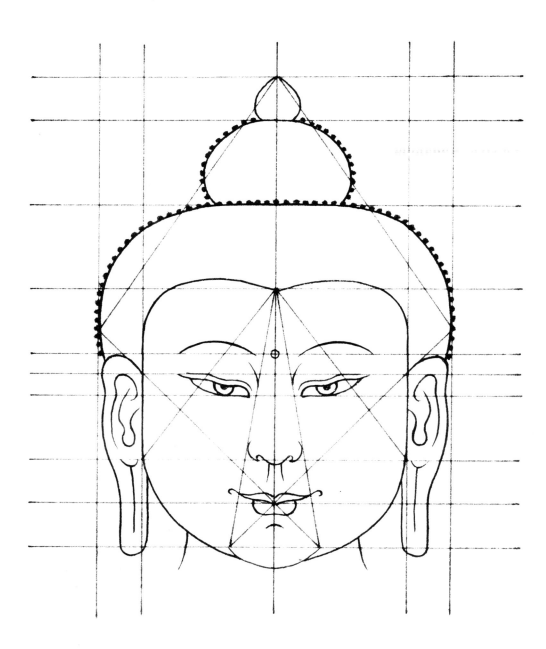

et se serait propagé au Tibet par le Cachemire et le Ladakh. On y retrouve le modelé et la vivacité des couleurs indiennes avec des éléments décoratifs himalayens. Si Alchi au Ladakh et Tabo au Spiti témoignent à travers certaines de leurs fresques d'une même inspiration, on peut supposer que les monastères de Töling et Mang Nang au Gugué ont dû être peints à l'origine dans ce même esprit. Ce style se caractérise par le déhanchement des personnages qui, debout, entourent la divinité principale au visage très hiératique, tandis que le fond est presque totalement rempli d'éléments décoratifs.

Le style Kadampa

C'est l'historien de l'art Pratapaditya Pal qui a donné cette dénomination à un ensemble de peintures réalisées, entre le XIe et le XIVe siècle, en association avec les monastères de l'école Kadampa, dont le maître principal fut Atisha, cet érudit indien dont les enseignements se répandirent au Tibet entre 1042 et 1050, date de sa mort au monastère de Néthang. Si Tucci avait détecté dans les Thankhas qui nous sont parvenus une influence népalaise, ils semble plus juste désormais de dire que cette peinture a intégré dans l'essentiel les influences conjuguées du style Pala, de l'Inde orientale, et du style de Khara-Koto, en Asie centrale.

La première diffusion de ce style a eu lieu au Tibet central (fresques de Néthang, Lhakang de Lhassa) et au Tibet méridional (Jonang), puis s'est étendu jusqu'au Ladakh avec les peintures murales du Lakhang Soma d'Alchi.

Les Thankhas se caractérisent par un personnage central aux formes imposantes, élégant, entouré de personnages aux formes élancées, un peu maniérées, dont les vêtements laissent apparaître les cuisses et les bijoux à la manière des peintures de Khara-Koto. Les couleurs délaissent l'influence népalaise, même si le rouge prédomine encore, en faisant appel aux bleus, aux jaunes et aux verts de nuances délicates si souvent douces : le style Kadampa dénote un sens des couleurs très caratéristique.

L'influence népalaise va s'imposer avec l'apogée des Sakyas au XIIIe siècle et l'invitation massive de peintres et d'artistes Néwaris (vallée de Kathmandu) qui travaillent à Sakya, Shalu et Gyantsé. Les fresques du Kubum de Gyantsé (1427) illustrent parfaitement ce style rigoureux et géométrique, où la couleur rouge domine et où les arrière-plans sont richement décorés.

L'influence chinoise.

Aux XIIIe et XIVe siècles, la conversion au Bouddhisme des Khans mongols va permettre l'introduction d'archétypes indo- tibétains en Chine, mais à l'inverse, l'influence mongole et chinoise va progressivement se faire sentir dans la production tibétaine. Avec le style chinois, qui se poursuit sous les Ming (1368-1644), on constate l'apparition, dans la production picturale, des premiers éléments paysagers qui annoncent les caractéristiques d'un style purement tibétain. Les relations fécondes entre les Sakyapas ou les Karmapas avec la cour impériale chinoise et l'invitation d'artistes chinois comme à Shalu, vont faire apparaître notamment la représentation des seize Ahrats, inexistants dans sa tradition indienne, et l'intrusion de l'influence chinoise, caractérisée par l'introduction de motifs paysagers — arbres, montagnes, rochers et rivières —, par l'utilisation de la perspective et de plans différents, en contraste avec la bidimensionalité indo-népalaise, ainsi que par le décentrement des figures principales.

En assimilant ces éléments chinois, la peinture tibétaine va privilégier l'aspect symbolique et imaginaire du paysage aux dépens du naturalisme.

Dans le courant du XVIe siècle, on trouve dans les annales tibétaines trois courants picturaux :
— le Menri au Kham (influence népalaise au XVe siècle) ;
— le Kyenri, influencé par Jamyang Kyentsé ;
— le Karma Gadri sous l'influence du huitième Karmapa, Mykyö Dorjé (XVIe siècle).

Ces deux dernières écoles, nées au Kham et en Amdo, ayant intégré l'influence chinoise, vont allier à un sens de l'espace vide, des couleurs douces et dégradées. Cependant, par sa haute technicité, l'école Karma Gadri n'a jamais pu trouver dans la peintrue murale un support qui lui permette de s'exprimer.

L'ère des Dalaï-Lamas (VIIe et XIXe siècles)

La centralisation du pouvoir et l'unification du Tibet sous la coupe des Dalaï-Lamas vont permettre l'apparition d'un style tibétain à part entière en une fusion de tous les autres styles dans une tradition appelée Üri, le style du Tibet central (Ü). Les personnages généralement représentés sont des hiérarques de l'ordre des Guélugpas, les Dalaï-Lamas, les abbés des grands monastères et les Mahasiddhas dont la représentaion semble spécifiquement tibétaine.

La représentation de divinités courroucées témoigne d'un art parvenu à maturité. Les Serthangs, représentations d'une divinité tracée à l'or sur fond noir ou rouge où l'on retrouve l'influence de la calligraphie chinoise, sont le témoignage éclatant d'un art puissant, original, et suggestif, jaillit de la fusion d'une pensée mystique et religieuse, dont la profondeur aura été rarement égalée, alliée à une inspiration et à une maîtrise plastique qui ne laissera désormais aucun doute sur l'authenticité de la culture bouddhique tibétaine.

2. La peinture

L'étude de la peinture bouddhique tibétaine, qui s'est développée avec Roerich d'abord, puis Tucci, rencontre de nombreux obstacles.

Tout d'abord, l'histoire du Tibet vue par les Tibétains est extrêmement subjective, et aux évènements réels se mêlent avec beaucoup de libertés, mythes et légendes. D'autre part, la peinture, comme les autres formes de l'art sacré, est avant tout un acte religieux et dévotionnel et le peintre n'est là que pour refléter dans le miroir des apparences, une Réalité Ultime bien au-delà de toute émotion personnelle. Cette attitude fondamentale a donné naissance à une peinture sans signature, dénuée de références historiques qui n'est pas sans rappeler l'art sacré des icônes.

Ajoutons à cela que les Thankhas se transportent facilement, soit dans les chargements des grandes caravanes qui sillonnent ce vaste pays, soit dans les bagages des pèlerins et des moines errants, ajoutant aux nombreuses influences stylistiques étrangères, la difficulté de localiser les œuvres.

Les Thankhas

Tendue sur un cadre en bois, la toile de coton ou de lin est apprêtée avec un mélange de chaux et de colle sur lequel l'artiste trace une esquisse au trait. Il peint ensuite avec des peintures à l'eau composées de pigments végétaux ou minéraux. Une fois achevé, le Thankha est entouré de riches brocarts de soie ou de simple coton. On en trouve dans les temples, dans les monastères ou chez les laïcs et même dans les tentes de nomades. Ils sont en général des supports de dévotion ou de méditation représentant des divinités, des maîtres du passé, des scènes de la vie des saints ou du Bouddha lui-même. Certains sont didactiques comme les planches médicinales (voir Menzikhang de Lhassa), d'autres sont purement initiatiques comme les Mandalas, représentations symboliques de l'univers de la divinité et de son palais céleste (ou spirituel). Les conteurs populaires les déroulaient sur les places des villages pour illustrer leurs récits et édifier les foules, tandis que dans la tradition mystique, ils sont les véhicules du sacré et ont pour fonction d'évoquer et de rendre vivantes, à partir du monde des apparences, les aspirations spirituelles les plus hautes du Bouddhisme.

Les fresques sont, à l'encontre des Thankhas, inamovibles et nous apportent de précieuses informations stylistiques. Cependant, pour les Tibétains, l'œuvre d'art étant un véhicule du Sacré, elle n'a pas d'intérêt en soi ou en tant qu'œuvre, mais seulement par le message qu'elle transmet. Ainsi, et c'est le cas aujourd'hui, ces fresques sont repeintes et parfois même refaites totalement en copie conforme de l'original.

3. La statuaire : la technique de la cire perdue

Ce que nous avons dit sur les styles et sur la sacralité de la peinture au Tibet s'applique totalement à la statuaire dont la fonction est identique à celle de la peinture.

Bien que l'on rencontre de nombreuses statues en bois et en argile, ce sont cependant les statues en bronze, souvent doré, qui prévalent au Tibet, fabriquées selon la technique de la cire perdue dont nous voudrions retracer les phases principales.

La technique consiste à placer sur un noyau d'argile ébauchant grossièrement la forme de la sculpture, une chape de cire que l'artiste pourra façonner avec toute la finesse voulue. Lorsque ce travail est terminé, on recouvre la cire d'une fine couche d'argile qui épouse fidèlement le support de cire, puis l'on recouvre le tout d'un moule d'argile plus grossier.

Des évents sont aménagés à la partie inférieure de la sculpture et la pièce est alors placée dans un four. L'argile du moule durcit et la cire qui fond peut alors s'écouler par les évents aménagés à cet effet. Il est évident que le noyau a été au préalable fixé au moule par un système de broches métalliques qui permet de respecter l'épaisseur du métal, en empêchant le noyau de se déplacer. Cette opération achevée, le moule est placé dans du sable et retourné afin que les évents se présentent au-dessus. Il ne reste plus alors qu'à couler le bronze en fusion en évitant la formation de bulles d'air. Après refroidissement, l'artisan casse le moule, retire le noyau et apporte les retouches et les ciselures supplémentaires.

Les attributs sont alors ajoutés, cloches, vajra ou autres, les pierres, turquoises ou corail, fixées à leurs places et le visage recouvert le plus souvent de poudre d'or.

Pour que la statue devienne un objet de culte et de dévotion, elle doit encore être « chargée ». Sont alors placés à l'intérieur, des mantras inscrits sur des rouleaux, des reliques et autres protections, puis le socle est scellé par un lama qui bénit la statue par des rituels spécifiques. Elle peut enfin être placée sur l'autel.

Pour les Tibétains, la phase religieuse est la plus importante. Parfois on ajoute des bijoux, de l'or ou des pierres précieuses et le pragmatisme tibétain considère que c'est cette « charge », et non l'œuvre d'art en tant que telle, qui donne à une statue sa véritable « valeur ».

Quelques repères iconographiques

La multiplicité des divinités du panthéon tantrique et la richesse iconographique des temples et des monastères sont autant de difficultés que rencontrent tous ceux qui essayent de pénétrer plus avant dans la culture tibétaine. Voici donc quelques repères pour s'orienter dans cet univers complexe et varié.

Les Bouddhas et les Bodhisattvas.

Autour du Bouddha historique Sakyamuni qui « prend la terre à témoin » de sa main droite, deux autres Bouddhas sont souvent représentés, le Bouddha du passé (skt : Dipankara) et le Bouddha du futur (skt : Maitreya). Ensemble, ils sont appelés les Bouddhas des trois temps, et sont vêtus en général des trois robes monastiques.

Deux aspects représentent le Bouddha primordial, l'esprit éveillé du Dharmakaya (1) :

— Samanthabadra (tib : Kuntuzangpo) de couleur bleu-nuit, nu et sans attributs, enlaçant souvent sa parèdre blanche.

— Vajradhara (tib : Dorjéchang) qui tient unis sur sa poitrine le vajra et la cloche qui symbolisent l'indissociabilité de la compassion et de la sagesse. Il est représenté sous un aspect de gloire et paré de riches ornements.

Les Bodhisattvas manifestent la compassion des Bouddhas.

Dans les temples, en général, ils sont huit, souvent comme à Samyé, debout de part et d'autre du Bouddha.

Commes les Yidams qui sont des manifestations du Corps de Béatitude du Bouddha (skt : Sambhogakaya), ils sont parés de nombreux ornements, colliers, pendentifs, bracelets..., qui sont des symboles de leurs qualités divines. Ils sont souvent coiffés de la couronne des cinq sagesses qui indique qu'ils sont parfaitement éveillés.

Les Yidams masculins sont appelés Hérukas, en sanskrit, car ils boivent le sang de l'ego, les Yidams féminins sont souvent des Dakinis, représentées dans la posture de la danse.

Divinités courroucées.

Comme nous l'avons vu (voir Lamas, Yidams, et protecteurs), les divinités courroucées peuvent être des Yidams de méditation et des Protecteurs « au-delà du monde ». Ils portent alors une couronne de cinq crânes qui représentent les cinq sagesses des Bouddhas. Ils sont ornés de Phurbas (dague rituelle) ou de couteaux pour trancher l'ego et tiennent souvent des calottes crâniennes remplies du sang de la dépouille de leurs ennemis, qui sont extérieurement les ennemis de la Doctrine, mais intérieurement le seul véritable ennemi : l'attachement à l'ego.

La guirlande des cinquante et une têtes fraîchement coupées et sanguinolentes est le signe qu'ils ont transformé et purifié les cinquante et un événements mentaux de l'esprit ordinaire, et les corps sur lesquels, comme

---

(1) Sur la doctrine des trois Kayas, voir *Mort et Réincarnation.*

les Dakinis, ils dansent, symbolisent le fait qu'ils ont transcendé le monde des passions et des poisons mentaux.

La forme particulière qui leur est associée est le triangle.

Les Lamas.

Les maîtres des différentes lignées de transmission du Tibet, sont reconnaissables à leur coiffe (jaune, noire, de Pandit, de Gampopa, etc.), à la position de leurs mains ainsi qu'aux objets rituels qu'ils tiennent.

Les représentations les plus fréquentes sont les Dalaï-Lamas, les Karmapas, et Padmasambhava qui tient dans ses mains le vajra et la calotte crânienne.

Sur les fresques et les Thankhas peuvent aussi figurer des grands maîtres du passé, Sakya Pandita, Milarépa, Longchenpa, etc. Des collections de plusieurs Thankhas représentent souvent les seize Ahrats, les quatre-vingt-quatre Mahasiddhas de l'Inde ou encore la lignée des abbés d'un monastère.

En général, au-dessus d'eux se tiennent les maîtres de leur lignée, en dessous, leurs disciples principaux et souvent leur Yidam et leur protecteur particulier.

Les Mandalas et la Roue de la Vie.

Représentation architectonique de l'univers céleste de la divinité, les Mandalas peuvent être peints sur des Thankhas, dessinés dans les temples avec des sables de couleur ou construits en trois dimensions.

Le Mandala de l'univers est souvent représenté à l'extérieur des temples aux côtés des quatre gardiens des quatre directions de l'espace, et de la Roue de la Vie. Peinte sur les murs pour l'édification des foules, elle représente les six Etats : Hommes, Dieux, Assuras, Prétas, Enfers, et Animaux (voir Les Etats multiples de l'être). Le centre de la Roue est animé par les trois poisons : l'orgueil et le désir (le coq), l'aversion (le serpent) et l'ignorance (le cochon). Autour, les douze causes interdépendantes illustrent le mécanisme du Karma qui lie les êtres à cette Roue des Existences conditionnées, que tient dans ses griffes Yama, le roi de la mort.

Introduction à la médecine tibétaine

Exposer ce qu'est réellement la médecine tibétaine est une gageure car, tant la complexité de la terminologie médicale que les barrières linguistiques, et surtout les écarts fondamentaux entre les systèmes de pensée, font que toute tentative de schématisation est forcément une trahison. Nous ne donnerons donc que des aperçus généraux. La médecine tibétaine est une des rares médecines traditionnelles à avoir perduré depuis deux mille cinq cents ans jusqu'à nos jours. Elle est fondée sur le concept bouddhiste de l'unicité corps-âme-esprit, âme étant pris ici dans le sens d'anima en latin, ce qui anime, c'est-à-dire le souffle. C'est un système de soins « physico-cosmo-psychique » qui trouve sa place dans l'éventail des moyens de lutte contre la maladie. Les enseignements originaux sont généralement attribués au Bouddha, à travers sa manifestation du Bouddha de la Médecine (Sangyé Menla). Ces enseignements sont rassemblés dans le Gyü Ji (« quatre Tantras ») dont le titre développé est : « les quatre Tantras secrets oraux sur les huit branches de l'essence du Nectar ». Le texte sanskrit aurait été écrit au IVe siècle de notre ère et traduit en tibétain au VIIIe siècle par Vairocana. Cet original a été notoirement amplifié par la suite, notamment au XIIe siècle par Yuthog Yoüten Gönpo, qui rédigea l'actuel Gyüd Ji sous la forme que nous lui connaissons aujourd'hui.

L'étude des causes de la maladie

L'art de la guérison est l'approche totale des soins de santé : maladies ou désordres traduisent un déséquilibre dynamique d'énergies psychologiques et cosmophysiques, générées à deux niveaux :

1. Etude des causes des affections au niveau primordial

Le Bouddha a relié la cause spécifique de toute souffrance à la saisie de l'ego, se manifestant sous la forme d'illusion-ignorance-confusion, qui à son tour génère les émotions attachement-désir et colère-aversion.

Le Bouddha compare ces trois Poisons à un feu qui consume l'homme en permanence :

« Il brûle à travers le feu de l'illusion, le feu de l'attachement, le feu de la haine. Il brûle à travers la naissance, la vieillesse, la mort, à travers les pleurs et les lamentations, la douleur, le chagrin et le désespoir. »

Les trois Poisons et leurs implications profondes dans les déséquilibres sont étudiés en détail dans les textes bouddhistes : il est donc important de noter dans l'approche médicale tibétaine les interrelations étroites entre les désordres spirituels, mentaux et physiques.

De plus, la théorie des cinq éléments établit que tous les phénomènes physiques, qu'ils se situent dans le monde microcosmique ou macrocosmique, sont formés dans cinq éléments cosmophysiques :

Terre-Eau-Feu-Air-Ether.

Le corps est lui aussi composé de ces cinq éléments de base, ce qui explique qu'un désordre quelconque influe sur les principes vitaux comme suit :

— Eau et Terre : principe lymphatique
— Feu : principe biliaire
— Air : souffle vital
— Ether : infiltration dans tout l'espace et n'a pas de spécificité.

Ces cinq éléments énergétiques ne sont pas les éléments physico-chimiques de même dénomination, mais des forces dynamiques qui comptent plus par leur fonction énergétique propre que par leur état réel. Par exemple, l'élément eau n'est pas la molécule H_2O, mais sa fonction énergétique inhérente qui est d'apporter une qualité de poids, de souplesse, de cohérence, de refroidissement, etc. Plus encore, ces énergies subatomiques sont aussi bien applicables au monde macrocosmique qu'au monde microcosmique (on a déjà noté l'extrême ressemblance entre le système atomique et le système planétaire).

De même, comme les cinq éléments participent à la formation de chacune des cellules tissulaires :

— la terre exerce une plus grande influence sur la formation du tissu musculaire et des os, et du sens de l'odorat ;

— l'eau préside à la formation du sang, des humeurs et du sens du goût ;

— le feu est responsable de la température corporelle, de la coloration cutanée et du sens de la vue ;

— l'air est responsable de la respiration et du sens du toucher ;

— l'éther est à l'origine des cavités du corps et du sens de l'ouïe.

Dans cette tradition, tout l'art de la guérison implique le retour à l'harmonie entre les trois principes vitaux dans un état dynamique d'équilibre. Si cela est accompli, le corps est alors réputé en « bonne santé » ou libre de tout désordre psycho-physiologique. Un déséquilibre d'une quelconque de ces énergies constitue un état de maladie.

2. *Etude des causes des affections au niveau immédiat*

Dans l'établissement d'une relation entre le désordre et un changement de saison ou de climat, on fait souvent appel au Soska (3e et 4e mois), période pendant laquelle toutes les énergies cosmiques sont à la fois légères et puissantes. A chaque saison correspond une plénitude, une ascension ou un déclin d'énergie de l'un des trois principes vitaux de l'organisme (biliaire, lymphatique et souffle vital) : ces six saisons sont hiver inférieur, printemps, soska (sorte d'intersaison), été, automne, hiver supérieur.

En outre, les agressions du milieu peuvent également remettre en cause les équilibres. Leur influence se manifeste dans les cas où, malgré un diagnostic et un traitement corrects, l'état du patient n'est pas amélioré.

Diagnostic

Outre les examens généraux, tels que l'étude de la langue et celle des urines, l'examen du pouls est, dans la médecine tibétaine, la base la plus sûre du diagnostic.

Cette science permet l'étude des désordres fondamentaux, de l'état des six organes pleins et des six organes creux et de l'influence des énergies. Plus encore, le pouls peut être utilisé non seulement comme moyen de diagnostic, mais également comme méthode de prédiction générale.

a) Les pouls et les trois désordres.

La nuit précédant l'examen, praticien et patient doivent observer une certaine diète et une hygiène convenable : pas de stress, éviter les aliments et les boissons qui augmentent la chaleur interne (viande, beurre, alcool, etc.). Ils doivent en outre avoir un bon repos nocturne et essayer, dans la mesure du possible, de ne pas perturber les trois principes vitaux.

Le praticien peut alors procéder à l'examen : il place ses doigts d'une manière appropriée sur l'artère radiale, position et pression sont bien codifiées.

Il lui faut, dans un premier temps, analyser le « pouls congénital », reflet de la tendance fondamentale de l'individu, puis analyser le désordre lui-même en pouls « chaud » ou « froid » : généralement un désordre chaud est associé avec « bile » et un désordre froid avec « lymphe », le souffle vital est neutre et peut être autant « chaud » que « froid » .

b) Pouls et énergies physico-chimiques.

Les influences des énergies cosmiques sur le pouls sont révélées en premier lieu par les relations avec le système Soleil-Lune et les saisons. Les relations entre les énergies sont représentées par un cycle appelé « Cycle Mère-Fils et Ami-Ennemi », dont le fonctionnement rappelle un peu le pentagramme étoilé de la médecine énergétique dans la tradition chinoise.

— Influence solaire et lunaire.

A l'intérieur du corps humain, il existe trois canaux subtils pour les énergies neutres, positives et négatives. Ces canaux sont influencés, l'un par la lune (eau et terre), l'autre par le soleil (air et feu), le troisième par l'éther.

A la tombée de la nuit, l'influence lunaire est plus puissante et les énergies du pouls sont plus lentes et plus froides. Inversement, les énergies solaires sont plus puissantes dans la journée, les énergies du pouls plus chaudes, les battements plus rapides.

C'est pour cette raison que le moment idéal pour prendre le pouls est celui où les énergies sont dans un état dynamique d'équilibre, ce qui se produit à l'aube, lorsque les lignes de la main commencent à être clairement perçues.

— Influence saisonnière.

Le calendrier tibétain du pouls comporte trois cent soixante jours, divisés en vingt groupes de dix-huit jours chacun. Les premiers soixante-douze jours sont le Printemps où l'énergie « bois » domine et exerce une influence puissante sur le pouls « vésicule biliaire ». Cette période est suivie par les dix-huit jours de l'Intersaison où l'énergie terre domine et exerce une forte influence sur le pouls « rate-estomac », et ainsi de suite.

Il est impératif que le praticien connaisse la saison exacte à laquelle il prend le pouls, sinon il risque de poser un faux diagnostic. C'est pourquoi le Gyü Ji indique minutieusement comment le praticien doit identifier les saisons à travers l'observation des étoiles, des oiseaux, des arbres, etc.

c) *Prédictions par le pouls.*

Cet art repose sur la capacité du corps à véhiculer en lui-même un haut potentiel de messages énergétiques en accord avec l'environnement. Les messages interceptés par le pouls concernent tant les fortes influences cosmiques que des relations internes à l'individu. Le pouls peut être étudié ainsi selon les aspects : congénital, cycle mère-fils et pouls dit de « substitution ».

— Pouls congénital.

Son étude permet des prédictions sur la progéniture, la durée de la vie, le type de santé, les ennemis, etc.

— Pouls selon le cycle mère-fils/ami-ennemi.

La prédiction par l'utilisation de ce cycle utilise la concordance ou l'antagonisme entre ce pouls et le pouls saisonnier. Elle concerne la chance, la puissance, la richesse, la santé de l'individu.

— Pouls de substitution.

Cette méthode permet l'examen d'un individu qui ne peut être mis en contact avec le praticien. On examine de préférence par ce moyen un ami intime ou un membre de la famille. En fonction d'un protocole bien établi et selon la prédominance ou l'absence de tel ou tel pouls, il sera possible de déterminer la gravité de l'atteinte du parent concerné.

Thérapeutique

A l'inverse de la plupart des méthodes de soins, la médecine tibétaine met principalement l'accent sur les méthodes douces de traitement.

De même que les énergies cosmo-physiques sont en état dynamique d'équilibre, la moindre perturbation de l'alimentation, du mode de vie, du climat, ou autres influences néfastes, atteindra tout le mécanisme de régulation. C'est pour cette raison que tout traitement passe d'abord par la prescription d'une alimentation correcte et d'une hygiène de vie. Si ces deux facteurs sont insuffisants pour obtenir un bon résultat, alors seulement, un traitement sera prescrit. Là encore, le praticien commence par les drogues les moins puissantes, sous la forme d'une décoction ou d'une poudre, par exemple, puis augmente graduellement la puissance en utilisant des pilules.

Les autres techniques thérapeuthiques sont également divisées en douces et puissantes, la chirurgie n'étant utilisée qu'en dernier ressort.

Pharmacologie

Cette discipline se fonde, elle aussi, sur les concepts énergétiques fondamentaux de la médecine tibétaine. Rappelons que malgré leur dénomination, ces éléments-énergies ne sont pas des éléments physico-chimiques, mais des concepts subtils qui prennent plus en compte leur fonction énergétique inhérente que leur état réel. Ces énergies sont non seulement responsables des aspects matériels des Principes Biliaire, Lymphatique et Vital, mais également des six goûts et des trois goûts post-métaboliques dont la composition, les propriétés et les actions sont à la base du choix des remèdes. En effet, ces goûts sont provoqués par diverses sortes de plantes, dont plusieurs milliers de sortes sont répertoriées dans les ouvrages fondamentaux tibétains.

A partir de cette classification, les plantes et remèdes divers sont conditionnés et utilisés sous les formes suivantes : décoctions, pilules, poudres, tisanes, beurre médical, minéraux thérapeutiques, décoctions desséchées, boissons médicales, pierres précieuses thérapeutiques, herbes médicinales.

Parallèlement, à côté de la prescription de drogues naturelles, le praticien peut utiliser d'autres thérapeutiques. Massages, compresses chaudes et froides, thermalisme, balnéothérapies et bains de vapeur sont les méthodes les plus douces. Saignées, ventouses, cautères de plantes, acupuncture sont les plus agressives.

Pour récapituler les aspects les plus marquants de la tradition médicale tibétaine, il faut noter une approche totale des désordres affectant l'homme, à la fois physiques, cosmiques et psychiques (au sens profond du terme).

Les théories sont fondées sur la conception bouddhiste de l'esprit et la cosmologie, et non sur la magie ou la sorcellerie comme certains l'ont dit parfois.

L'approche douce du traitement (alimentation, hygiène physique, mentale et spirituelle), le choix du meilleur remède possible, l'utilisation de drogues naturelles, et surtout le soin inconditionnel apporté au patient dans un esprit de compassion, sont des leçons que tout praticien doit avoir dominées.

TROISIEME PARTIE

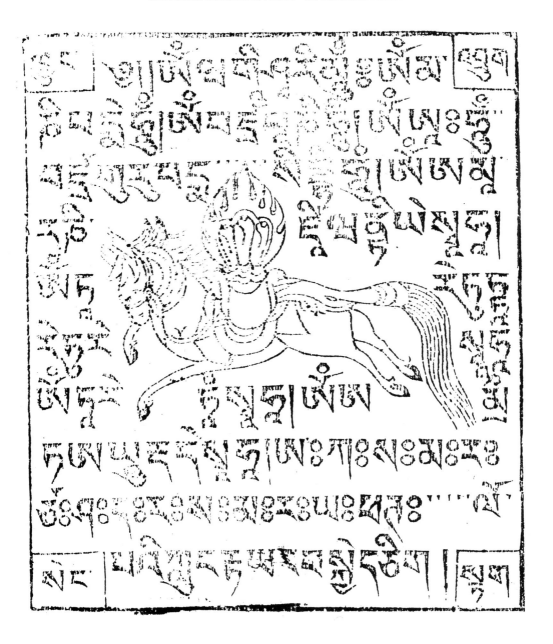

Le cheval du vent (tib. Lungta).
Il porte sur son dos les « Joyaux qui accomplissent tous les souhaits ».
Le cheval du vent emporte symboliquement les prières et les Mantras imprimés sur
les petits drapeaux de coton ou de tulle. Ces drapeaux à prières sont suspendus au
sommet des temples, des maisons, au passage de cols ou dans les endroits
dangereux. Ils protègent les pèlerins, les voyageurs,
et tous les habitants du Pays des Neiges.

GUIDE CULTUREL

I. L'Amdo

- Le monastère de Kumbum et Tongkhor
- Le lac Kokonor
- L'Amnyé Machen et les Ngologs
- Labrang et les gorges du Fleuve Jaune
- Jékundo

II. Le Tibet Central

1. De Kathmandu à Lhassa

- Les Portes de l'Enfer
- Tingri et Shégar

Notre-Dame des Neiges

- Sakya
- Narthang
- Shigatsé
- Shalu
- Gyantsé
- Samding

2. La Vallée du Tsangpo

- Dorjédraq et Gongkar
- Mindroling
- Samyé

La mer de Tethys

- Densathil et Zangri
- La vallée du Yarlung
- Yumbulakhang et Dradruk
- La vallée des Rois

3. Le Lodraq (Tibet du Sud)

- Thaglung
- Lhalung et Lodraq
- Sékargutog

III. Lhassa, terre des dieux

1. La ville

- Le Jokhang et le Barkhor
- Le Ramoché
- Le temple des Nagas
- L'hôpital tibétain (Menzikhang)
- Le Norbulingka
- Le palais du Potala

2. Les trois Universités monastiques

- Drépung et Néchung
- Séra
- Ganden

3. Autour de Lhassa

- Yangpachen et le lac Namtso
- Le monastère de Tsurphu
- Réting et Drigung

IV. Le Tibet de l'Ouest

- Thirtapuri
- Töling et Tsaparang

Kaïlash, la montagne sacrée

- Le lac Manasarovar
- Le mont Kaïlash

La course au Kaïlash

---

* N'ayant pu nous rendre au Kham (Tibet de l'Est), la présente édition ne comporte pas de descriptif de cette région.

Le monastère de Labrang vers 1935 (Ph : Fondation A. David-Neel).

I — L'Amdo

Au Nord-Est de Lhassa, aux confins de la Chine et de la Mongolie, traversés par la grande boucle du Fleuve Jaune, s'étendent de vastes plateaux herbeux, qui descendent doucement vers la Chine.

Cet immense territoire que les Tibétains appellent l'Amdo, était l'une des trois provinces du Tibet traditionnel. L'Amdo recouvre la province chinoise du Qinhaï, qui vient du nom chinois du lac Kokonor, le Qinhaïhu ou « mer bleue », le nord-ouest du Séchuan et une partie du Kansu. Sa frontière ouest se perd dans le désert du Tsaïdam, littéralement « les marais salants » tandis qu'elle s'étend, au sud, jusqu'à Nachukha, frontière de la Région Autonome du Tibet (central). Cette région qu'un correspondant de Hong Kong appela « le trou noir de la Chine », tant elle est mal connue, était autrefois habitée par des proto-Tibétains, qui furent progressivement repoussés par les Mongols, et des nomades tibétains qui constituent avec les musulmans Huis, les trois ethnies actuelles de l'Amdo auxquelles s'ajoutent quelques milliers de colons Hans, installés principalement dans la région de Xining, la capitale provinciale. Dès 1720, la région devint un protectorat mandchou placé sous le contrôle de l'Amban de Xining et séparé du Tibet central. Cette séparation sera définitivement entérinée dans les années vingt, avec la création de la province du Qinhaï.

Xining fut une place forte et un centre commercial prospère entre la Chine, le Tibet et la Mongolie. Dans la rues du bazar se mêlaient les caravanes de chameaux, venues du Turkestan chinois par la Route de la Soie, aux yaks qui s'apprêtaient à rejoindre Lhassa par la piste des caravanes. Les musulmans fournissaient les cuivres, pots et chaudrons aux nomades descendus des hauts plateaux, en échange de la laine, de la viande, des fourrures et des peaux.

Aujourd'hui Xining est devenu un grand centre industriel, rectiligne et sans âme comme il en existe des milliers en Chine, peuplé principalement de Hans.

Le monastère de Kumbum

A une trentaine de kilomètres de Xining, c'est encore la Chine. La route bordée de trembles, de saules et de peupliers serpente entre les collines recouvertes de champs de blé et de rizières. A la différence de la plupart des monastères du Tibet, Kumbum est niché au pied des collines, dans une cuvette boisée. Première étape des caravanes de yaks et de mules sur la longue route de Lhassa, c'est là que les caravaniers venaient, avant d'affronter plus de trois mois de danger, de solitude et de froid, se prosterner devant l'arbre miraculeux et demander la protection des divinités.

Le monastère qui n'était au départ qu'un ermitage, fut construit en 1473 sur le lieu de naissance de Tsong Khapa. D'après les chroniques du monastère, un arbre miraculeux apparut à l'endroit même où sa mère le mit au monde. Ayant bientôt dépassé ses maîtres par son érudition, il fut envoyé au Tibet central où il fonda le monastère de Ganden. Mais sa mère, se languissant de son fils, l'implora de revenir. Tsong Khapa, ayant par une vision compris que ce retour serait inutile, envoya à ses proches des présents et la légende raconte que, par ses pouvoirs magiques, il fit apparaître sur les feuilles de l'arbre de santal blanc, des représentations de Manjushri, le Bodhisattva de la Sagesse dont il est une émanation. C'est ainsi que le monastère fut appelé Kumbum, « les cent mille représentations ».

Depuis lors, cet arbre miraculeux produit chaque année de nouvelle feuilles sur lesquelles sont inscrites le Mantra « Om Mani Padmé Hum ». Bien que certains aient longtemps pensé que ces lettres étaient tracées avec une aiguille par des lamas du monastère, les R.P. Huc et Gabet, peu suspects de complaisance envers le Bouddhisme, et qui visitèrent le monastère dans les années 1850, assurent avoir vu de leurs yeux ces Mantras sans y déceler de supercherie (1). Depuis une centaine d'années, l'arbre est enfermé dans un Chöten et les pèlerins ne sont qu'autorisés à se prosterner devant un rejeton planté à l'extérieur du temple. Jigmé Norbu, le frère ainé du Dalaï-Lama, qui fut reconnu comme le trulku de l'abbé de Kumbum, nous dit que même en tant qu'abbé, il n'aurait pu faire ouvrir le Chöten sans l'accord de toute la communauté monastique « mais que la porte fut ouverte pour procéder au nettoyage, il y a soixante-dix ans environ, et que le moine chargé de cette tâche trouva une feuille portant l'inscription. Cette feuille fut conservé et beaucoup de gens l'ont vue... » (2)

Quoi qu'il en soit, l'arbre et le monastère demeurent un haut lieu de pèlerinage où se pressent chaque année des milliers de nomades, principaux bienfaiteurs de la communauté monastique, qui viennent vénérer

---

(1) Huc R.E., *La Cité interdite,* Gallimard 1975.
(2) Norbu - op. cit

la mémoire du fondateur de l'école Guélugpa, notamment lors du festival du Mönlam, la pleine lune suivant le nouvel an tibétain.

La fête des fleurs

Pendant des mois, au cœur de l'hiver, des artistes confectionnent en beurre de gigantesques bas-reliefs représentant soit des sujets purement religieux, les actes du Bouddha ou la vie de tel grand saint, soit des fresques plus profanes de la vie quotidienne. La nuit de la pleine lune, ces bas-reliefs sont exposés devant les temples du monastère dans une féerie de couleurs qui scintillent dans la lumière de myriades de lampes à beurre que les pèlerins viennent allumer devant ces représentations sublimes de détails, de finesse et de réalisme. Ephémères chefs d'œuvres d'artistes anonymes qui seront détruits pendant la nuit et jetés aux corbeaux. Les Chinois ont interdit ce gaspillage : si le festival a toujours lieu aujourd'hui, les supports sont en bois et seules les fleurs multicolores sont toujours confectionnées en beurre, les supports étant stockés pour resservir l'année suivante.

Le monastère abritait autrefois cinquante-deux temples et quelques trois mille cinq cents moines répartis en quatre collèges : le collège de logique, le collège tantrique, celui d'astrologie et celui de médecine. Trois cents moines environ ont retrouvé le chemin de Kumbum et la grande cour centrale, devant le Serdong, le toit en or du temple principal, retentit de nouveau des joutes oratoires des moines qui s'affrontent chaque soir au cours de débats théologiques. Mais des cinquante-deux temples et sanctuaires, seuls une dizaine ont subsisté dont l'école de médecine et la résidence du Dalaï-Lama qui dominent le monastère.

Tongkhor

A 45 km à l'ouest de Xining, sur la route du lac Kokonor, le monastère de Tongkhor se cache dans de paisibles collines qui dominent une riche vallée fertile où cohabitent Tibétains et Chinois. Appelé « Tangar » ou « Thangkhar » par les voyageurs, voici comment Migot décrit l'ambiance de la petite ville dans les années cinquante :

« —... C'est aussi la voie commerçante le long de laquelle sont installés les magasins chinois où l'on trouve tout ce que peut désirer une caravane. Une petite place est le rendez-vous des Tibétains, des Mongols, des Turkis, caravaniers et marchands, et l'on y respire déjà une atmosphère d'Asie centrale ». (1)

---

(1) MIGOT A., *Au Tibet, sur les Traces du Bouddha*, Ed. du Rocher 1978.

Aujourd'hui la petite bourgade a été délaissée par les caravanes et seules subsistent les ruines de torchis du monastère qui abritait autrefois plus de trois cents moines. A côté du temple principal qui échappa à la destruction, un bâtiment tout neuf de quatre étages domine la vallée et les ouvriers s'affairent pour achever le toit. Les moines nous accueillirent avec méfiance, mais lorsque nous leur fîmes comprendre que nous parlions tibétain, bien que le dialecte de l'Amdo soit assez éloigné de la langue parlée à Lhassa, celui qui semblait être l'abbé nous invita à entrer en nous précisant que lui aussi avait appris le tibétain quand il était jeune ! L'intérieur du petit monastère est saisissant ; on y retrouve tout ce qui caractérise les temples tibétains, mais tout est imprégné de style chinois, et même les divinités représentées en marqueterie sont fort éloignées des canons habituels de l'art tibétain. Dans la petite pièce où il nous reçoit, sur des « khangs » à la chinoise, le lama nous explique qu'il reconstruit son monastère grâce aux dons des gens du peuple alentour, ce que notre guide chinois traduit par : « le monastère reçoit des subventions de l'Assemblée populaire locale » tandis que notre lama, en tibétain, nous précise qu'il s'agit bien d'offrandes venant des Tibétains de la région !

Continuant vers l'ouest, une petite pagode marque l'endroit où la princesse Wencheng s'arrêta quelques temps au cours de son voyage vers la cité de Songtsen Gampo. Ce col appelé la « Montagne du Soleil et de la Lune » marquait traditionnellement la frontière entre le Tibet et la Chine.

Le lac Kokonor

Véritable mer intérieure que les Tibétains appellent le « Tso Ngöpo », le lac Bleu, le lac Kokonor s'étend à 3 200 m d'altitude sur près de 4 000 km². Comme la plupart des lacs et des montagnes du Tibet, il est vénéré par les habitants de la région car il est la demeure de puissants Nagas, divinités des eaux, dont les nomades viennent se concilier les faveurs par des offrandes de drapeaux à prière et des pèlerinages le long des rives.

Cinq îles émergent des eaux turquoises. L'une d'elles était autrefois célèbre car elle abritait un petit ermitage où vivaient retranchés du monde, une vingtaine d'anachorètes. Aucune embarcation ne pouvant violer les eaux sacrées, les ermites n'étaient ravitaillés que l'hiver, lorsque les eaux gelées du lac permettaient aux fidèles de rejoindre l'île à pied et de leur apporter du beurre et de l'orge. Les ermites entretenaient un troupeau de chèvres qui les approvisionnaient en produits laitiers et parfois en viande quand l'une d'elles venait à mourir. Prisonniers volontaires, ils reprenaient à la fonte des neige leur méditation solitaire.

Selon A. David-Neel qui parcourut la région dans les années trente, une expédition scientifique russe voulut passer outre l'interdit et rejoindre l'île en bateau. Mais à peine les barques de l'expédition avaient-elles quitté la rive, qu'un vent violent se leva et déclencha une formidable tempête qui faillit engloutir les explorateurs téméraires. Ils parvinrent finalement à rejoindre la rive sains et saufs mais l'île des yogis demeura inviolée. Pour les nomades, cet événement vint confirmer leur croyance dans le pouvoir des Nagas et la mésaventure de l'expédition vint augmenter le patrimoine des légendes vivantes du lac.

Parmi les nombreuses légendes qui entourent le Kokonor, il en est une qui fait remonter son apparition à l'époque de Songtsen Gampo. Le roi voulait édifier le temple du Jokhang à Lhassa mais à peine achevées les fondations s'écroulaient. Ayant consulté un oracle, celui-ci déclara que seul un vieux sage de l'est du pays détenait le secret qui permettrait l'achèvement du sanctuaire qui devait abriter les précieuses statues de l'épouse népalaise du monarque. Le roi dépêcha donc des émissaires dans toutes les régions de l'Est pour découvrir ce secret. Tous revinrent bredouilles.

Sur le chemin du retour, ce dernier cassa la sous-ventrière de sa selle. Il s'arrêta près d'une tente et trouva un vieil homme aveugle qui lui donna une courroie pour qu'il puisse poursuivre sa route. Avant de partir, le vieillard ayant remarqué son fort accent de l'est lui dit :

« O Lama des contrées orientales, tu es heureux de pouvoir passer tes jours en pèlerinage à visiter nos monuments sacrés. Les temples les plus magnifiques sont dans les contrées mongoles. Les Tibétains ne parviendront jamais à en avoir de semblables et c'est en vain qu'ils font des efforts pour en élever dans leur belle vallée. Les fondations qu'ils établiront seront toujours sapées par les flots d'une rivière souterraine dont ils ne soupçonnent pas l'existence. » (1)

Le vieillard ajouta que si un lama du Tibet central apprenait ce secret, les eaux souterraines s'échapperaient aussitôt pour envahir les prairies de l'est. Il lui recommanda de n'en parler à personne du Tibet central... Avant même que l'émissaire n'eut rejoint Lhassa, la terre se mit à trembler et, suivant la prédiction du vieil homme, les eaux envahirent, par un canal souterrain, les pâturages de l'Amdo. C'est ainsi qu'apparut le lac et que fut établi le temple du Jokhang autour duquel s'édifia la ville de Lhassa.

Ce mythe des eaux souterraines est par ailleurs présent dans de nombreuses légendes populaires du Tibet. On raconte ainsi qu'un lama Karmapa, ayant reçu des princes mongols de vastes offrandes et notamment le toit en or qui aurait autrefois recouvert l'université de Nalanda en Inde,

(1) HUC R.E., *La Cité Interdite,* Gallimard 1975.

fit transférer par ses pouvoirs magiques ses encombrants présents par une rivière souterraine, des hautes terres de l'Amdo jusqu'au Tibet central et le toit en or fut installé sur le temple principal du monastère du Tsur-phu, près de Lhassa.

*
*   *

Les pentes douces qui bordent le lac abritent quelques monastères appartenant à l'école du Dalaï-Lama. Sur la rive sud, près de la « Tête du Lac », nous aperçûmes au loin une grande tente blanche décorée de Lions des Neiges multicolores. Deux cents moines, parmi lesquels de tout jeunes enfants, étaient assis en rangées, perpendiculaires à l'autel et au trône du Dalaï-Lama dont la photo avait été posée sur des coussins. Chaque moine tenait, ouvert devant lui, un gros ouvrage enveloppé de tissu jaune qu'il récitait à haute voix, dans une cacophonie indescriptible. De temps à autre, l'un d'eux refermait soigneusement le livre dans son écrin de brocart et allait le reposer parmi les quelque trois cents volumes rangés sur une étagère qui courait sur toute la longueur de la tente. Le soleil, filtré par la toile, jouait dans les pourpres, les ors et les ocres tandis que le maître de discipline arpentait lentement les rangées pour réveiller un moinillon endormi ou surprendre une conversation. Ces moines, venus d'un monastère voisin, allaient passer sur les rives du lac les trois mois de retraite estivale (tib : Yarné) qu'accomplissent tous les moines bouddhistes, selon les règles de discipline énoncées par le Bouddha ; durant cette période qui correspondait à la mousson en Inde, les moines ne doivent pas sortir de l'enceinte du monastère. Cette communauté avait entrepris la lecture du canon bouddhique et de ses commentaires, soit plus de cent mille pages, entrecoupées parfois de prières de longue vie pour le Dalaï-Lama. Cette tente, nous dirent-ils, avait été dressée sur les lieux mêmes de leur ancien monastère de retraite dont il ne restait que quelques pans de murs.

Aux alentours, sur les pentes verdoyantes, on n'apercevait que quelques tentes noires, la plupart des pasteurs ayant rejoint les alpages pour y passer l'été avec leurs troupeaux.

L'Amnyé Machen

Dans la grande boucle du Fleuve Jaune, à deux cents kilomètres au sud de Xining, s'élève la montagne sacrée des Ngologs, l'Amnyé Machen. Ce massif, dont on découvre de loin les sommets enneigés, est la résidence de Machen Pomra, le chef des divinités locales de la région du Fleuve Jaune. Sur son destrier céleste, protégé par son heaume et sa cuirasse en or, il tient dans la main droite une lance et dans la gauche, des joyaux.

- 234 -

Protecteur laïc, il était autrefois, dans certains monastères Guélugpas, sorti tous les soirs du monastère car il ne pouvait passer la nuit avec sa compagne dans l'enceinte sans enfreindre la règle stricte du célibat. C'est pour lui rendre hommage, ainsi qu'aux trois cent soixante dieux de sa suite, que chaque année près de dix mille pèlerins effectuaient à pied le tour de la montagne en un pèlerinage de sept jours. Lorsque ses cimes enneigées apparaissent comme un îlot immaculé dominant les vastes pâturages, à plus de cent cinquante kilomètres de distance, ou lorsque le sommet émerge un instant de la tempête, on comprend pourquoi les dieux y ont élu résidence. Comme en témoigne J.F. Rock qui fut un des premiers voyageurs à s'y rendre dans les années trente : « Je m'arrachais difficilement à cette vue sublime qu'aucun Occidental n'avait contemplée avant moi et je demeurai quelque temps sur ce sommet isolé, perdu dans ma rêverie et comprenant soudain pourquoi les Tibétains rendent un culte à ces montagnes neigeuses en tant que symbole de la pureté » (1).

C'est sans doute la magie qu'exerça l'Amnyé Machen sur l'explorateur américain qui donna naissance au mystère qui allait envelopper cette montagne jusqu'à nos jours. La chaîne comprend trois pics principaux : la pyramide sud, appelée Chenrézig ; une plus petite au centre, l'Amnyé Machen et le grand dôme du nord, le plus haut, appelé « Dradul Lungshog ». Bien que le Français Grenard ait estimé le sommet à 6 500 m sur sa carte de « Mission scientifique dans la haute Asie » publiée en 1894, J.F.Rock envoya un câble à son commanditaire, la « National Geographic Society », précisant qu'il avait estimé l'Amnyé Machen à près de 30 000 pieds (soit près de 9 000 m) ! Le rédacteur en chef de la vénérable institution ne voulut pas publier le « scoop » avant que Rock ne lui ait fourni des preuves.

Quelque temps plus tard, dans la même revue, Rock conclut : « N'ayant pas de théodolite, je ne pus calculer la hauteur exacte de la montagne, mais par d'autres observations, j'en conclus que l'Amnyé Machen culmine à plus de 28 000 pieds (8 400 m environ) ».

Le 6 mai 1949, Clark qui parcourait la région pour le compte du Département d'Etat américain, pour essayer de réconcilier les musulmans du général Ma et les tribus Ngologs et organiser la résistance à l'avance des troupes communistes, confirma les estimations de Rock et annonça que l'Amnyé Machen, avec ses 29 660 pieds, était bien la plus haute montagne du monde.

En 1952, Rock se range aux conclusions de Grenard, estimant cette fois l'altitude du sommet à 6 500 m. En juin 1965, une expédition chinoise déclare avoir vaincu l'Amnyé Machen dont l'altitude serait de

---

(1) ROCK J.F., *Seeking the Mountains of Mystery,* National geographic, Washington, février 1939.

Tenzin Gyamtso, le XIVe Dalaï-Lama

7 110 m. Il semble cependant, selon Galen Rowell, que l'expédition se soit trompée de sommet *(sic)* confondant l'Amnyé Machen et son voisin plus élevé... Finalement Galen Rowell décrit, dans un article pour le National Geographic en février 1982, son expédition au sommet et lui attribue une altitude de 6 282 m (1). Il aura fallu près d'un siècle pour que se dissipe quelque peu le mystère de la demeure de Machen Pomra.

Du grand « jardin zoologique » décrit par Rock lors de sa première reconnaissance, où se côtoient gazelles, ours, loups et autres Ovis Poli (moutons bleus décrits pour la première fois par Marco Polo), il ne reste aujourd'hui que très peu d'animaux. Cette rapide disparition de la faune est sans doute due à une forte augmentation de la population et au développement des communes populaires. Celles-ci durent en effet augmenter considérablement les cheptels pour remplir les quotas fixés par les autorités et rechercher toujours plus haut des pâtures pour les yaks et les moutons, réduisant d'autant les espaces vitaux de la faune sauvage. La commune de « la Montagne Neigeuse » qui sert de point de départ pour les expéditions à l'Amnyé Machen, s'étend sur une surface de près de 700 kilomètres carrés et nourrit plus de huit cents personnes.

70 000 yaks et moutons constituent, avec les daims musqués élevés dans des parcs, le cheptel de la commune. Bien que ces chiffres semblent largement supérieurs à ceux que l'on admettait avant l'introduction des communes populaires, en l'absence de recensement antérieur, il est difficile de se faire une idée précise sur les proportions de cette augmentation. Il reste cependant acquis que la chasse, limitée autrefois, s'est développée de façon considérable avec l'arrivée des Hans et le recul des croyances religieuses.

Le chef de la commune est tibétain, Ngolog plus exactement, et membre du parti communiste local. Il ne comprend pas, ou ne veut pas comprendre, le tibétain de Lhassa et nous établissons le programme du pèlerinage par l'intermédiaire de notre traducteur chinois. Au retour, nous passons une journée ensemble : nous parvenons maintenant à nous comprendre et, lorsqu'un doute subsiste, c'est par écrit que nous conversons. Il nous invite finalement chez lui pour prendre le thé et nous fait découvrir à l'intérieur de son buffet, avec un sourire complice, un petit autel sur lequel trône la photo du Dalaï-Lama. Il nous explique qu'il vient d'obtenir l'autorisation de reconstruire un petit sanctuaire sur la route du pèlerinage, au confluent de deux rivières, là où, selon Rock, il y avait autrefois trois trônes de pierre réservés aux incarnations des abbés de Labrang, de Raja et de Rongpo et où les lamas en pèlerinage s'arrêtaient pour méditer et bénir la foule des pèlerins.

_____

(1) ROWELL G., *Nomads of China's West*, National Geographic, février 1982, vol. 161 N° 2.

Le pèlerinage dure normalement sept jours, mais certains l'effectuent en douze, voire vingt jours, s'arrêtant de place en place pour y effectuer rituels et prières. D'autres enfin parcourent le chemin qui contourne la montagne, en se prosternant à chaque pas, pendant plus de deux mois.

L'année du cheval, tous les douze ans, est la plus favorable et la plus bénéfique. Les orages et la grêle, fréquents dans le massif, augmentent les difficultés et par là les mérites des pèlerins.

Selon le dicton populaire :

« Mourir en pèlerinage, c'est ce qu'il y a de mieux.
Tomber malade, c'est bien.
S'il ne se passe rien, mieux vaut recommencer ! »

Au cours de leur pérégrination, les fidèles s'arrêtent au pied du glacier pour boire l'eau de fonte qui est un puissant remède, contre la lèpre notamment, et en remplir des récipients pour leurs proches et amis.

Les vastes étendues alternent avec les gorges profondes et le soleil laisse la place en quelques minutes à des orages de grêle, contrastes saisissants qui ajoutent au mystère naturel du lieu.

Sur une hauteur, des milliers de drapeaux à prières délimitent un vaste cirque où sont gravés, sur la pierre, les versets de la Prajnaparamita. Les vautours qui tournoient semblent indiquer la présence d'un charnier céleste. En le recherchant, nous trouvons des ermitages vides et une petite tente blanche où deux lamas sont en retraite pour quelques mois. Plus haut, dans une grotte, nous rencontrons un vieux lama ; ses vêtements sont en lambeaux et son dénuement semble total. D'un signe, il nous fait comprendre qu'il ne doit pas parler. A la crainte qui se lit sur son visage, nous comprenons qu'il nous apparente, sans doute, aux démons qui peuplent sa méditation. Nous lui laissons quelques yuans. Comme ces Japonais perdus sur leur île qui ignoraient que la guerre était finie depuis quinze ans, nous nous plaisons à imaginer qu'il ne sait rien des événements survenus au Tibet depuis trente ans...

*

*   *

La région du Qinhaï est connue depuis l'Antiquité pour ses rivières aurifères. Dans une gorge profonde, nous rencontrâmes une trentaine d'hommes vêtus à la chinoise. Etaient rassemblés là des représentants de toutes les races qui firent l'histoire de l'Asie centrale : des Tibétains, des Ouigours et des Turkis musulmans, des Mongols d'ethnies différentes, des Kashats du lointain Uzbekistan et quelques Hans. Comme nous l'expliqua leur chef tibétain, ces hommes étaient des chercheurs d'or. Perpétuant ainsi une coutume millénaire, ils passaient là, sous la tente, quatre mois à tamiser inlassablement le sable de la rivière pour en extraire quelques grammes de métal précieux. Rencontre étonnante et chaleureuse de ces hommes, qui parlaient près de dix langues différentes et venaient de tous les horizons : des frontières de l'URSS ou de Pékin, de Kashgar ou de Lhassa et qui nous montrèrent fièrement les quelques pépites arrachées au lit turbulent de la rivière.

Les Ngologs

Il y a une trentaine d'années au Tibet, la seule évocation des nomades Ngologs aurait produit sur l'interlocuteur tibétain, sinon de l'effroi tout au moins une anxiété certaine. C'est que la réputation de ces farouches nomades, à la férocité légendaire, s'est transmise de génération en génération, véhiculée par les bardes et les caravaniers.

Ces nomades, vivant en tribus indépendantes, furent estimés par Rock en 1935 à 90 000 personnes possédant près de 15 000 tentes. Leur territoire s'étend du nord du Yalung aux lacs Tsaring et Ngoring, et de Labrang à l'Amnyé Machen, recouvrant pratiquement l'ancienne province de l'Amdo. Bien qu'on les appelle parfois Gologs, eux-mêmes se nomment Ngologs, « la tête tournée à l'envers » ce qui signifie « rebelles » en tibétain.

Voici comment ils se définissent eux-même : « Nous les Ngologs ne sommes comparables à aucun autre peuple. Depuis les temps immémoriaux, nous n'avons obéi qu'à nos propres lois, qu'à nos propres convictions. Le Ngolog naît avec le sentiment de sa liberté. Nous apprenons dans le ventre même de nos mères le maniement des armes. C'est pourquoi nous sommes toujours restés libres et ne sommes les esclaves de personne, ni du Bogdokhan mongol, ni du Dalaï-Lama. Nos tribus sont les plus respectées et les plus glorieuses du Tibet et, avec raison, nous regardons avec le même dédain, Tibétains et Chinois » (1). En fait, les Ngologs ne semblent pas constituer un groupe ethnique spécifique : ils seraient plutôt un mélange de tribus montagnardes locales et de « rebelles », brigands et autres mécontents venus grossir leurs rangs, de différents districts du Tibet. Certains de ces rebelles auraient été envoyés à l'époque des grands Rois (VIIe et VIIIe siècles) pour protéger les frontières... et sans doute pour les éloigner du Tibet central.

Leur force viendrait de Guésar de Ling, le héros tibétain, dont l'épée magique serait cachée quelque part dans la montagne de l'Amnyé Machen.

Les rares explorateurs qui traversèrent sains et saufs le territoire Ngolog dans la première moitié du siècle, ont entendu parler de la « Reine des Ngologs ». Pour Alexandra David-Neel, les Ngologs auraient effec-

---

(1) Cité par ROCK, p. 127. *The Amnyé Machen Range and Adjacent Regions*, IMEO, Rome 1956.

tivement été gouvernés par une reine, réincarnation d'une divinité dont le pouvoir se transmettait de mère en fille. Mais selon Rock, cette femme, fille du lama de Labrang, fut capturée en 1921. Elle devint la maîtresse du général Ma de Xining qui la nomma « Reine des Ngologs », espérant s'appuyer sur elle pour contrôler les autres tribus.

Elle put finalement rejoindre les siens malgré la haine que lui portaient les autres tribus pour avoir collaboré avec le général Ma. Comment celles-ci pouvaient-elles accepter cette trahison, alors que la qualité principale d'un Ngolog, outre sa témérité, est son honneur ?

Entre eux, le pillage des tentes n'existe pas mais sur le champ de bataille, un Ngolog ne se retirera que vainqueur et ne demandera jamais de l'aide à quiconque, pas même à un ami. S'il le faisait, les femmes de son clan, y compris la sienne et sa fille, lui cracheraient au visage, ce qui est pire que la mort.

Pendant longtemps les Ngologs ont utilisé de vieux fusils à pierre, puis des marchands musulmans et mongols leur revendirent à prix d'or des fusils américains construits par les Russes durant la guerre de 14 et devenus inutiles. Ces fusils leur furent apportés illégalement par les caravanes de la Route de la Soie et du Kokonor.

Aujourd'hui, les Ngologs restent la seule ethnie du Tibet autorisée à posséder des armes. Après les combats des années soixante, les Chinois ne voulurent pas prendre le risque de devoir, une fois de plus, affronter ces nomades farouches pour les désarmer et déclarèrent que les Ngologs avaient besoin de leurs armes pour protéger leurs troupeaux contre les animaux sauvages !

Aujourd'hui nombre d'entre eux vivent dans des communes populaires, dans la région de Dawu et de l'Amnyé Machen. Bien que soumis, ils restent de farouches guerriers orgueilleux et courageux. Cavaliers exemplaires et fervents dévots, ils partagent leur croyance entre les réminiscences de la tradition bön et l'école officielle du Dalaï-Lama.

Moi le Ngolog (1)

Moi le Ngolog, je me détourne de là-haut,
Je me rebelle contre ces Tibétains
Je n'écoute pas les paroles du roi bouddhique du Tibet
Moi le Ngolog, je ne crains que le ciel,
L'immensité de l'azur est la seule chose que je respecte.

---

(1) Traduit de Namkhai Norbu *Tibetan Nomads*

Moi le Ngolog, je me détourne de là-bas,
Je me rebelle contre ces Chinois
Je ne suis pas les règles du roi mondain du Pays Noir (1)
Moi le Ngolog, je ne m'en remets qu'à ma propre discipline,
La discipline des biches des montagnes de Ma est la seule que je respecte (2).

Moi le Ngolog, je me détourne de là aussi,
Je me rebelle contre les Mongols
Je me détourne des armées invincibles de Hor (3)
Moi le Ngolog, j'aime la viande,
Je ne cherche nulle part ma protection.

Labrang

Le monastère de Labrang Tashikyil se trouve sur l'une des routes menant de Lanzhou à Choné. Principal monastère guélugpa de la région, il a toujours été renommé pour l'érudition de ses Guéshés qui rivalisaient avec ceux des trois grandes universités monastiques du Tibet central.

Fondé en 1708 par Jamyang Shépa, le monastère s'est agrandi au cours des siècles, abritant jusqu'à quatre mille moines et trois cents Guéshés.

Sous la direction des incarnations des Jamyang Trulkus, le monastère était prospère. Chaque année les tribus mongoles, ngologs et autres nomades vivant sur ses territoires, se succédaient pour assurer la nourriture du monastère dont les intérêts étaient surveillés par un clergé séculier qui pouvait faire office d'administrateur dans les villages ou auprès des tribus. En échange, les moines de Labrang visitaient régulièrement les campements nomades, assurant les différents services religieux, comme la récitation des textes, les rituels funéraires et, accessoirement, s'occupant de l'éducation des enfants.

Les affaires temporelles du monastère étaient gérées par deux trésoriers. Bien que religieux, ceux-ci amassaient souvent des fortunes considérables du fait de leur lucrative fonction. Dans les années trente, l'un d'eux, nous rapporte A. David-Neel (4), homme de confiance de Jamyang Shépa, servit de prétexte au général musulman Ma, pour soumettre le monastère et les tribus de la région. Les autorités monastiques ayant dépossédé de ses biens un des intendants dont le pouvoir et les richesses devenaient trop importants, le général intima aux moines l'ordre de le réinté-

---

(1) Pays Noir = Chine. Pays Blanc = Inde, selon la couleur des vêtements portés par les habitants.
(2) Ma : région de l'Amdo, particulièrement la boucle du Fleuve Jaune et l'Amnyé Machen.
(3) Hor : ici signifie les Mongols.
(4) DAVID-NEEL A., *Au Pays des Brigands Gentilshommes,* Plon. 81.

tégrer mais les villageois massacrèrent les ambassadeurs du général et celui-ci lâcha bientôt ses troupes sur Labrang, avec ordre de ne pas faire de quartier.

Malgré une résistance farouche, les Tibétains furent défaits et des milliers de survivants périrent de froid et de faim en fuyant dans la solitude déserte des plateaux. Le monastère de Labrang fut épargné mais celui d'Amcho, à quelques kilomètres, fut incendié et la plupart des moines périrent dans le brasier. Le trésorier fut finalement réinstallé dans ses fonctions, ses richesses et ses privilèges.

Cette lutte sans merci, entre les armées musulmanes de la Défense des Frontières et les nomades ne supportant d'autre autorité que celle de leurs clans, perdura jusqu'à 1950.

Dans les années cinquante, le monastère fut dépouillé de ses trésors, ses moines dispersés, ses artistes et médecins envoyés dans des camps [1].

Lorsque le frère du Dalaï-Lama visita officiellement la région en 1979, quatre-vingt-dix pour cent des temples qu'il avait connus dans sa jeunesse avaient été rasés et il ne restait que quelques bâtiments clôturés et vides.

Depuis, le monastère a été partiellement reconstruit mais en 1985, le feu endommagea le Tsoqchen construit au XVIIIe siècle. Ce temple principal aux cent quarante piliers, pouvait contenir près de quatre mille moines. Il a été restauré depuis et, aujourd'hui, trois cents moines sont retournés à Labrang Tashikyil où la vie monastique a repris ses droits, au cœur du village tibétain aux ruelles sinueuses, sans eau ni confort, contrastant avec la ville chinoise, rectiligne...

Les annales tibétaines mentionnent de nombreux monastères et ermitages, notamment dans la région de Rongpo dont le monastère Rongpo Gonchen fut l'un des plus importants de l'Amdo.

Les gorges du Fleuve Jaune

Au sud de Labrang, Choné qui comptait plusieurs monastères était surtout célèbre pour son imprimerie et son édition du canon bouddhique et de ses commentaires. C'est aujourd'hui un gros bourg chinois d'où part la route qui, par le pays Sharwa, rejoint le Kham et Tatsienlu (Kangting).

Suivant l'itinéraire emprunté par l'expédition Rock, on rejoint les gorges du Fleuve Jaune à Dzangar. Selon Rock, le monastère abritait cinq cents lamas et quinze trulkus. L'intérêt principal du monastère était une fresque de Machen Pomra, le dieu local de l'Amnyé Machen.

Suivant le cours du fleuve, on atteint le mystérieux monastère de Rajda.

---

(1) AVEDON, *Loin du Pays des Neiges*, p. 315-316 - Calman-Levy.

Appartenant à l'école Guélugpa, le monastère, grâce à l'appui de tribus ngologs et mongoles, fut sans doute très important. Fondé à la même époque que Labrang (XIIIᵉ s.) par un lama mongol du Kokonor, ce lieu fut un centre prospère de commerce entre les nomades et les musulmans, les commerçants chinois n'osant s'aventurer dans ces régions reculées.

Les abbés de Rajda sont considérés comme les incarnations de la mère de Tsong Khapa, la légende voulant que celui-ci, en voyant un moine, s'écria : « C'est ma mère ! »

Jékundo (Yushu)

A 3 800 mètres d'altitude, au cœur d'une large vallée fertile, Jékundo a toujours été un important centre commercial du nord-est tibétain, par sa position géographique entre le Kham au sud, Lhassa à l'ouest, le Tsaïdam et la Mongolie au nord. La ville marque la frontière sud-ouest de la province du Qinhaï sur le Yangtsé.

La région, habitée principalement par des nomades, est constituée de vastes pâturages qui s'étendent au nord jusqu'aux sources du Fleuve Jaune et aux lacs salés du Ngoring et du Tsaring. Cet itinéraire était emprunté par les deux caravanes annuelles qui remontaient vers Xining.

C'est à quelques jours de marche de Jékundo, à Tong Pumo, que l'explorateur français Dutreuil du Rhins fut assassiné.

En 1894, n'ayant pu rejoindre Lhassa, interdite aux étrangers, l'expédition dut rebrousser chemin à Nakchukha. A Jékundo, après des semaines d'errance, Dutreuil du Rhins et son ami Grenard voulurent se procurer de la nourriture pour rejoindre Xining par les plateaux de l'Amdo. Mais les moines avaient ordonné aux populations locales de ne pas donner de ravitaillement à l'expédition.

Pour une sombre histoire de chevaux volés, il semble que l'explorateur ait envoyé ses hommes en voler deux autres aux villageois ; ceux-ci ouvrirent le feu et Dutreuil du Rhins fut mortellement touché. Il ne semble cependant pas qu'il fut coupé en morceaux et jeté dans la rivière comme on l'a si souvent écrit. Grenard parvint à regagner la Chine et à sauver les relevés scientifiques et autres documents qu'il allait publier plus tard, à la mémoire de son camarade, dans son rapport « Mission scientifique en Haute Asie ».

Dominée par les ruines d'un monastère perché sur deux collines jumelles, la ville tenait sa prospérité des caravansérails et de son marché où s'échangeaient le thé, les peaux, les tissus et la viande. Depuis la fin des caravanes, le commerce s'est ralenti dans ce chef-lieu de canton du bout du monde et qui reste l'une des villes les plus difficiles d'accès du Tibet.

A la fin juillet, a lieu chaque année le grand festival de Jékundo où tous les nomades de la région se rassemblent pour cinq jours de fête, de compétitions de tir à l'arc, de cavalcades et de danses masquées.

Nam Tso

Damchug

Nyainchentangla

Yangpachen

Reting

Drigung

Tsurphu

Drépung

Séra

Namling

Lhassa

Ü

TSANG

Ganden

Densathil

Tsangpo

Yungdroling

Dorje Drak

Samye

Shigatse

Khamba La

Gongkar

Tsetang

Yumbulakang

Shalu

Mindroling

Yamdrok
Tso

Chongyé

Gyantse

Karo La

Nagartse

Kangmar

Pumo Tso

Menda

Kula kangri

B H O U T A N

- 244 -

II — Le Tibet central

1. De Kathmandu à Lhassa

Les gorges de Nyalam, « les Portes de l'Enfer », furent appelées ainsi par les caravaniers qui, des hauts plateaux, descendaient vers la chaleur humide et la végétation luxuriante du versant népalais par un étroit sentier longeant le torrent qui dut souvent emporter dans sa turbulence yaks, mules et chargements.

A quelques kilomètres, un petit monastère, en contrebas de la route, abrite une grotte où médita pendant neuf ans le saint poète Milarépa. Détruit par les Gurkhas en 1780, il fut reconstruit plusieurs fois, et tout récemment encore par des Tibétains vivant au Népal. Selon la légende, alors que Milarépa méditait sous le gros rocher, celui-ci s'affaissa. Milarépa le souleva et l'empreinte de ses mains est restée gravée dans la roche. Aujourd'hui le monastère appartient à l'école Guélugpa. Dans la grotte de Réchung, disciple de Milarépa, quelques belles statues en terre.

Du village suivant, Tashigyang, sur la rive opposée, une piste rejoint Lapchi (5 000 m) où Milarépa médita pendant de longues années. Après lui, la tradition érémitique s'est perpétuée dans toute la région qui compte de nombreux ermitages et monastères.

Tingri (4 500 mètres)

Traditionnellement, les Sherpas du Kumbu traversaient à pied la chaîne himalayenne par le Nangpa-la (5 700 m) pour faire du troc avec les habitants de Tingri. Ils échangeaient du riz, des dzos (hybrides de yaks) contre des yaks, de l'orge, de la viande boucanée, du sel et de la laine. Cette route commerciale fut fréquentée dans les deux sens pendant plus de trois siècles avant l'ouverture de la route de Nyalam.

NOTRE-DAME DES NEIGES

« Toute expédition à la terre, où, par excellence, l'on fait oraison, au pays des lamaseries bourdonnantes, des roues et moulins à prières, des montagnes sacrées, où nichent les ermites et les statues de Bouddha, ne saurait être autre chose qu'un pèlerinage.

« Le grand Lama du monastère de Rongbuk, le plus voisin de l'Everest, s'enquit des desseins d'une telle expédition. Sa Béatitude reçut cette réponse : c'est la religion de la Société de Géographie d'explorer les régions inconnues du globe, et c'est la religion du Club Alpin d'atteindre la cime culminante de l'écorce terrestre.

« Tant il est vrai qu'au Tibet, tout est religion, l'himalayisme même. »

Prince Roland Bonaparte (1)

En 1852, un géomètre bengali fit irruption dans le bureau de Sir Andrew Waugh, directeur des services géodésiques en s'écriant : « Monsieur, j'ai découvert la plus haute montagne du monde ! » ; mais Sir Waugh attendit 1865 pour lui donner le nom de son prédécesseur Sir George Everest. Les Tibétains eux, l'ont toujours appelée Jomo Khanghar ou Jomo Lungma, la « Dame des Neiges Immaculées », appellation plus poétique que le nom d'un sujet de Sa Majesté, fût-il le plus compétent et le plus dévoué du monde.

Pour les Tibétains, les hauts pics himalayens sont les demeures des divinités et sont vénérées comme telles. Au VIIIᵉ siècle, Padmasambhava subjuga les douze déesses des montagnes qui durent, en échange de leur vie, prêter allégeance à la doctrine du saint indien et sont devenues depuis lors des protectrices du Bouddhisme au Tibet. Ainsi, pour les habitants du Pays des Neiges, l'idée de gravir ces montagnes est non seulement incongrue mais à la limite du sacrilège. C'est sans doute ce que devait penser l'abbé du petit monastère de Rongbuk, au pied du glacier de l'Everest, lorsqu'en ce printemps de 1921, Mallory et son expédition anglaise vinrent établir leur camp de base près des cellules où quelques dizaines de moines vivaient en retraite.

Le Lama de Rongbuk pria les Anglais de respecter ce sanctuaire : aucun animal ne devait être tué ni aucune pierre déplacée. Après quelques mois de reconnaissances infructueuses pour trouver une voie vers le col nord, Mallory et son équipe durent renoncer et revenir l'année suivante. Cette deuxième expédition tourna à la catastrophe lorsqu'une avalanche emporta trois grimpeurs et sept Sherpas.

Le Lama fut, selon les dires de Mallory, profondément compatissant ; bien qu'il ait envoyé un message aux grimpeurs leur demandant de renoncer, à la suite d'une vision prémonitoire de l'accident, il bénit les survivants. Pour lui, la mort de ces hommes était le point de concours de causes et de conditions antérieures et sans doute le tribut dû aux divinités locales.

Avant son départ, devant un parterre de journalistes, Mallory avait eu une réponse qui est restée célèbre dans l'histoire de la montagne. Sans doute lassé par le peu d'intérêt des questions, lorsqu'on lui demanda pourquoi il voulait gravir l'Everest, il répondit avec une moue : « Tout simplement parce qu'il est là ! » Cette petite phrase fut analysée, décortiquée par tous les philosophes, reprise par tous les grands de ce monde et citée par tous les croyants comme une source d'inspiration. Mallory était de la race des conquérants et, en ce jour de juin 1924, Mallory et Irvine furent aperçus pour la dernière fois dans une trouée de nuages à quelques centaines de mètres du sommet : personne ne sait si, ce jour-là, ils ont triomphé des divinités locales et vaincu la plus haute montagne du globe, mais un chroniqueur anglais résuma ainsi le cas Mallory dans un style plus « british » que nature : « Ce jour-là, le sommet fut vaincu pour la première fois parce que Mallory était Mallory ! » (2)

Au cours des années 1930 à 1940, d'autres expéditions tentèrent en vain l'ascension jusqu'à ce que le gouvernement du Dalaï-Lama n'en ferme l'accès jusqu'en 1950, l'année même de l'invasion chinoise...

Le 19 mars 1960, sept années après l'ascension victorieuse d'Edmond Hillary et du Sherpa Tenzing par la face népalaise, les 214 membres de l'expédition chinoise établirent leur camp de base sur le glacier de Rongbuk. Le 24 mai, quatre grimpeurs comprenant un Tibétain, un bûcheron du Yunnan, un cadre du parti communiste et un Chinois Han tentèrent l'assaut final. Manquant d'expérience, le groupe mit trois jours depuis le camp 3 pour atteindre le col nord. Dans un élan lyrique le chroniqueur chinois raconte que quelques centaines de mètres avant le sommet, l'un d'entre eux, se sacrifiant pour aider ses camarades, enleva ses chaussures et, pieds nus, ouvrit la voie aux trois autres grimpeurs. Epuisés et à bout d'oxygène, ils déposèrent au sommet un buste de Mao enveloppé dans le drapeau de la République Populaire de Chine ! Le monde occidental n'était pas prêt, en ces années soixante, à accepter ce succès et, durant des années, les experts refusèrent d'accréditer la conquête de l'Everest à la Chine de Mao, mais comme le souligne Rowell, « l'alpinisme partout dans le monde est basé sur la confiance. C'est un sport sans arbitre, une façon de vivre sans lois écrites » (3). En 1975, les Chinois firent définitivement taire les sceptiques lorsque neuf grimpeurs atteignirent le sommet.

Depuis lors, les expéditions se sont succédées à un rythme accéléré, sous l'œil compatissant du Bouddha de Rongbuk qui, de son temple à ciel ouvert, contemple la montagne sacrée en attendant qu'on lui reconstruise un toit...

---

(1) Introduction de la version française de Howard-Bury C.K., *A la conquête du Mont Everest*, Payot 1929.
(2) Cité par Rowell G., *Mountains in the Middle Kingdom*.
(3) Rowell G., op. cit.

De Tingri, les Sherpas, bouddhistes pour la plupart, en profitaient pour se rendre en pèlerinage dans les hauts lieux du Tibet central. De ces échanges, il reste la langue de Tingri fortement influencée par les dialectes sherpas et de nombreux mariages mixtes entre les deux communautés. Aujourd'hui Tingri est un petit village agricole dominé par le Cho-Oyu et l'Everest et, si les échanges avec le Népal se perpétuent, maintenant c'est par camions que les marchandises sont transportées.

Les ruines qui dominent le village sont celles d'un monastère de tradition chinoise.

De Tingri, une piste rejoint le monastère de Rongbuk, au pied du glacier de l'Everest, qui fut autrefois un centre de méditation actif mais dont il ne reste aujourd'hui que des pans de murs et un petit temple reconstruit récemment.

*

* *

Cette large vallée abrite de nombreux villages, dont Langkor sur le flanc ouest. Langkor est un petit monastère construit en 1907 à l'emplacement de la demeure de Dampa Sangyé. Dampa était un yogi indien qui se rendit cinq fois au Tibet, et fut le maître de Machiq Labdrön qui introduisit la pratique de Chöd (voir Ecoles bouddhistes du Tibet).

La rencontre entre Dampa et Milarépa est célèbre au Tibet.

— Après avoir comparé leurs pouvoirs en une folle joute, déployant tous les artifices de l'art de la transformation, de l'ubiquité, du déplacement dans l'espace, etc., les deux hommes s'arrêtèrent soudain haletants, assis chacun sur un brin d'herbe. Milarépa dit alors à l'Indien : « Nos pouvoirs sont égaux, notre réalisation spirituelle est égale. Peux-tu me dire pourquoi mon herbe est légèrement courbée alors que la tienne est droite ? » Dampa répondit : « Si sur le plan des pouvoirs et de la réalisation nous sommes égaux, nous ne sommes pas égaux par la naissance. Tu es né dans cette contrée barbare du Tibet et moi, dans le pays où naquit le Bouddha et tous les grands maîtres du passé. Ton herbe est courbée par le Karma de ce pays barbare, la mienne est droite par la vertu du lieu de naissance du Bouddha ; voilà la seule différence entre nous ».

Cette histoire illustre l'importance, toute relative par ailleurs, du lieu dans lequel on se trouve et montre le caractère universel du Bouddhisme qui peut être mis en pratique n'importe où, avec le même bonheur... ou presque.

Shégar Dzong

Shégar était autrefois une puissante forteresse (Dzong) qui s'élevait en étages sur un pic abrupt, résidence arrogante des princes du Tsang. Le monastère abritait quatre cents moines. Aujourd'hui ils sont une vingtaine de tous âges.

Le monastère qui est en reconstruction est une dépendance de Séra d'où vient la statue de Vajradhara (Dorjéchang), au cœur du temple principal.

Le village de Shégar est superbe, surtout le matin au lever du soleil, lorsque la lumière joue dans les volutes de fumée qui montent des fours à offrandes situés sur les toits en terrasses.

A l'ouest de Shégar, une longue chaîne rocheuse, appelée le Tsibri, borde le nord de la route. Cette montagne abritait l'ermitage de Götsangpa (1189-1258). Fief important des Kagyupas, la montagne est un lieu de pèlerinage important que les pèlerins effectuent en sept jours, en contournant toute la chaîne.

Sakya : « la terre grise »

Sakya (1) fut fondé par Kön Kunchoq Gyalpo en 1073. De Drogmi Lotsawa il reçut le cycle complet du Tantra de Hévajra (tib: Kyédorjé) qui est resté la divinité tutélaire de l'école Sakyapa. Sakya Pandita (1182-1251), troisième abbé du monastère fut l'artisan de la réussite politique et religieuse des Sakyas. Par sa grande érudition et sa réalisation spirituelle, Sakya Pandita établit fermement la prédominence du Bouddhisme sur les autres religions. Sa victoire, au cours d'une joute oratoire, sur un brahmane de l'école du Védanta est restée célèbre. L'Hindou se convertit et ses cheveux coupés lors de son ordination servirent à décorer la bannière noire du chef des Sakyas. Cette coutume s'est perpétuée jusqu'à nos jours. La réputation des Sakyas devint telle, que Sakya Pandita et son neveu Phagpa furent invités à la cour de Gengis Khan dont le petit-fils Kubilay embrassa la religion bouddhiste sous la tutelle de Phagpa. En signe de gratitude, Kubilay offrit aux Sakyas le pouvoir temporel et spirituel sur tout le Tibet (XIIIᵉ siècle).

Samyé était le centre culturel et religieux du Tibet mais Sakya fut le premier monastère à exercer réellement le pouvoir politique pendant près d'un siècle. Mais les rivalités internes et l'affaiblissement des Mongols allaient bientôt précipiter son déclin bien que ce monastère ait subsisté jusqu'à nos jours comme l'un des fleurons de la tradition monastique du Tibet.

De son apogée, au XIIIᵉ siècle, Sakya a conservé des trésors inestimables et sa bibliothèque fut l'une des plus renommées du Tibet. Elle contient entre autres de nombreux textes apportés de l'Inde, vieux de dix siècles, et écrits à la main sur des feuilles de palme.

Sakya contenait quatre objets considérés comme des manifestations miraculeuses de la divinité : une statue de Manjushri, une statue de cuir

_____

(1) Ce nom n'a rien à voir avec le clan des Sakyas en Inde qui donna son nom au Bouddha historique Sakyamuni.

noir d'un protecteur, une statue de Tara et le Stupa de la Victoire contenant une relique de Kasyapa, le Bouddha de l'ère précédant la nôtre.

Aujourd'hui le Phuntsok Lhakhang contient deux grandes statues et de nombreux textes qui ont été sauvés des décombres des quelque cent huit temples qui entouraient le temple principal et dont on distingue les ruines sur les flancs de la colline dominant le village.

*
*   *

De l'extérieur, le temple principal, d'architecture mongole, frappe le visiteur, par sa géométrie régulière qui le ferait plutôt ressembler à un temple égyptien tardif. Construit par Phagpa en 1268, il servait de place forte militaire et le chemin de ronde est toujours surplombé par de hautes tours de garde placées aux quatre coins de l'enceinte. Outre la forme extérieure du temple et la couleur bleu-gris particulière à la région (Sa kya : terre grise), les maisons sont ornées de trois bandes verticales, bleu, blanche et rouge symbolisant les trois Joyaux du Refuge bouddhique. L'architecture particulière de ce village ajoute encore au mystère de cette vallée riche et fertile mais l'atmosphère reste chargée des massacres et des destructions dont on sent, plus qu'ailleurs, la violence et le poids.

De ses fondateurs, la tradition Sakyapa a hérité d'une succession non par réincarnations successives, comme souvent au Tibet, mais de père en fils ou d'oncle à neveu. Parmi les premiers patriarches Sakyapas, sept sont considérés comme des émanations de Manjushri, le Bodhisattva de la Sagesse, le premier étant Kunga Nyingpo représenté avec des cheveux blancs, dans le temple numéro 2, dans la position de Manjushri.

Le quarante et unième patriarche de l'école Sakyapa est le Sakya Dengtri Rinpoché, appelé Sakya Trinzin, né en 1945 qui vit depuis 1959 à Dehra Dün en Inde.

Plan de Sakya

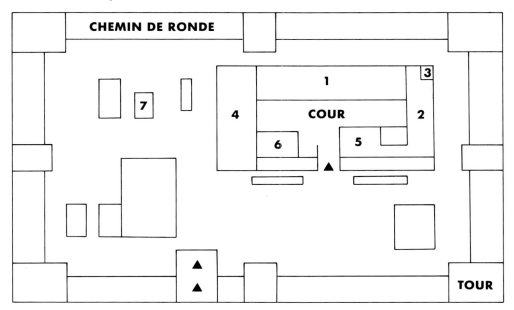

1. Grand Temple d'Assemblée et Bibliothèque.
2. Nguldong Lhakhangs : Stupas en argent des patriarches du passé.
3. Temple du Nord
4. Phuntsok Lhakhang
5. Tsétchu Lhakhang : temple de Guru Rinpoché.
6. Dongdé Lhakhang.
7. Chödrak.

1. Grand Temple d'Assemblée

Contrairement à beaucoup d'autres temples, celui-ci semble avoir été épargné et contient quelques chefs-d'œuvre, notamment de superbes statues monumentales. On admirera les frises en cuivre repoussé et recouvertes de feuilles d'or. Parmi ces grandes statues, dans le coin nord, un aspect de Vajradhara (Djorjéchang) spécifique de l'école Sakyapa : ses mains sont dans la position de l'union mais le Vajra et la cloche habituels reposent au-dessus de ses épaules sur des lotus. Les fresques racontent l'histoire de l'école et de la lignée. Sur le côté nord, des centaines de jeux de cymbales sont protégées dans des formes de cuir.

Les huit piliers principaux du temple ont chacun un nom et une histoire.

A côté du Chöten du père du dernier patriarche de Sakya, qui vit aux Etats-Unis, se dresse une statue de Kunganyingpo, puis le Bouddha historique, enfin différents maîtres de la lignée.

Derrière la rangée de statues se trouve la bibliothèque qui abrite des textes manuscrits parmi les plus anciens du Tibet et d'autres apportés de l'Inde et de la Mongolie.

2 - 3. Nguldong Lhakhang

Ce temple contient les Stupas des cinq patriarches de Sakya. C'est dans ce temple que des moines restaurent les statues récupérées dans les ruines des monastères des alentours.

Dans une vitrine surmontée d'une petit toit doré, est généralement disposé un Mandala en sable de Hévajra. Ce travail demande des jours de patience et suit des règles extrêmement strictes de couleurs, de formes et de rituels. On remarque aussi les proportions monumentales des piliers taillés dans un seul tronc et qui furent sans doute apportés du Kongpo ou du Sikkim.

A l'intérieur du temple s'ouvre une chapelle, appelée le temple du Nord qui contient les Chötens en argent des patriarches du passé. On peut admirer les Mandalas des principaux Yidams sakyapas : Guhyasamaya, Samvara, etc.

4. Phuntsok Lhakhang, le temple de la perfection. D'après les moines du monastère, les textes du Kangyur, ainsi que la plupart des statues contenues dans des niches, auraient été retrouvée dans les temples détruits.

Les deux statues principales représentent Manjushri et Maitreya, le Bouddha à venir.

Une superbe collection de Thankhas datant de Phagpa entoure les reliquaires, mais pour les voir il faut une autorisation du Norbulingkha de Lhassa !

5. Le Tséchu Lhakhang est dédié à Padmasambhava, de qui le temple tire son nom (Tséchu, dixième jour de la lune, consacré à Padmasambhava). Il contient les quatre Chötens des derniers détenteurs du trône des Sakyas et une belle statue de Vajrayogini.

6. Le Dongdé Lhakhang contient de belles statues, notamment une magnifique Tara.

Les galeries supérieures, malheureusement difficiles d'accès, abritent de superbes Mandalas.

7. A l'extérieur du bâtiment principal, *le Chodrak* est généralement fermé au public. C'est là que les moines se réunissent pour recevoir enseignements et initiations.

Le village, blotti au pied de la falaise, était autrefois surplombé par les cent huit temples de Sakya. Il n'en reste qu'un petit Chöten parmi les ruines.

Narthang Dzong

Fondé en 1153, Narthang Dzong contenait autrefois une riche collection de statues indiennes et la plus grande imprimerie du Tibet avec celle de Dergué, au Kham.

L'imprimerie était célèbre pour son édition du canon bouddhique, le Kangyur, en cent huit volumes, et des commentaires, le Tengyur en plus de deux cents volumes. Les blocs de bois gravés qui dataient du XVIIIᵉ siècle servirent, dit-on, après 1959, à paver les routes...

Du monastère qui fut le siège de l'école Kadampa, il ne reste aujourd'hui que les murs d'enceinte...

Shigatsé

L'histoire de Shigatsé commence par une légende. Un jour, un moine se rendit à Lhassa et fut impressionné par le palais du Potala. Afin de le reproduire à son retour, il le dessina sur un gros radis blanc. Mais arrivé à Shigatsé, le radis avait rétréci si bien que la réplique du Potala qu'il fit construire fut beaucoup plus petite que l'original.

La ville compte actuellement de 35 000 à 40 000 habitants, dont 5 000 Chinois et une importante garnison militaire, quartier général des forces armées chargées de surveiller la frontière avec le Népal.

Elle est dominée par les ruines de la forteresse, qui fut autrefois le siège du gouverneur local, dont le pouvoir s'étendait sur tout le Tibet de l'Ouest. Shigatsé fut longtemps la résidence des princes de Tsang qui régnèrent sur le Tibet aux XVIᵉ et XVIIᵉ siècles jusqu'à la prise du pouvoir par les Dalaï-Lamas qui établirent leur capitale à Lhassa.

Cette forteresse, qui marque la puissance arrogante des princes du passé, fut rasée durant la Révolution Culturelle.

Aujourd'hui le marché est l'un des plus importants du Tibet. On y trouve de la viande boucanée, du beurre conservé dans des peaux, quelques antiquités, des vraies et des fausses (fabriquées au Népal) et tous les produits chinois où dominent les lunettes de soleil et les pièces détachées de montres.

Si vous n'y dénichez pas le souvenir de vos rêves, vous pouvez toujours vous faire photographier en costume d'époque devant le Potala ou la grande muraille de Chine grâce aux toiles peintes des photographes.

Le Tashilumpo

Siège du Panchen-Lama et monastère principal de l'école Guélugpa dans le Tsang, il fut fondé en 1447 par un disciple de Tsong Khapa, Guendün Drup, puis réparé et agrandi par le cinquième Dalaï-Lama.

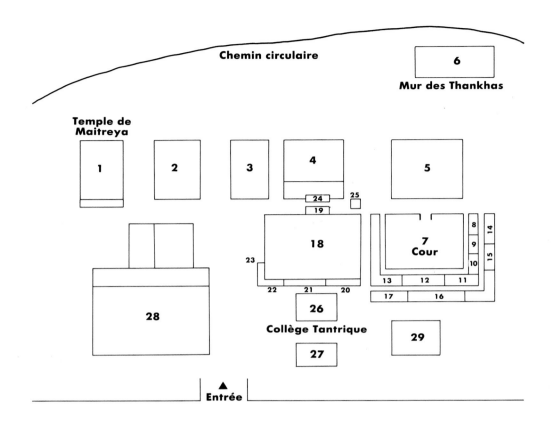

La statue principale du monastère est une représentation gigantesque du Bouddha Maitréya (27 m de hauteur), construite par le précédent Panchen-Lama au début de ce siècle. A l'entrée du temple, sur le sol, le svastika en turquoise symbolise les quatre âges de l'humanité qui se suivent immuablement : l'âge du fer, l'âge d'or, l'âge de décadence actuel et l'âge noir.

Le temple numéro 3 abrite le Stupa du quatrième Panchen-Lama tandis que dans le temple numéro 5, qui a été reconstruit, se trouvent les mausolées des Panchen-Lamas. L'actuel, le dixième, vit aujourd'hui en Chine.

Bien que les bâtiments aient été dans l'ensemble épargnés par la Révolution Culturelle, grâce à l'intervention du Panchen-Lama, de nombreux trésors ont été pillés. En 1960, malgré les sympathies chinoises du Panchen-Lama, quatre mille moines furent arrêtés, certains exécutés publiquement

1. Temple de Maitreya et Ganden Lhakhang contenant mille statues de Tsong Khapa.
2. Namgyal Lhakhang : statue de Tsong Khapa.
3. Chöten, reliquaire du 4e Panchen-Lama.
4. Podrang : Résidence des Panchen-Lamas.
5. Serdong : reliquaires des précédents Panchen-Lamas.
6. Mur des Thangkhas.
7. Cour des mille Bouddhas.

8. Temple du Jowo. 9. Temple de Vajradhara.
10. Imprimerie.
11. Temple de Tara. 12. Temple des 16 Arhats.
13. Temple des différentes lignées.
14 à 17. Temples d'Amitaba. D'Amitayus. De Tara et de Tsong Khapa.

18. Tsoqchen : Temple d'Assemblée des moines avec de beaux Thangkhas brodées de style chinois.
19. Statue du Jowo, du IVe Panchen, du 1er Dalaï-Lama et de Manjushri.
20.21.22 : (1er étage) : Temples de Tara, des Panchen-Lamas et de Maitreya.
23. Temple des différentes écoles.
24. Temple du Bouddha de médecine.
25. Stupa du Fondateur Lobsang Chögyi Gyaltsen.
26. Ngagpa Traktsang : collège tantrique (50 moines).
27. Tsenyié Traktsang : collège de logique (150 moines).
28.29 : résidences des moines, offices et administration.

et les autres déportés et condamnés aux travaux forcés.

Le monastère abrite les reliques de Lobsang Chogyi Gyaltsen qui fut abbé de Tashilumpo et de Drépung (1567-1662). Tuteur du cinquième Dalaï-Lama, il reçut de celui-ci le titre de Panchen (Grand Pandit ou érudit) et fut autorisé à se réincarner.

Le monastère contenait de nombreux trésors que les pèlerins venaient vénérer, dont une statue de Tara, venant de l'Inde orientale, et le couteau de Milarépa. Mais Kyentsé dans son guide nous dit que « si l'on demande expressément à les voir, une offrande de cent lampes à beurre et d'autres cadeaux sont nécessaires » (1).

En fait, le monastère ne répond pas à ce que l'on serait en droit d'en attendre.

Les mausolées des Panchen-Lamas, impressionnants par leur majesté et leur richesse, que Tucci qualifie de « pomposité baroque », ne sont pas des chefs-d'œuvre artistiques car il y manque l'émotion profonde de

(1) KYENTSE, *Guide to the holy Places of Central Tibet.*, Is Meo, Roma 1958.

la beauté qui est ici remplacée par l'opulence, visiblement faite pour subjuguer les foules de pèlerins et de dévots. Cependant les petites salles contiennent de belles statues anciennes qui furent épargnées de la destruction. Dans le temple de la Grande Assemblée, on admirera particulièrement la belle collection de Thankhas brodés. Cet ensemble, qui représente la lignée des Panchen-Lamas, fut commandé par la précédente incarnation du pontife. Dans cette même salle on peut voir aussi de superbes statues suspendues contre les piliers.

Aujourd'hui le monastère compte six cents moines environ alors qu'il en comptait autrefois quatre mille.

Dans la cour du collège de logique, plusieurs fois par semaine, les moines s'entraînent aux débats philosophiques, tandis que le matin, les moines du collège tantrique psalmodient les rituels des divinités aux rythmes des tambours, des cymbales et des trompes.

Festival

Le monastère est dominé par un bâtiment blanc à quatre étages percé de minuscules fenêtres : sur cette façade, chaque année, les 14e, 15e et 16e jours de la cinquième lune (juin-juillet) sont déroulés, une heure avant le lever du soleil, les précieux Thankhas représentant les Bouddhas des Trois Temps. Tandis que les moines effectuent des rituels religieux, pèlerins et laïcs venus par milliers de tous les horizons, se prosternent dans la poussière du matin ou tournent autour de l'enceinte du Tashilumpo, avant d'assister aux danses masquées des moines.

C'est l'occasion pour les paysans des alentours de se rendre au monastère, d'y offrir des lampes à beurre aux divinités, de visiter quelques moines, des parents ou amis et de flâner dans le marché, car ici il n'y a pas de séparation entre le sacré et le profane, chaque chose ayant sa valeur dans son registre propre, religion, commerce, relations sociales...

Depuis 1986, un autre festival de danses masquées a repris, les 3, 4, 5 et 6 du huitième mois lunaire (fin septembre - début octobre).

En 1985, lors du Festival du Mönlam, le Panchen-Lama est revenu à Shigatsé où il a toujours son palais, à quelques centaines de mètres du Tashilumpo. Ce retour fut organisé par les Chinois dans un but évident de propagande. Les Tibétains furent plusieurs dizaines de milliers à venir accueillir le deuxième personnage du Tibet et à se précipiter pour recevoir sa bénédiction. Cette courte visite permit sans doute aux Chinois de tester la popularité d'un des plus précieux atouts de leur politique. Après quelques jours passés à Shigatsé et à Lhassa, le Lama dut retourner à Pékin où il demeure assigné à résidence.

Shalu

Selon la légende, au XIe siècle, Shérab Jungné voulant construire un temple, alla trouver son maître. Celui-ci lui prédit que ce temple serait florissant et de son arc, il lança une flèche, et dit à son disciple de construire le temple à l'endroit où elle tomberait.

Shalu fut le siège de Butön Cholé Namgyal (1290-1364), grand érudit, exégète des tantras et l'un des plus grands historiens du Tibet. Il devint un maître du Kalachakra et donna naissance à une école qui porte son nom, les Butönpas. Le monastère, dans sa disposition actuelle, aurait été construit au XVe siècle par Dragpo Gyaltsen, lui aussi célèbre pour sa connaissance du cycle du Kalachakra Tantra.

Le monastère de style chinois a été entièrement reconstruit. Les tuiles vernissées du toit étaient, dit-on, autrefois marquées de la syllabe OM, mais les tuiles anciennes ont été emportées à Pékin et une nouvelle toiture a été refaite.

Le monastère abrita jusqu'à trois cent soixante moines, aujourd'hui ils sont vingt-trois. Le siège de Shalu fut occupé, jusqu'à nos jours, par des émanations de Butön.

Au premier étage du temple principal, le « Palais Céleste », on peut voir, au centre de l'autel, une statue de Kasyapani, une forme d'Avalokiteshvara qui fut apportée de Bodhgaya en Inde, au XIe siècle par Shérab Jungné. Dans le temple est conservée une belle collection de Thankhas et de Mandalas.

Le temple nord contient, au centre, une statue de Butön et une petite collection de statues de style chinois des XVIIe et XVIIIe siècles, parmi les plus belles qu'il nous ait été donné de voir au Tibet. Sur les murs sont représentés des Mandalas bien conservés attribués à Butön. Le temple sud est en plus mauvais état mais abrite lui aussi quelques belles fresques et statues.

Le Grand Temple de l'Assemblée, actuellement en reconstruction, est recouvert de fresques sublimes, notamment le chemin de ronde et les chapelles du fond. D'après l'abbé du monastère, ces fresques qui décrivent, entre autres, la cour des grands Mongols, dateraient des XIVe et XVe siècles, et auraient été peintes par des artistes coréens. Ce sont en tout cas des chefs-d'œuvre qui ont miraculeusement traversé les vicissitudes de l'histoire et témoignent de la splendeur passée de Shalu.

Gyantsé

Le monastère de Gyantsé fut fondé en 1418 par Rabten Kunzan Phagpa, prince de Gyantsé et du Tsang, sur les conseils de maîtres Sakyapas.

Ce monastère prophétisé par le Bouddha, n'est pas à proprement parler une institution monastique mais une fédération de collèges. Il contenait autrefois seize collèges appartenant à trois écoles : Sakya, Butönpa et Guélugpa et il abrita même au XVIIe siècle une école du Kalachakra. Chacune de ces écoles était dirigée par un maître différent, le Khempo de Lhassa pour les Guélugpas, des incarnations de Ngor et de Shalu pour les deux autres.

Par sa situation géographique, Gyansté a toujours été une place forte, comme en témoignent la citadelle et le mur d'enceinte qui encerclait toute la ville, et un carrefour commercial important, sur la route des caravanes de la laine entre Lhassa, Shigatsé et la vallée de la Chumbi, route vers le Sikkim et le Bhoutan.

Autrefois plus de trois mille moines habitaient ce monastère dont l'abbé était aussi le chef politique de la région, souvent en opposition avec les maîtres de la forteresse. Les marchands devaient payer une redevance au monastère sur les marchandises transitant ou vendues à Gyantsé. En 1904, l'expédition anglaise de Younghusband s'acharna pour enlever la forteresse et, l'ayant prise d'assaut, elle y installa une garnison jusqu'en 1908. Grâce aux accords conclus avec Lhassa, les Anglais établirent à Gyansté un comptoir commercial chargé de la surveillance des échanges avec le Sikkim et le Bhoutan. Ils construisirent le premier télégraphe vers l'Inde ainsi qu'une école anglaise et un comptoir pour la laine.

La ville perdit de son importance dans les années cinquante avec la fermeture des frontières et la chute du commerce. En 1954, la vieille ville fut pratiquement détruite par une innondation et en 1959, quatre cents moines et laïcs furent enfermés dans le monastère après la chute de Lhassa. La Révolution Culturelle acheva la destruction et pilla le monastère mais le Kumbum fut épargné.

Aujourd'hui les Chinois tentent de relancer la manufacture de tapis qui fit la réputation de Gyansté et le marché a retrouvé une certaine activité. Dans la grande rue du bazar, entièrement reconstruite en style local, Tibétains et Chinois déploient leurs éventaires parmi les charrettes et les mules qui encombrent la rue.

Le mur d'enceinte qui court sur la colline autour du monastère protégeait autrefois seize collèges et de nombreux bâtiments comme en témoignent certaines photos prises par les expéditions anglaises.

Aujourd'hui, à part le temple principal, le Palkor Chödé, il ne reste que quelques bâtiments abritant de petits temples, le quartier des moines, un grand moulin à prières et, sur la colline, le temple de Dorjéchang, où résident quelques moines et d'où l'on a un point de vue superbe sur la ville et la vallée. Non loin, sur le mur blanc, un Thankha monumental déroulé une fois l'an, lors des fêtes anniversaires du fondateur qui ont lieu le 18e jour du quatrième mois lunaire (mai-juin).

Vue générale de Gyantsé (Ph. : Fondation A. David-Neel)

Légendes des photos des pages 261 à 272

1 — *Pasteurs nomades sur les rives du lac Rakshastal. Au fond, le Mont Kailash. (Ph : F. Hans).*

2-3 — *Pèlerins autour du Mont Kailash. Il leur faudra près de 25 jours et 17 000 proternations pour effectuer le tour de la montagne sacrée (Ph : J. Edou).*

4 — *Cairn votif sur le chemin du pélerinage du Mont Kailash (Ph : F. Hans).*

5 — *Pour les pélerins, chaque pierre, a une histoire. Ici les empreintes d'un saint du passé sont restés gravées dans un rocher du Mont Kailash. (Ph : F. Hans).*

6 — *Chevaux du Vent au Col de Tara (Drolmala 5 650 m) point culminant du pélerinage du Mont Kailash (Ph : F. Hans).*

7-8 — *Pèlerins. Ils ont parfois parcouru des milliers de kilomètre à pied ou en camion pour venir rendre hommage aux dieux protecteurs du « Pays des Neiges » (Ph : J. Edou).*

9 — *Monastère Bön près de Thirtapuri. Région du Kaïlash. (Ph : F. Hans).*

10 — *Moine Bönpo tenant un phurba (dague rituelle). (Ph : R. Vernadet).*

11 — *Le monastère de Töling (Tibet de l'Ouest) où vécu le maître indien Atisha au XIe s. (Ph : J. Edou).*

12 — *Vue des ruines de la forteresse de Tsaparang l'ancienne capitale du Royaume de Gugué (Ph : J. Edou).*

13-14 — *Célèbres fresques de Tsaparang (XVe s. environ). (Ph : J. Edou. F. Hans)*

15 — *Stupa du Monastère de Rongbuk au pied de l'Everest (Ph : J. Edou).*

1

2

3

4

5

7

8

9

10

11

12

13

14

Le Kumbum

Kumbum est le nom généralement donné à de grands Chötens construits sur le modèle des anciens Stupas de l'Inde. Littéralement, il signifie « les cent mille représentations ». Construit en 1427, le Kumbum de Gyantsé est le dernier Stupa du Tibet construit en style Néwar et, selon toute vraisemblance, par des artistes népalais. Comme nous l'avons vu ailleurs, il n'y eut pas de style, à proprement parler, tibétain jusqu'au XVIe siècle. Au contraire, la « mode » voulait que l'on importe de l'Inde, du Népal, de Mongolie, d'Asie centrale ou de Chine, des œuvres d'art ou que l'on fasse venir des artistes de ces régions pour les construire sur place. Ces pays étant bouddhistes depuis longtemps, il était généralement admis que ces œuvres étaient la source de grandes bénédictions.

Selon la tradition, le Kumbum était l'un des plus célèbres Chötens du Tibet et sa vue suffisait à purifier les fidèles de toutes fautes et les aidait sur le chemin de la libération. Construit comme un symbole architectonique de l'univers, le Stupa abrite plus de soixante-dix chapelles qui se visitent comme un labyrinthe, la progression du bas vers le haut illustrant la progression spirituelle, de l'esprit ordinaire grossier vers l'esprit éveillé des Bouddhas, représenté au sommet du Stupa par la chapelle de Dorjé Chang (Vajradhara), le Bouddha primordial. Sur ce chemin initiatique, les divinités et les mandalas correspondent à des systèmes de plus en plus subtils et profonds de la voie des Tantras, l'avant-dernier niveau représentant les divinités de l'Anuttaratantra.

Plans de Gyantsé

Rez-de-chaussée

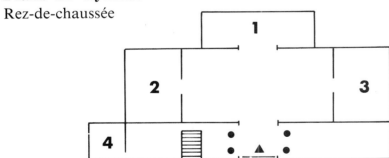

1. *Le Jowo et les Bouddhas des trois temps entourés des seize Bodhisattvas monumentaux debouts.*
2. *Temple de Vaïrocana entouré de trente-sept divinités de son mandala. Statues en plâtre récentes mais de très belle facture.*
3. *Temple de Maitreya, le Bouddha du futur.*
4. *Temple des Protecteurs. A l'entrée, peintures des divinités du Bardo. A l'intérieur, statues de Mahakala, Ekajati et Palden Lhamo. Belles peintures murales et Thankhas peintes à l'or (Serthang).*

Premier étage

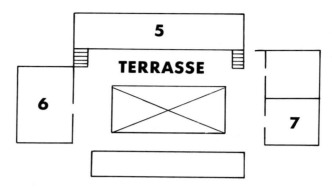

5. *Beaux mandalas de Hevajra, Chakrasamvara, Guhyasamaja et Kalachakra datant du XVIe siècle.*
6. *Mandala en relief de Khorlo Demchoq (Chakrasamvara).*
7. *Temple de Tara.*

Samding

En face de Nagartsé, dominant les deux rives du lac Yamdrok, se tient, sur un éperon, le monastère de Samding construit par Tsoqlé Namgyal au XIVe siècle. Ce monastère est célèbre car il abrita les incarnations de la divinité Dorjé Phagmo (Vajrayogini), « la déesse à la tête de cochon », l'un des Yidams les plus vénérés par l'école Kagyupa. Les abbesses, incarnations de la déesse, se sont succédées à la tête du monastère, fait quasi unique au Tibet où peu d'incarnations féminines étaient reconnues.

Aujourd'hui, la présente incarnation, âgée de cinquante ans, vit à Lhassa. C'est dans ce monastère que le treizième Dalaï-Lama se réfugia lorsque les troupes chinoises prirent Lhassa en 1910.

Du monastère, la vue est superbe sur le lac Yamdrok et le massif de Kulhakhangri au Bhoutan.

2. La vallée du Tsangpo

Dorjédraq

Sur la rive gauche du Tsangpo s'élève, en face de l'aéroport de Lhassa, le monastère Nyingmapa de Dorjédraq. Construit vers la fin du XVIe siècle, il fut détruit par les Mongols Dzungars en 1718. Les fresques principales datent du XVIIIe siècle. Il abritait autrefois quatre cents moines, et est aujourd'hui reconstruit. Un petit centre de retraite sur le piton rocheux domine toute la vallée du Tsangpo.

Gongkar Chödé (aéroport)

Dans ce monastère Sakyapa, fondé au XVᵉ siècle, vivent actuellement cinquante moines. Ce monastère était réputé pour ses quarante-cinq Mandalas tantriques, dont quelques-uns subsistent encore, ainsi que pour ses belles fresques de la lignée Sakyapa, et des détenteurs du trône de Gongkar.

A un kilomètre plus haut dans la vallée, se tenait Gongkar Dzong, forteresse aujourd'hui détruite.

Mindroling

« Le jardin de la Perfection de la Libération » était le plus grand centre Nyingmapa du Tibet central. Construit sans doute dès le XIVᵉ siècle, le monastère fut agrandi au XVIIᵉ siècle, par Terdag Lingpa (1634-1714), un des grands « Tertöns » ou « découvreur de textes cachés » de cette école (voir les écoles bouddhistes au Tibet), grâce à l'appui du grand cinquième Dalaï-Lama dont l'intérêt pour les pratiques nyingmapas est bien connu. Ainsi, ce monastère fut la première institution créée par cette école dont les adeptes avaient toujours préféré la vie d'ascètes errants ou de yogis. Les descendants de Terdag Lingpa se sont succédés sur le trône de Mindroling et la présente incarnation vit aujourd'hui en Inde. Il est considéré comme le chef de l'école Nyingmapa et lorsque nous avons donné sa photo au monastère, cela faillit provoquer une émeute tant l'émotion était forte pour les moines de revoir après trente ans l'image de leur maître.

Dominant la rivière et le village, le monastère est construit en pierre de taille. L'aile droite est en reconstruction et le temple principal abrite, dans une cage de verre, la statue du fondateur. Sur la gauche, une petite chapelle contient une superbe collection de Stupas de style indien dont certains ont plus de trois cents ans.

A l'étage supérieur, au-dessus du temple principal, la chapelle de gauche est dédiée à Tara. Elle abrite une collection de statues, trésors inestimables qui ont échappé à la destruction. Le temple des Lamas (Lama Lhakhang) est dédié aux maîtres de la transmission et aux abbés du monastère. Les fresques sont vivantes et en bon état.

En rejoignant la vallée du Tsangpo, on trouve les ruines de Dranang dont les fresques, d'après Tucci (1) qui visita le monastère en 1949, étaient sans doute les derniers vestiges de l'influence byzantine qui se propagea jusqu'au cœur de l'Asie centrale, en Chine et au Tibet.

Samyé

Dans un paysage surprenant de dunes de sable, se dressent, après le bac de Tsungkar, les cinq Stupas construits par Trisong Détsen après sa

---

(1) TUCCI, *To Lhasse and Beyond*, p. 147.

Plan de Samye

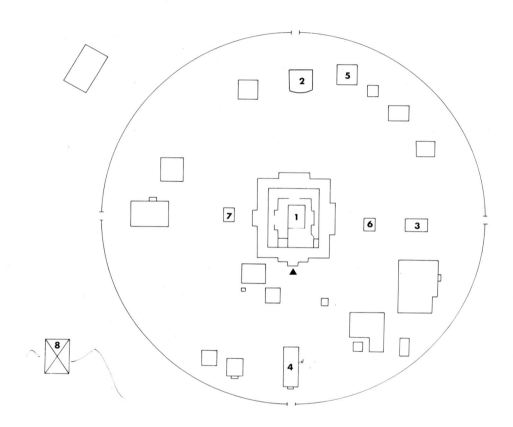

1. Temple principal (ütsé).
2. Jampa Ling.
3. Janchub Semkye Ling.
4. Jampel Ling (manjushri).
5. Ancien temple de Pehar.
6.7. Temples du Soleil et de la Lune (non reconstruits)
8. Colline du Hépori. Temple de Trisong Detsen.
9. Khamsum Ling.

rencontre avec Padma Sambhava (voir la fondation de Samyé).

Oasis au milieu des sables, le complexe monastique de Samyé et le village apparaissent bientôt dans une forêt de saules.

Samyé n'est pas un monastère à proprement parler. Il fut construit au VIIIᵉ siècle par le roi Trisong Détsen avec l'aide des deux Indiens, Shantarakshita et Padmasambhava, sur le modèle d'un temple indien. L'ensemble est conçu comme un Mandala, représentant sans doute le nouvel ordre cosmique établi par le roi avec l'apparition du Bouddhisme au Tibet.

Entouré d'une enceinte circulaire, le temple principal représente le centre de l'univers que l'on appelle le Mont Méru, la demeure céleste des dieux ou celle de la divinité principale du Mandala, en l'occurrence Demchoq (skt : Samvara), identifié au roi Trisong Détsen. Dans les quatre directions, quatre temples représentent les quatre continents flanqués chacun de deux sous-continents.

— Deux temples opposés représentent le soleil et la lune. Quatre Stupas aux quatre angles du temple principal, offerts par les quatre ministres du roi, complètent la géométrie céleste de l'ensemble qui comprenait autrefois cent huit temples et sanctuaires. (Voir croquis.)

Ainsi, par analogie entre le cosmos et le monde intérieur, le pèlerin progresse de l'extérieur vers l'intérieur jusqu'au Saint des Saints, la conscience primordiale, représentée par Demchoq, « comme un voyage sur la voie spirituelle, une ascension du monde, du temps et de l'espace vers l'omniprésence, hors du temps, de la conscience cosmique » (1).

A gauche de l'entrée principale, le texte du pilier extérieur raconte la construction de Samyé et les inscriptions sur la cloche monumentale suspendue sous le porche sont un éloge du roi Trisong Détsen, offert par une de ses reines. Selon Tucci, le pilier et la cloche seraient les deux seuls vestiges originaux datant de la fondation du temple.

— Le bâtiment principal (ütsé), entouré des cellules des moines, est appelé le « temple de la réalisation spontanée des trois traditions » bouddhistes, chaque étage étant construit dans le style de l'une de ces traditions chinoise, indienne et tibétaine. L'ordre varie selon les auteurs et même sur place, les témoignages diffèrent. Aujourd'hui, le dernier étage est en cours de reconstruction et un groupe de quinze peintres, sous la direction d'un maître venu de Lhassa, font renaître les fresques du passé.

Selon l'abbé, la charpente du toit a pu être reconstruite grâce à une photo ancienne qu'un moine avait conservée et qu'il a récemment rapportée de l'Inde.

---

(1) TUCCI, *op. cit.*, p. 120.

Les moines du monastère se réunissent dans le grand temple d'assemblée du rez-de-chaussée. Les trois grandes portes appelées les Portes de la Libération donnent accès au sanctuaire. Au centre se trouve la statue du Bouddha, le Jowo, sous les traits glorieux d'un jeune homme. Si le corps de la statue date sans doute du VIIIᵉ siècle, la tête a été refaite récemment en terre. Selon la légende, l'originale serait apparue spontanément sur un rocher de la colline du Hépori.

De part et d'autre, les huit grands Bodhisattvas de style chinois et les deux protecteurs : Tamdrin, à la tête de cheval et Migyowa, donnent au lieu sa puissance et son mystère. On admirera les remarquables Mandalas qui ornent le plafond.

Les fresques du chemin de ronde qui entoure le sanctuaire auraient deux siècles environ, selon les artistes qui restaurent Samyé, tandis que celles du cloître sont beaucoup plus anciennes mais sont très abîmées.

A gauche de l'entrée du temple principal, un petit oratoire abrite une statue monumentale de Chenrézig à mille bras.

— Sur les balcons intérieurs des étages, les fresques décrivent la fondation de Samyé, les étapes de sa construction et le grand débat qui opposa Chinois et Indiens en présence du Trisong Détsen, ainsi que la vie de Padmasambhava à qui est dédié le temple du premier étage.

La restauration du troisième niveau est pratiquement achevée. Traditionnellement construit selon le style indien, les peintres, sur les conseils de l'abbé, ont retrouvé les fresques anciennes et leur ont redonné vie. Elles représentent Padmasambhava et ses principaux disciples indiens. Dans un atelier adjacent, les sculpteurs fondent les statues qui, bientôt, seront consacrées et placées sur l'autel.

Le Temple des Protecteurs (Gönkhang)

Samyé était, selon des légendes vivantes, la résidence de Péhar (voir Oracle). Il aurait été apporté de la région de Hor (Minyakonka) par Padma Sambhava qui lui attribua la charge de protecteur de la Doctrine.

Péhar occupe toujours une place importante, dans le Gönkhang à droite du temple principal, mais il a dû laisser la primeur à Tsi'u Marpo, le protecteur mondain qui autrefois parlait par la bouche d'un oracle qui résidait dans un petit temple situé à l'extérieur de l'enceinte. Son visage est caché : dans sa main droite, il tient une bannière de soie rouge et dans la gauche, un piège qu'il lance à la vitesse de l'éclair sur ses ennemis pour leur prendre leur force vitale.

Il était si puissant au Tibet, que les richesses de l'Etat étaient enfermées dans son temple, à l'abri des vols, par la seule crainte qu'il inspirait.

Autrefois, les bâtiments à l'intérieur de l'enceinte étaient uniquement réservés aux usages monastiques. Les autorités, par de patientes négociations, essayent aujourd'hui de persuader les paysans de rendre les bâtiments qui servent de grange et de maisons pour les restaurer.

Samyé est un exemple unique d'éclectisme dans l'histoire du Tibet : toutes les écoles s'y sont succédées et y ont cohabité. Aujourd'hui, le monastère accueille de nombreux jeunes novices sous la direction d'un maître Sakyapa, bien que la plupart des rituels suivent les règles de l'école des Anciens (Nyingmapas).

Depuis 1986, les festivals de danses masquées ont repris à Samyé. Celui de Padmasambhava auquel nous avons assisté pour la première fois depuis plus de trente ans dura deux jours (voir le masque des dieux).

A trois heures de marche de Samyé, sur les flancs de la montagne qui surplombe le monastère, Chimphu est un des grands lieux de méditation de la vallée, consacré à Vaïrocana dont on peut voir la grotte. Autour du Stupa de Longchenpa, des dizaines d'ermites vivent en retraite dans des grottes ou de petites maisons. Lors de notre dernière visite, près de quatre-vingts personnes y méditaient. Deux femmes du Kham nous offrirent le thé en nous racontant qu'elles étaient là depuis cinq ans et n'avaient pas l'intention de retourner dans leur lointain village de l'est. Sur notre passage, de nombreuses têtes émergèrent d'un trou de rocher, d'une hutte de branchage ou d'un abri en pierre, interrompant un instant leur méditation pour échanger avec nous quelques mots avant de retrouver le silence de la contemplation.

A quelques kilomètres au nord de Samyé, les ruines de Dragmar, qui fut autrefois le Palais de Trisong Détsen, se trouvent à mi-distance entre la vallée du Yarlung, près de Tséthang, la capitale d'hiver, et Lhassa, la capitale d'été. De Dragmar, une piste rejoint Lhassa en trois jours de marche et remonte vers le nord-est par Yamalung, lieu de méditation du grand traducteur Vaïrocana, principal disciple de Padmasambhava, puis par le col du Gokarla (4 800 m).

Densathil et Zangri

Densathil, en face de Tséthang, sur la rive gauche du Tsangpo, fut construit en 1158 par Drögon Phagmodrupa. Lorsque, succédant aux Sakyas, les Phagmodrus établirent leur autorité sur le Tibet aux XIVe et XVe siècles, Densathil devint le centre religieux le plus important du Tibet, tandis que Nédong était leur capitale politique. Le monastère est perché dans une vallée étroite, plantée de saules et genévriers. L'ensemble fut construit autour de l'ermitage du fondateur dont la dépouille mortelle est conservée dans des Chötens.

La forteresse de Ngari Tratsang, en amont de Densathil, et Choding sont deux ensembles monastiques qui furent importants durant la vie du réformateur Tsong Khapa.

En continuant sur la rive gauche, en aval de Densathil, s'ouvre une large vallée fertile et ombragée que domine le monastère de Zangri, « la montagne de cuivre ».

Ce monastère, qui appartient à l'école Guélugpa, était la résidence de Machiq Labdrön (XIIᵉ s.), femme yogi tibétaine qui introduisit la pratique du Chöd à partir des enseignements du guru indien Dampa Sangyé (voir les écoles Bouddiques du Tibet).

Du monastère il ne reste que le temple principal, mais la grotte de Machiq abrite une superbe statue en pied de la yogini qui reste la source d'inspiration de nombreuses lignées de pratiquants.

La vallée du Yarlung

Si la ville de Tséthang ne présente guère d'intérêt, la large vallée qui s'ouvre au sud, appelée le Yarlung, fut le berceau de l'histoire du Tibet.

De Nédong, l'ancienne capitale des Phagmodrupas qui dominèrent le Tibet aux XIVᵉ et XVᵉ siècles, il ne reste pratiquement rien.

A sept kilomètres au sud de Tséthang, au cœur du village de Changzhu, le sanctuaire de Dradruk est attribué à Songtsen Gampo (VIIᵉ s.). Le monarque aurait construit douze temples, au Tibet et au Bhoutan, pour terrasser une démone, et Dradruk serait le « clou » de l'épaule gauche.

Si le temple actuel ne peut pas être du VIIᵉ siècle, la première cour et la voûte soutenue par des poutres gigantesques, semblent dater de l'agrandissement du sanctuaire en monastère au XIVᵉ siècle. L'ensemble fut restauré sous le cinquième Dalaï-Lama. D'après des témoignages recueillis sur place, le monastère a servi d'écuries pendant trente ans et la reconstruction n'a été entreprise qu'en 1982.

De nombreux trésors venant d'autres monastères de la région ont été préservés ici.

Dans le temple principal Drölma Lhakhang, les statues des cinq Adi-Bouddhas sont récentes, mais la statue de Tara est très intéressante : en pied, elle a les deux mains ouvertes dans une position d'exhortation car, nous expliqua le chapelain, elle exhorte les Bodhisattvas dans leur tâche pour le bien de tous les êtres. Cette statue, unique, est considérée comme miraculeuse par les Tibétains et nous n'avons jamais vu cette forme nulle part ailleurs.

Au premier étage, le Temple de la Compassion (Thugjé Lhakhang), abrite un Thankha d'Avalokiteshvara (Chenrézig) au repos, de style indien, faite de plusieurs dizaines de milliers de perles.

Yumbulakhang

Considérée comme la plus ancienne forteresse du Tibet, son histoire remonte au roi mythique Nyatri Tsenpo, « celui que l'on porte à l'épaule sur un trône » (voir le secret). La scène du « secret » et la « descente » du roi sont représentées au deuxième étage, à gauche, fresques malheureusement repeintes.

La mer de Tethys

Selon les géologues, la région de Lhassa et le plateau tibétain se trouvaient, il y a quelque cinquante millions d'années, deux mille kilomètres plus au sud, quelque part entre l'équateur et les tropiques ! En effet, d'après la théorie de la tectonique des plaques ou plus simplement de la dérive des continents, l'Inde était à cette époque une île au milieu d'un océan, la Téthys.

En dérivant vers le nord à raison de dix mètres par siècle, le continent indien est venu heurter le plateau tibétain. La compréhension de ce phénomène pressentie par des chercheurs, fut confirmée par les explorations franco-chinoises sur le terrain. En percutant avec une inertie formidable le continent asiatique, l'Inde se serait progressivement glissée sous celui-ci, provoquant de gigantesques séismes et le soulèvement de roches marines, comme en témoignent les roches ophiolites composées de sable, de graviers et d'algues que l'on retrouve aujourd'hui à plus de 4 000 mètres d'altitude dans la région du Tsangpo.

Pour les spécialistes, les grès roses près de Shigatsé sont de grands livres sédimentaires dans lesquels ils découvrent des fossiles de plantes, d'animaux et même des vestiges d'arbres tropicaux. De ce fracas gigantesque qui est l'un des derniers grands bouleversements géologiques de la planète, émergent les grands Himalayas dont les granits en décomposition donnent naissance aux étonnantes dunes de la région de Samyé qui alternent avec des basaltes verts, presque noirs, souvenirs des fonds marins d'où ils sont apparus.

Pour les géologues, l'Everest et le Kanchenjungna « sont des îlots d'élévation récents qui continuent actuellement de s'élever de deux à trois centimètres par an... » (1).

---

(1) D'après F. LANE, *Histoires des Montagnes.*

L'édifice actuel est sans aucun doute situé sur l'emplacement historique de la forteresse primitive, mais les bâtiments viennent d'être restaurés, notamment la tour centrale et le toit doré de style chinois.

Au rez-de-chaussée, sont représentés tous les grands personnages qui firent l'histoire du Tibet durant la dynastie du Yarlung : les rois Songtsen Gampo, Trisong Détsen et Ralpachen, le ministre Gar avec sa barbe blanche, Tönmi Sambota le grammairien qui introduisit l'écriture au Tibet.

De la forteresse, la vue est superbe sur la vallée aux champs en mosaïque, parsemés de maisons aux toits plats.

On aperçoit sur la crête de l'autre côté de la vallée, les ruines d'un monastère de l'école Kagyupa qui fut construit à l'emplacement de la grotte de Réchungpa, disciple principal et biographe de Milarépa.

La Vallée des Rois

Appellation pompeuse pour des tombes royales fort éloignées des splendeurs de Louxor.

Dominée par les ruines de l'ancienne forteresse et par le monastère Guélugpa de Riwodéchen, la vallée de Chongyé abrite les tumuli identifiés par Tucci comme les tombes des premiers rois du Tibet. Le plus important de ces tumuli est celui de Songtsen Gampo (VIIe s.). Une volée de marches conduisent à un petit temple restauré récemment où le roi est représenté entouré de ses deux reines.

Bien que de nombreuses controverses concernant ces tombes divisent les chercheurs, les chroniques tibétaines considèrent que les rois étaient placés dans des chapelles formant un mandala, tandis que le cercueil d'argent contenant la dépouille était placé au centre et les trésors du roi remplissaient les huit chapelles adjacentes. Un pilier placé sur la tombe servait à inscrire le nom du roi, mais surtout symbolisait l'axe du monde, s'assurant par là le pouvoir sur les êtres souterrains et assurant la prospérité des lieux.

Les rois étaient en général enterrés avec leurs armes ; leurs serviteurs et leurs chevaux étaient sacrifiés avec eux. Tucci n'a retrouvé sur place que la pierre tombale du roi Tridé Songtsen mais, par d'anciens documents, il parvint à la conclusion que huit rois de la dynastie y auraient été enterrés.

3. Le Lodraq (Tibet du Sud)

La région du Lodraq est surtout connue comme le lieu de résidence de Marpa le traducteur (XIᵉ s.). Ayant dépassé le lac du Pumo Tso, après le col du Motala (5 300 m), l'horizon est dominé par les vertigineux glaciers du massif du Kulakhangri qui marque la frontière avec le Bhoutan. Autrefois, le Lodraq tirait sa prospérité du commerce avec ce petit royaume dont il constituait le seul moyen d'accès. Depuis la fermeture des frontières, le Bhoutan s'est ouvert vers l'Inde avec la construction d'une route en 1960.

Thaglung

Quittant la route entre le Karo-La et Nagartsé, vers le sud, à une vingtaine de kilomètres, le village de Taglung s'appuie sur une colline isolée au milieu d'une vaste vallée de pâturages qui s'ouvre sur le lac Yamdrok.

Dans le bourg aux maisons en pisé, un petit monastère Sakyapa a été réouvert en mai 1986 et les moines éparpillés depuis de nombreuses années sont revenus. Ils attribuent la fondation du monastère à Songtsen Gampo et appartiennent à l'école Sakyapa.

Lors de notre passage, en août 1986, le temple principal était dans l'état où les gardes rouges tibétains et chinois l'avaient laissé : des statues éventrées dont les têtes avaient roulé sur le sol, des fresques criblées d'impacts de balles pas la moindre trace d'objets en argent, en or ou en cuivre.

Aujourd'hui, seul le Gönkhang, le temple des Protecteurs, a été quelque peu restauré et de superbes Thankhas anciens ont retrouvé leur place sur les murs.

Sur la hauteur, un monastère Nyingmapa, le Tsé Traktsang appartenant au monastère de Dorjédraq, domine de ses ruines l'animation du village. Un peu plus loin, avant d'aborder le col du Lhung-La (4 900 m), des villages comme Shamda, s'effilochent le long de la piste. Un lama Nyingmapa nous fit visiter son ermitage construit autour d'une ancienne grotte. Ayant habité l'Inde pendant près de vingt-cinq ans, il est revenu chez lui, pour reprendre en main la direction spirituelle de quelque dix moines qui partagent leur temps entre les rituels et la méditation solitaire.

Lhalung et Lodraq

Le monastère de Guru Lhakhang émerge sur une hauteur, au cœur d'une vallée fertile. Construit au XIIIᵉ siècle, il fut le lieu de résidence de Guru Chöwang, un découvreur de Termas (Tertön) de l'école Nyingmapa. Entièrement reconstruit en 1949, il n'en reste pratiquement rien aujourd'hui. A quelques kilomètres au sud, Lhalung est une grosse bâtisse au cœur d'un village. Fondé par le premier Karmapa au XIIᵉ siècle, ce monastère appartenait à l'école Kagyupa mais il lui fut retiré par le cinquième Dalaï-Lama.

Ce monastère aujourd'hui appartient aux Drugpas Kagyu et aux Nyingmapas et maintient la tradition du grand Tertön Péma Lingpa (XVᵉ s.).

Le monastère contient de belles fresques des lamas de la lignée spirituelle de Péma Lingpa et des représentations des monastères principaux du Lodraq, notamment Sékargutog.

Plus au sud, Lodraq (Lauda pour les Chinois) est un petit chef-lieu régional et une ville de garnison, avec ses militaires chinois désœuvrés, son hôtel de ville - maison de jeunes - théâtre - cinéma - et ses haut-parleurs qui déversent dès sept heures du matin, des leçons de gymnastique et des airs qui n'ont plus rien de martiaux. Mais les Tibétains, ici comme ailleurs, sont accueillants et gais. Les femmes sont habillées à la mode du Kongpo : épais manteaux en grosse laisse noire à parements argentés ou blancs, serrés à la taille par une ceinture, et un petit chapeau, noir lui aussi, dont les bords coupés en biseau, sont relevés vers l'avant. Presque toutes ont sur les joues et les pommettes une sorte de pâte brun foncé. Renseignement pris, cette pâte serait à base de crottes de souris (sic) pour protéger la peau du soleil, selon certains, tandis que pour d'autres elle serait un remède pour les sinus et les yeux... Quoi qu'il en soit, ces taches brunes mouchetées sur ces visages tannés ajoute un charme certain à ces belles aux sourires éclatants.

Sékargutog

« Les neuf étages du fils en blanc ». Cette traduction littérale signifie la tour de neuf étages construite par Milarépa, le fils spirituel de Marpa vêtu de l'habit de coton blanc des Yogis et des ermites. L'histoire raconte que Marpa fit construire plusieurs tours à Milarépa pour le purifier de ses actes négatifs antérieurs, avant de lui donner les enseignements du Vajrayana. Chaque fois que Milarépa achevait une tour, Marpa feignait de s'être trompé d'emplacement ou d'avoir oublié l'ordre donné : Milarépa construisit ainsi quatre tours, ronde, carrée, triangulaire, puis dut les détruire et remettre les pierres en place pour recommencer. Ce travail visait à éprouver sa foi et à fortifier sa dévotion envers son guru. Ayant ainsi purifié son Karma négatif, Milarépa passa le reste de sa vie en retraite à pratiquer les enseignements de Marpa et réalisa l'état de Bouddha en une vie. Le saint poète a laissé des chants dans lesquels il exprime sa réalisation spirituelle et ses poèmes restent l'un des plus grands chefs-d'œuvre de toute la littérature religieuse (1).

---

1. BACOT. J., *Milarépa*, ou LAMOTHE. M.J., *Les cent mille chants de Milarépa*, Ed. Fayard.

La construction de tours de garde était fréquente dans la région du Lodraq et le sud du Tibet. Celle de Sékargutog fut sans doute détruite et reconstruite au cours de l'histoire. Ce bâtiment, bien que construit sur le modèle des tours de guerre, est purement religieux et abrite à chaque étage de nombreuses chapelles.

Autour, un petit monastère abrite d'autres chapelles et quelques moines perpétuent ici le souvenir vivant du saint poète dont la vie, les souffrances et la libération, restent une source d'inspiration pour tous les Tibétains et pour les pèlerins qui viennent s'immerger dans l'ambiance spirituelle du lieu. Marpa, qui effectua de nombreux voyages en Inde pour y recueillir des enseignements, unissait la vie spirituelle, celle d'homme marié et de maître de maison, veillant avec la même attention à ses biens, à ses terres et à la progression spirituelle de ses disciples. Sa maison, Dolung, à quelques kilomètres de Sékargutog, fut préservée et devint un monastère de l'école Sakya au XIIe siècle.

Le dernier village avant la frontière bhoutanaise est Lodrag Lhakhang, mentionné sous le nom de Kumting Lhakhang, fondé selon la tradition par Songtsen Gampo, afin de convertir les hérétiques des frontières. L'accès de ce monastère est interdit par les Chinois et il nous fut impossible d'obtenir des informations ou des témoignages sur son état actuel.

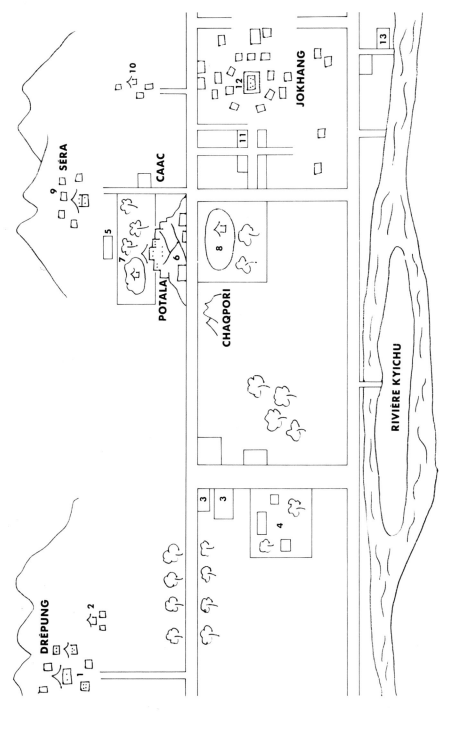

1. Monastère de Drépung — 2. Néchung, temple de l'oracle d'état — 3. Lhassa Hotel et Tibet Hotel — 4. Norbulingkha, le jardin d'été — 5. Banque — 6. Palais du Potala — 7. Temple des Nagas — 8. Parc — 9. Monastère de Séra — 10. Temple du Ramoché — 11. Menzikhang, l'hôpital de médecine tibétaine — 12. Jokhang et le Barkhor — 13. Himalaya Hotel.

III — Lhassa, terre des dieux

1. La ville

Le Jokhang et le Barkhor

Au cœur de la vieille ville de Lhassa, s'élève le plus ancien temple du Tibet, le Jokhang, la « Demeure du Maître ». Selon la légende décrite sur les fresques de l'entrée, le roi Songtsen Gampo voulut faire construire un temple à la demande de son épouse népalaise. Ne sachant où l'établir, il lança la bague de la princesse pour que le sort décide du lieu, mais la bague tomba au milieu d'un lac (voir la légende du lac Kokonor).

Afin de tenir sa parole, le roi décida de construire le temple à cet emplacement. Pour combler le lac, il fit transporter de la terre par des chèvres. Ainsi Lha sa, la « terre des dieux » serait en fait une déformation du nom original, « Ra Sa », la « terre des chèvres ». Dans l'une des chapelles adjacentes, appelée la chapelle de la chèvre sacrée, un moine vous fera peut-être découvrir, à l'aide d'un miroir, une chèvre grossièrement sculptée qui serait apparue spontanément sur le mur.

Le temps passait et la reine était impatiente de voir l'édifice terminé, aussi pour donner du cœur à l'ouvrage aux cinq cents ouvriers, maçons et charpentiers, leur fit-elle apporter de la bière, mais ils furent bientôt tellement ivres qu'ils tranchèrent le nez des lions qui ornent les chapiteaux du temple. C'est la raison pour laquelle ces lions, aujourd'hui encore, ont le nez plat...

L'ensemble du bâtiment est appelé le « Tsuk Lakhang », le « lieu de la dévotion ». Si les bâtiments annexes, chapelles, bureaux administratifs et autres réserves furent ajoutés, le Jokhang, le temple principal de l'édifice, fut construit, selon les chroniques tibétaines, vers 650.

Cependant, peu de choses semblent dater de cette époque. D'après Snell-grove et Richardson, la partie la plus ancienne serait les piliers en bois et les poutres à tête de lion qu'ils font remonter au XIIIe siècle et qui auraient été l'œuvre de charpentiers et d'ébénistes népalais ou indiens.

Ayant traversé la grande cour où se réunissent les moines durant les grands festivals religieux et le Mönlam (voir nouvel an à Lhassa), on pénètre dans le grand temple du Jokhang. Au centre se tiennent les statues monumentales de Guru Rinpoché (Padmasambhava) et de Maitreya, le Bouddha du futur, qui entourent Chenrézig à onze têtes (Avalokiteshvara). Donnant sur ces temples, de nombreuses chapelles votives s'ouvrent latéralement : la chapelle d'Amithaba, celle des huit Bouddhas de médecine, etc. Au fond, le Saint des Saints abrite la statue du Jowo, le Bouddha historique, sous les traits d'un jeune homme. Cette statue est la plus sacrée du Tibet. Selon la tradition, elle aurait été apportée par Kunchog Wencheng, l'épouse chinoise de Songtsen Gampo et placée dans le temple du Ramoché, puis transférée au cœur du Tsuk Lakhang. La coiffe de gloire de coraux, d'or et de turquoises aurait été offerte par Tsong Khapa. Bien que cette statue soit sans doute fort éloignée de l'originale apportée de Chine au VIIe siècle, elle est pour les Tibétains plus qu'un symbole : elle catalyse depuis douze siècles la foi de tout un peuple, elle est la manifestation vivante de l'aspiration de milliers de pèlerins qui parcourent le pays pendant des mois pour pouvoir se prosterner à ses pieds, elle appartient à ce type d'émanations dont la seule vue est une promesse de libération et d'éveil. Il est peu d'endroits au monde où l'énergie de la dévotion soit si forte qu'on croirait pouvoir la saisir ; elle imprègne tout et semble suinter des murs eux-mêmes.

Au premier étage, les pèlerins vont recevoir la bénédiction de Palden Lhamo, la « Dame à la mule », la protectrice des Dalaï-Lamas. Le temple le plus intéressant est celui situé au-dessus de l'entrée et dédié à Songtsen Gampo. Sur les murs sont peints de beaux mandalas tantriques tandis que, face à la statue du roi, se trouve un pot à bière en argent massif qui aurait servi au monarque.

Autrefois, il y avait à Lhassa, autour du Jokhang, trois cercles concentriques que les pèlerins parcouraient en récitant leurs mantras ou en se prosternant : le Lingkhor, ou cercle extérieur de huit kilomètres de long englobant le Potala, le Ramoché, le Jokhang et longeant la rivière ; le Barkhor ou cercle intermédiaire autour du Jokhang, et le Nangkhor, le cercle intérieur dans le temple même, qui correspond au déambulatoire et aux bas-côtés de nos cathédrales, en tant que centre de convergence de toutes les forces spirituelles. Le Barkhor est le lieu le plus vivant de Lhassa, où le profane et le sacré sont intimement mêlés et personne ne songerait à les dissocier. De grands fours à fumigation marquent les quatre directions de l'espace, tandis que le côté sud est occupé par le trône où traditionnellement le Dalaï-Lama délivrait des enseignements aux moines et aux laïcs lors des grandes fêtes du nouvel an.

Devant le Jokhang, un pilier en pierre rappelle à tous le traité d'amitié et de non-agression réciproque signé entre la Chine et le Tibet par le roi Ralpachen, tandis qu'un autre pilier décrit les précautions à prendre contre la variole. Des générations entières de pèlerins, illettrés pour la plupart, ayant sans doute entendu parler des vertus de ce pilier, en ont arraché des fragments qu'ils ont ramenés précieusement dans leurs lointains villages et ce remède fut sans doute efficace ! Ce pilier est toujours visible à l'entrée du Jokhang mais un petit muret le protège des dévots.

Le Ramoché

Fondé à la même époque que le Jokhang, dans la seconde moitié du VIIe siècle, le Ramoché fut construit par la princesse Wencheng pour abriter le Jowo. C'est pourquoi, nous dit la légende, son entrée est orientée vers l'est, vers la Chine. Pour des raisons de sécurité, la statue du Jowo fut plus tard transférée dans le Jokhang tandis que la statue d'Akshobya, le « petit Jowo », apportée par la reine népalaise était installée dans le Ramoché.

Ce monastère qui servait de résidence à l'oracle de Néchung durant les fêtes du nouvel an, abritait un collège spécialisé dans les rituels tantriques qui ne pouvaient être pratiqués dans les monastères Guélugpas officiels, le Gyü Tö dont les « moines » pouvaient être mariés. Le Ramoché fut rendu au culte en 1986 et est en cours de restauration.

Le Temples des Nagas

Derrière le Potala se tient tous les jours le marché chinois. A Lhassa, comme dans la plupart des villes du Tibet, les communautés chinoise et tibétaine se côtoient plus qu'elles ne se mêlent et ce marché pourrait être celui de n'importe quelle petite ville chinoise. Dans le parc attenant, au milieu d'un étang, le Lukhang est un petit temple de style chinois dédié aux Nagas, les divinités des eaux. On l'attribue au cinquième Dalaï-Lama. C'est dans la tranquillité de ce petit palais que le sixième Dalaï-Lama aimait à se réfugier.

Construit comme un mandala, le temple est gardé par un ancien moine qui a ouvert une petite école où les enfants étudient l'alphabet selon la méthode traditionnelle, assis à même le sol autour d'un braséro, traçant avec application les lettres tibétaines sur leurs ardoises.

Le dernier étage est entretenu par un moine nyingmapa de l'école du Dzokchen. Les fresques miraculeusement intactes sont uniques au Tibet et dans tout le monde himalayen. Sur la partie gauche en entrant, sont représentés les grandes lignées de yogis, depuis les Mahasiddhas indiens jusqu'aux grands maîtres des quatre écoles du Tibet. Sur les deux autres murs sont décrits tous les exercices des yogas tantriques, notamment les six yogas de Naropa, ainsi que les mandalas des différentes divinités des anciens Tantras de la tradition de Longchenpa.

Le centre du temple est occupé par une statue du Bouddha sous sa forme de « Maître des Nagas », animaux marins mythiques et détenteurs de trésors, qui lui font une aura de leurs corps.

L'hôpital tibétain (Menzikhang)

Dans la grande rue menant au Jokhang, le dernier bâtiment à gauche est l'hôpital tibétain, le Menzikhang.

Au dernier étage se trouve une sorte de musée de la médecine traditionnelle qui contient, outre les textes des Tantras de médecine, des planches entourées de brocarts.

Le fond de la pièce est occupé par un Thankha monumental représentant Yuthog Yönten Gönpo qui composa le plus célèbre traité de médecine tibétaine, le Gyud Ji, à partir de textes traduits du sanskrit, au VIIIe siècle, par Vairocana (voir Médecine tibétaine).

Au-dessus de lui, le Bouddha de la Médecine, de couleur bleue, tient dans la main gauche un bol rempli de nectar d'immortalité (skt : Amrita) et dans la droite, le myrobolan, base de tous les remèdes. On aperçoit sur le côté la colline de fer, le collège de médecine de Lhassa et la demeure de Yutog Gönpo.

Sur les autres murs, de la gauche vers la droite, sont représentés sur deux Thankhas, le cinquième Dalaï-Lama qui fut l'un des grands instigateurs de la médecine et, au centre d'un mandala, Menla, le Bouddha de la médecine. Nous sommes ici dans le cadre d'une médecine totale qui prend sa source dans l'esprit même du malade ; le premier des remèdes est la méditation de Menla et la visualisation de son mandala. Un jour, au cours d'une retraite en Inde, nous allâmes voir un médecin tibétain. Avant même de nous ausculter, il nous dit : « Vous êtes des méditants, vous êtes en retraite, continuez votre retraite, c'est le seul véritable remède pour le corps et l'esprit ». Il ajouta que lui-même, pour devenir médecin, avait étudié pendant quatre années puis qu'il avait médité en retraite solitaire pendant six ans...

Plus loin, les autres planches décrivent les différentes branches de la médecine :

— L'embryologie : les plantes, minéraux et autres métaux utilisés dans la pharmacopée traditionnelle ; l'anatomie, et notamment les canaux subtils du corps qui sont expliqués dans les Tantras, ainsi que la taille et l'emplacement exact des organes principaux : plus loin, la chirurgie, les trois humeurs : la bile, la lymphe et les « souffles » (pranas).

— Les « démons » physiques et mentaux qui nuisent à la santé spirituelle et corporelle, comme par exemple cette planche qui montre un moine forgeron : dans toutes les traditions de l'Orient, les forgerons constituent une caste inférieure car les émanations et les fumées du métal sont nuisibles aux « souffles ». Ainsi le travail du moine qui a pour but de purifier les « souffles » (pranas) est-il antagoniste avec le travail des métaux.

— Ici sont décrites les choses à éviter pour préserver un équilibre de vie harmonieux : la nourriture trop abondante, les exercices trop violents, les relations sexuelles trop fréquentes ou l'abus du sommeil.

— Les dernières planches décrivent les différentes techniques du diagnostic médical, particulièrement l'observation du pouls. On dit par exemple qu'un couple dont les pouls sont lents jouit de longévité mais risque de ne pas avoir d'enfants.

Recopiés récemment d'après des originaux rangés dans des coffres à l'abri de la lumière, ces Thankhas servent aux étudiants du Menzikhang qui suivent les enseignements de la médecine traditionnelle. A l'étage inférieur, sont présentés les minéraux, les métaux précieux et les autres éléments qui entrent dans la composition des médicaments.

Aujourd'hui, dans tout le Tibet, les deux médecines, traditionnelle et occidentale, cohabitent : au rez-de-chaussée, à la consultation, deux comptoirs distincts délivrent les deux types de médicaments selon le choix du patient, tandis que les préparateurs enveloppent en de savants mélanges les trois cent quatre-vingt différentes sortes de pilules, poudres et autres plantes.

Aujourd'hui la médecine tibétaine a retrouvé ses lettres de noblesse et deux cent cinquante médecins travaillent à la consultation, à l'hôpital ou à la fabrique de médicaments. On vous expliquera peut-être la technique des « Moxas », des pointes de feu, l'usage des aiguilles d'acupuncture en or appliquées au sommet du crâne ou l'aspiration des liquides ou du pus effectuée, depuis plus de mille ans, avec une corne de yak...

Le Norbulingka

Le « Jardin des Joyaux » se dresse à l'ouest du Potala, près du Lhassa Hôtel. Il fut construit au XVIIIᵉ siècle par le septième Dalaï-Lama mais ses successeurs l'ont agrandi et rénové à leur goût. Cette résidence d'été des souverains du Tibet contraste par son charme désuet et ses jardins ombragés avec la froide austérité du Potala. Aussi, c'est avec plaisir que les Dalaï-Lamas quittaient au printemps leur résidence du Potala pour se rendre au Norbulingka au cours d'une fastueuse procession. Sur les quelque cinq kilomètres du parcours, la foule de Lhassa, chargée de fleurs et revêtue de ses plus beaux atours, se pressait dans les volutes d'encens pour rendre hommage à son souverain dont le palanquin était précédé de musiciens en costume mongol, de moines des différents monastères de Lhassa, des officiels du gouvernement et d'une multitude de chambellans et de serviteurs. Cette procession inaugurait le retour de l'été et la saison des pique-niques, passe-temps favori de toute la population du Tibet durant les quelques semaines estivales.

Le quatorzième Dalaï-Lama avait lui-même considérablement modernisé le Norbulingka dans les années cinquante et c'est là qu'Heinrich Harrer venait lui enseigner les rudiments de la technique occidentale et notamment la mécanique (1). Le Dalaï-Lama y avait même fait installer une salle de projection cinématographique. Malgré les bombardements qui suivirent la fuite du pontife vers l'Inde, ses appartements de style art-nouveau et ses objets familiers, où se mêlent les objets rituels, un vieux phonographe, une radio russe, etc., sont restés dans l'état où il les a laissés.

Aujourd'hui le Jardin des Joyaux est un jardin public. Les appartements du Dalaï-Lama, dont les fresques racontent l'histoire du Tibet, la construction du Jokhang et celle de Samyé, sont un mélange « rétro » de style traditionnel et de moderne.

Plus intéressant est l'ensemble de temples à l'extrémité des jardins, le Kazang, abritant une collection de Thankhas extraordinaires, sans doute quelques-uns des plus beaux fleurons de l'art du Tibet, incluant des Mandalas tantriques, une série de Thankhas représentant les douze actes du Bouddha et une belle collection de Taras.

Le Potala

Dominant la ville, sur son piton rocheux, le palais du Potala se dresse au cœur d'un écrin de montagnes qui, depuis des siècles, l'a protégé des invasions et des regards du monde extérieur. Il est peu de lieux au monde qui aient donné naissance à tant de légendes, qui aient été entouré de tant de mystères, qui aient suscité autant de récits exhaltants et parfois franchement délirants !

Trois cents mètres de hauteurs treize étages, des milliers de pièces, le Potala, que les Tibétains appellent le « Tsé Phodrang », le Palais du Sommet, est le plus grand monument d'Asie.

Selon la tradition, le nom du Potala viendrait d'une montagne sacrée de l'Inde, mais il est surtout le nom de la demeure céleste de Chenrézig (Avalokiteshvara), Bodhisattva de la compassion et protecteur du Tibet dont le roi Songtsen Gampo, puis les Dalaï-Lamas, sont considérés comme les émanations sur la terre.

Le bâtiment, flanqué de deux tours qui rappellent ses fonctions guerrières, se divise en édifices de couleurs différentes :

— les bâtiments blancs qui abritent l'administration et le gouvernement, les salles du trésor et les réserves de l'Etat, les logements des

---

(1) HARRER H., *Sept ans d'aventures au Tibet*, Arthaud 1956.

employés, moines et laïcs, attachés aux différents offices et au service du Dalaï-Lama ;

— les bâtiments rouges qui constituent la partie purement religieuse avec ses centaines de temples, ses chapelles, ses bibliothèques et les mausolées des Dalaï-Lamas.

De l'ensemble se dégage une impression d'harmonie qui tient sans doute au fait que les murs, assemblés sans ciment, obligèrent les architectes à garder un angle de 4 à 5 degrés par rapport à la verticale. Cette nécessité est devenue un des canons esthétiques de l'architecture tibétaine et allège l'édifice ; l'enchevêtrement des bâtiments, les lignes obliques des larges rampes d'accès et les tours en demi-lune aux extrémités rompent définitivement la monotonie et la rigidité de l'ensemble.

Jeux d'ombres et de lumières, les cuivres, les ors, la pierre et le bois se marient dans des proportions changeantes ; les frises de genévriers rouge sang et les sombres huisseries, animent la blancheur des façades.

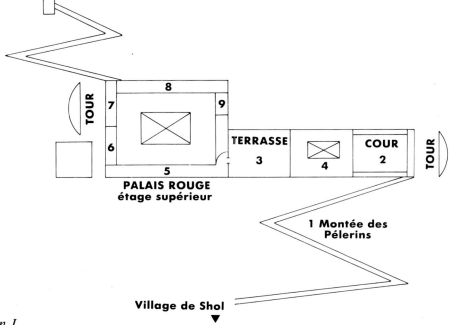

Plan I

1. *Chemin de la Grande Perfection*
2. *Déyang Shar = Cour est où se tiennent les festivals de danses masquées*
3. *Terrasse*
4. *Appartements des treizième et quatorzième Dalaï-Lamas*
5. *Temple de Maitréya*
6. *Temple du septième Dalaï-Lama*
7. *Temple du sixième Dalaï-Lama*
8. *Stupas et mausolées des septième, huitième, neuvième et treizième Dalaï-Lamas.*
9. *Temple de Lokithesvara (Chenrézig)*

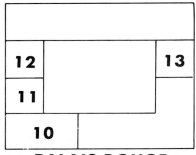

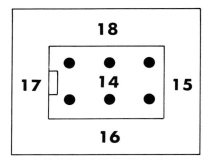

PALAIS ROUGE
étage intermédiaire

PALAIS ROUGE
étage inférieur

Plan II

10. *Temple du Bouddha Sakyamuni entouré des huit Bodhisattvas*
11. *Temple d'Amitayus, Bodhisattva de Longue Vie*
12. *Salles des Mandalas*
13. *Grotte de Songtsen Gampo*

Plan III

14. *Grand Temple d'Assemblée et trône du Dalaï-Lama*
15. *Lamrim Lhakhang : temple de la lignée Guélugpa*
16. *Rigdzin Lhakhang : temple des Vidhyadharas, maîtres indiens de la tradition tantrique*
17. *Mausolées et stupas des douzième, cinquième et dixième Dalaï-Lamas*
18. *Temple de la lignée des Dalaï-Lamas.*

Sur la Colline Rouge, le Marpori, le premier édifice remonte à l'époque de Songtsen Gampo. Palais, forteresse ou temple, ce premier édifice construit vers 637 resta de dimensions modestes jusqu'au XVIIᵉ siècle.

En 1645, le cinquième Dalaï-Lama entreprit la construction du Palais Blanc qui fut achevé vers 1649. Lui-même quitta sa résidence de Drépung vers 1650 pour s'y installer mais sa mort survint avant que ne soit achevé le Palais Rouge. La construction du Potala fut une entreprise gigantesque qui employa 7 000 ouvriers et près de 1 500 artistes tibétains auxquels s'ajoutèrent des maîtres d'œuvre népalais, des Mandchous et quelques Chinois. Seule une personnalité aussi forte et prestigieuse que celle du grand cinquième Dalaï-Lama pouvait mener à bien une telle entreprise. Aussi, le régent (Dési) garda-t-il la mort du pontife secrète pendant douze ans (1682-1694), prétendant des retraites successives du Lama, jusqu'à ce que l'édifice soit achevé. Depuis lors le Potala est pour les Tibétains la demeure céleste de Chenrézig, la résidence de sa manifestation sur terre, le Dalaï-Lama, et le symbole de l'unité culturelle du Tibet.

Il est bien difficile d'émettre la moindre estimation sur les dégâts, vols et autres dégradations que subit le palais durant la Révolution Culturelle. Depuis quelques années, il est devenu un musée national, ce qui ne semble pas troubler les milliers de pèlerins qui continuent de venir alimenter en beurre les milliers de petites lampes qui scintillent aux pieds des divinités paisibles ou courroucées.

Etage supérieur (voir plan I).

1. En suivant la montée pavée qu'empruntent les pèlerins, au-dessus du village de Shol, on arrive par le « Chemin de la Perfection » à une grande cour intérieure, le Déyang Shar. C'est là que se déroulaient traditionnellement, le vingt-neuvième jour du douzième mois tibétain, le grand festival de danses masquées auquel assistaient les Dalaï-Lamas dans leurs appartements qui dominent la cour.

2. Pénétrant dans le bâtiment, le hall est décoré sur la gauche par la proclamation du cinquième Dalaï-Lama lors de l'inauguration du palais, signée de l'empreinte de sa main. Les murs de droite représentent le palais construit par Songtsen Gampo sur la Colline Rouge et l'arrivée de Kunchoq Wencheng, la reine chinoise, apportant la précieuse statue du Jowo ainsi que la construction du Jokhang.

3. La terrasse domine toute la ville de Lhassa, les quartiers chinois bien alignés avec ses maisons aux toits de tôle, la vieille ville d'où émergent le Jokhang et le Chaqpori, la « Montagne de Fer » avec à son pied le temple du Dralhaludruq.

4. Les appartements privés des treizième et quatorzième Dalaï-Lamas s'ouvrent sur la terrasse. La première pièce est la salle d'audience officielle : de part et d'autre du trône, les photos des treizième et quatorzième Dalaï-Lamas et, au fond, la statue de Tsong Khapa, le fondateur de l'ordre Guélugpa. Sur le mur de gauche, on notera la belle fresque du royaume mythique de Shambala.

Après la salle d'audience privée, le temple des protecteurs et des Yidams. En tant que chef de l'école Guélugpa, le Dalaï-Lama devait accomplir chaque jour de nombreux rituels afin de préserver l'influence spirituelle millénaire dont il était le détenteur. Enfin la chambre à coucher, vide depuis trente ans.

5. De l'autre côté de la terrasse, on pénètre dans le Palais Rouge : le premier temple est dédié au Bouddha du futur, Maitreya, construit par le huitième Dalaï-Lama. Assis « à l'occidentale », ce qui fait dire à certains qu'il apparaîtra en occident, il est coiffé des cinq sagesses des Bouddhas et ses mains sont dans la position de l'enseignement. La statue fut sans doute exécutée par des artistes népalais. Cette salle, qui fut la chambre

des sixième et septième Dalaï-Lamas, abrite notamment les œuvres complètes (tib : Songbum) de Tsong Khapa.

6.7. La chapelle du septième Dalaï-Lama (6) est la plus haute pièce du bâtiment, ce qui tend à prouver que l'ensemble actuel est assez proche de ce qu'il pouvait être au XVIIe siècle. La chapelle du sixième Dalaï-Lama (7) abrite une belle statue de Chenrézig à onze têtes et une statue d'Eckajati qui symbolise l'unicité de toutes choses, le goût unique de toute manifestation.

8.9. De part et d'autre du temple de Chenrézig (9) s'ouvrent des salles qui abritent les Stupas mortuaires des Dalaï-Lamas. Ces salles sont malheureusement interdites au public.

Le temple du Noble Chenrézig (tib : Phaqpa Lhakhang) est attribué à Songtsen Gampo. Au-dessus de l'entrée, l'inscription en chinois et en tibétain est la proclamation par l'empereur chinois Tongzhi, au XIXe siècle, du Bouddhisme comme « le fruit merveilleux du champ de l'activité bénéfique ».

La statue en bois de santal au centre de l'autel est la relique la plus précieuse et la plus vénérée du Potala. Selon la légende, elle serait apparue spontanément. Découverte au Népal, elle aurait été placée dans le palais lors de sa fondation. Il est dit que cette statue servit de support de méditation au roi Songtsen Gampo. Dans les vitrines, on admirera une belle collection de statues en bois pouvant dater des XVe et XVIe siècles.

Etage intermédiaire (voir plan II)
11. Dans le temple d'Amitayus, qui représente la longévité, les fresques des montants de fenêtres sont superbes. L'une d'elles, qui pourrait dater du huitième Dalaï-Lama (XVIIe siècle), représente tous les grands monastères du Tibet central, le Potala, le Ramoché et le Jokhang, Yumbulakang, Samyé, Drigung, etc. Les peintures murales sont elles aussi parmi les plus remarquables du Potala.
12. Les deux chapelles suivantes construites par le septième Dalaï-Lama abritent des mandalas en relief.

Dans la première, ce sont les trois divinités principales des Tantras. Dans la deuxième, le mandala en trois dimensions représente le Kalachakra (la Roue du Temps), la divinité centrale étant entourée de sept cent cinquante divinités secondaires.

On notera aussi une belle collection de Thangkhas de l'école de Shigatsé représentant la ligné des douze maîtres de l'Inde qui transmirent au Tibet les enseignements du Mahayana. Le long des murs, la collection de petites statues est unique.

13. Grotte de méditation de Songtsen Gampo. C'est la partie la plus ancienne du Potala dont les bâtiments auraient été construits autour. Elle abrite les statues du roi et de ses deux reines népalaise et chinoise et des autres rois de la dynastie, Trisong Detsen et Ralpachen.

Les longues galeries de cet étage contiennent des fresques intéressantes décrivant la construction du Potala, le cinquième Dalaï-Lama entouré de toutes les populations d'Asie Centrale, Chinois, Musulmans, Ouigours, Mongols, Perses, etc.

Etage inférieur (voir plan III)
14. La dernière partie du Potala ouverte au public est un ensemble de chapelles et de temples construits autour du grand Temple d'Assemblée de l'ouest, supporté par quarante-deux piliers richement gravés, dans lequel se réunissaient, devant le trône du Dalaï-Lama, les quelque deux cents moines du Potala. Bien que repeintes, les fresques datent du XVIIe siècle.

15. Le Lamrim Lhakhang : le temple de la lignée de transmission de « la voie graduelle » (lamrim), cycle d'enseignements qu'Atisha a transmis à l'école Kadampa et que Tsong Khapa, représenté au centre du temple, a systématisé. Ces enseignements se sont transmis jusqu'à nos jours au sein de l'école Guélugpa.

16. Au sud, la chapelle des Vidhyadaras (Rigdzin), les détenteurs de la connaissance, réunis autour de Padmasambhava et de ses deux parèdres Yéshétsogyal et Hacham Mendharawa, les huit manifestations du guru et de nombreux maîtres tantriques de l'Inde. Ces statues monumentales en argent plaqué sont visiblement une série réalisée dans le même atelier pour le régent (fin XVIIe siècle).

17. A l'ouest, le Stupa funéraire du cinquième Dalaï-Lama, appelé « l'ornement du Monde », est construit en bois de santal, recouvert de 3 700 kilos d'or et inscrusté de pierres précieuses, de turquoises et de coraux. D'une hauteur de quatorze mètres, il atteint presque le plafond du palais et est abrité sous un toit doré de style chinois. De part et d'autre ont peut voir les Stupas des dixième, onzième et douzième Dalaï-Lamas, ainsi que les huit sortes de Stupas traditionnels.

18. La « chapelle de la lignée » tire son nom des statues monumentales des cinq premiers Dalaï-Lamas ; le cinquième, reconnaissable à sa moustache et au miroir qu'il tient à la main, occupe le centre.

Muni d'une autorisation spéciale, on pourra demander à voir le Stupa du treizième Dalaï-Lama, à l'extrémité ouest du Potala. Achevé en 1936, l'ensemble du peuple tibétain contribua à réunir la tonne d'or qui le recouvre sur quatorze mètres de hauteur. Ce reliquaire est à la mesure de ce personnage qui, avec le cinquième Dalaï-Lama, fut l'une des plus prestigieuses figures de l'histoire du Tibet.

2. Les trois universités monastiques

Drépung, « le tas de riz »

Des trois grandes universités monastiques de Lhassa, Drépung fut la plus puissante et la plus riche, et ses Guéshés, les plus grands érudits du Tibet. Véritable cité avec ses collèges, ses maisons régionales, ses temples, ses magasins et ses larges dépendances, cette institution monastique fut sans doute la plus vaste du monde.

L'abbé de Drépung était en général le chef de l'école Guélugpa, ce qui lui conférait outre sa fonction religieuse, des pouvoirs politiques importants et un droit de regard sur la conduite des affaires de l'Etat.

Selon la légende, huit moines formèrent la première communauté de Drépung, mais l'un d'eux voulut quitter ses confrères et mourut. Les sept autres élirent un maître de discipline, détenteur du « Chagu », le sceptre de fer, chargé de faire respecter les règles monastiques. Depuis lors, Drépung compte sept collèges et, traditionnellement, 7 700 moines en souvenir des sept fondateurs. Aujourd'hui, les pèlerins viennent recevoir des mains d'un moine, la bénédiction du sceptre du fondateur dans un petit temple situé non loin de sa grotte de méditation.

Jamyang Chöjé, disciple de Tsong Khapa est considéré comme le fondateur de Drépung vers 1420. Tsong Khapa lui-même y prêcha la doctrine et inaugura vers la fin de sa vie le collège tantrique. Vers 1530, le deuxième Dalaï-Lama construisit le Ganden Phodrang, le Palais de Tushita, et ses successeurs y résidèrent jusqu'à ce que le cinquième Dalaï-Lama, ayant fait construire le Potala, s'y installe.

Le monastère fut détruit à plusieurs reprises, notamment durant les affrontements entre le Ü et le Tsang en 1618, mais il fut chaque fois reconstruit et agrandi.

Après 1959, les moines furent dispersés et seuls quelques vieux moines furent chargés de garder les lieux, mais avec la libéralisation des années quatre-vingts, Drépung est en passe de redevenir l'un des plus grands centres intellectuels et religieux du Tibet.

A son arrivée au monastère, chaque moine est affilié à un collège : le Ngagpa ou collège tantrique ; l'Oseling, celui de logique ; Deyang, spécialisé dans la médecine ou le Gomang. De plus, chaque moine est logé dans une des vingt-quatre « maisons » régionales (Khamtsang). Il est confié à un précepteur chargé de son éducation religieuse et à un autre moine pour les affaires quotidiennes. La durée des études à Drépung, comme dans toutes les grandes institutions Guélugpa, est de douze à treize années au terme desquelles l'aspirant peut se présenter aux examens de Guéshé, ultime grade de la hiérarchie « universitaire ». Ces études comprennent la mémorisation de milliers de pages de texte que les élèves doivent maîtriser par un entraînement journalier, au cours de débats théologiques qui se poursuivent parfois tard dans la nuit. Ils doivent aussi se rendre aux deux ou trois rituels quotidiens, étudier la grammaire, les textes fondamentaux du Vinaya (règles d'éthique), des Sutras et de l'Abidharma, ainsi que les différentes approches philosophiques. De plus, chacun est censé mettre en pratique ces enseignements par des méditations régulières. Cependant tous les moines ne suivent pas ce cursus : certains gèrent les dépendances, s'occupent de tâches administratives ou domestiques pour que cette immense institution puisse fonctionner. Les plus connus de ces moines, les « Dobdobs » étaient des moines guerriers suivant leurs propres règles et soumis à un entraînement sportif quotidien. Sorte de milice monastique, ces Dobdobs étaient reconnaissables à leurs cheveux enroulés derrière l'oreille. Ils étaient notamment chargés de faire respecter l'ordre durant les fêtes du nouvel an et étaient craints de toute la population.

Dans l'ensemble, les moines étaient nourris par le monastère. Ils recevaient chaque mois une ration de tsampa et de beurre, ainsi que du thé, le complément étant fourni par les familles ou par les offrandes reçues lors de rituels effectués pour des particuliers.

Pour entretrenir une telle communauté, le monastère de Drépung possédait de larges domaines et près de sept cents dépendances dans tout le Tibet. Cependant ces revenus, mêmes s'ils enrichissaient parfois l'un ou l'autre trésorier, servaient surtout à entretenir les bâtiments, à aider les moines et les déshérités, à faire construire des temples, à fabriquer statues et thankhas dans tout le pays.

Itinéraire

Bien que ce monastère ait beaucoup souffert durant la Révolution Culturelle, il abrite cependant une quantité impressionnante de statues précieuses, de thankhas anciens et de trésors qui donnent une idée de la splendeur passée et des richesses fabuleuses accumulées à Drépung pendant plus de cinq siècles.

— *Ganden Phodrang : la résidence des Dalaï-Lamas*

En suivant le chemin des pèlerins, dans les ruelles étroites et pavées de la cité, le premier bâtiment important est la résidence des Dalaï-Lamas, le Ganden Phodrang, construit au XVIe siècle. Au premier étage, on trouve la salle du trône du cinquième Dalaï-Lama avec au centre la statue de Tsong Khapa et une statue « vivante » faite en chair et en os de Palden Lhamo, la protectrice des Dalaï-Lamas.

Sur les côtés, les étagères portant le canon bouddhique sont surélevées car les textes ne peuvent toucher le sol, aussi les pèlerins se glissent-ils par-dessous pour recevoir la bénédiction des textes. Au-dessus de la salle du trône se trouvent les appartements du Dalaï-Lama et derrière, de vastes cuisines. Dans la cour attenante, à l'arrière du bâtiment, une petite grotte abrite une statue de Tara, « née d'elle-même ».

— *Le Tsoqchen : le Temple de la Grande Assemblée*

C'est là que les moines se rassemblent pour recevoir des enseignements ou effectuer des rituels, devant la grande statue de Manjushri, et celles plus petites des Dalaï-Lamas et des maîtres Guélugpas du passé. Sur la droite en regardant l'autel, un beau thankha monumental du Bouddha de la médecine (Menla). Derrière l'autel, les Bouddhas des trois temps et les huit grands Bodhisattvas, mais les éléments les plus anciens semblent être les petites statues en bois sur les piliers : Songtsen Gampo, Chenrézig, Tara (XVIIe siècle environ).

Plan de Drépung

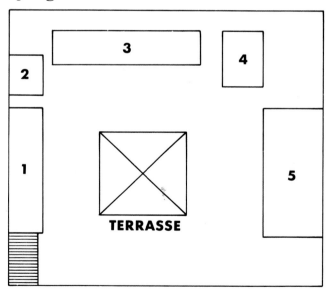

1. Temple des Lamas de la lignée
2. Statue monumentale du Bouddha du futur, Maitreya, appelée « Tongdröl », car sa seule vue est censée libérer du cycle de l'existence. D'après les moines, cette statue aurait été élevée par Tsong Khapa.

3. Jowo Lhakhang ou le temple du Bouddha

4. Temple des maîtres Guélugpas, abbés, détenteurs du trône de Ganden, Panchens, et Dalaï-Lamas.

5. Temple du Kangyur : ce texte en lettres d'or fut emporté en Chine et rapporté en 1986. Au centre du temple, Yumchenmo, le principe féminin de la Vacuité appelé « la grande mère primordiale ». Elle tient en ses mains un reliquaire contenant une dent de Tsong Khapa.

— *Le collège Tantrique*, le Ngagpa Tratsang est situé au-dessus du Tsoqchen et contient entre autres une statue monumentale de Yamamtaka, l'un des cycles tantriques les plus populaires dans l'école Guélugpa.

En redescendant, on contourne le Stupa et le petit temple des sept moines fondateurs. Plus bas, Öseling, le collège de logique abrite les Stupas des deuxième, troisième et quatrième Dalaï-Lamas et de belles statues et peintures des protecteurs et des gardiens.

— *Le collège de Gomang* suit le cursus d'études de logique de Labrang établi par Jamyang Shépa. Les fresques décrivent les cent huit actes du Bouddha.

Une statue de Chenrézig est conservée avec fierté par les moines de ce collège car, selon la légende, lorsque les moines voulurent la transporter dans le grand Temple d'Assemblée, la statue déclara qu'elle désirait rester là...

Enfin, *le collège de Déyang,* dédié à Sangyé Menla, le Bouddha de la médecine, est consacré à l'étude de la médecine traditionnelle.

Néchung

En contrebas de Drépung, le temple de Néchung était la résidence de l'Oracle d'Etat. Le temple central contient une statue du Bouddha, celui de gauche, construit autour de l'arbre sur lequel se réfugia Pehar, renferme de belles statues des Protecteurs. Le temple est aujourd'hui en reconstruction (voir Oracle).

Séra

Séra, construit à la même époque que Drépung, vers 1420, par un autre disciple de Tsong Khapa, a toujours été son grand rival. Selon Waddell, Séra signifierait la « grêle miséricordieuse » pour détruire le « tas de riz » (Drépung). Cette éthymologie semble cependant abusive...

Abritant traditionnellement près de 6 000 moines, Séra était célèbre pour ses enseignements tantriques. Au cours de l'histoire son rôle politique fut moins important que celui de Drépung, bien que ses fameux « Dobdobs » n'aient jamais hésité à envahir Lhassa et à prendre les armes pour défendre leurs intérêts.

Plan de Séra

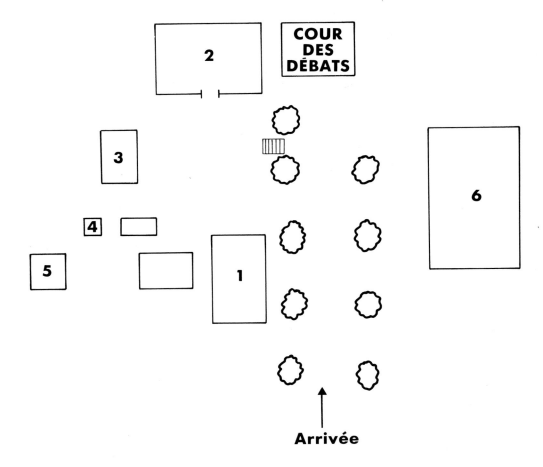

En remontant l'aile principale bordée de saules, sur la gauche se trouve le Gyépatratsang, ou collège Gyépa, réservé aux moines errants du Kham, de l'Amdo et de la Mongolie (1).

Dans le grand temple d'assemblée de Séra (2) s'ouvre, sur la gauche, une des plus impressionnantes chapelles de Lhassa, la chapelle de Tamdrin (skt : Hayagriva), le protecteur dont la figure grimaçante est surmontée d'une tête de cheval. La chapelle est construite comme un mandala : les pèlerins contournent le palais central de la divinité tandis que, le long des murs, se tiennent les huit divinités secondaires du Mandala. Sous le toit, des armes, des casques et des boucliers rappellent le rôle guerrier de ce protecteur qui combat les forces démoniaques.

Les trois chapelles du temple principal abritent le Bouddha du futur Maitreya, les lamas de la lignée guélugpa, etc.

Dans la troisième, une petite fenêtre s'ouvre à la hauteur de l'oreille de Manjushri, le Bodhisattva de la Sagesse. Comme nous l'expliqua un des moines, la fenêtre est ouverte pour que Manjushri, le patron des logiciens, puisse écouter les moines qui, au dehors, s'entraînent au débat. Dans le jardin attenant, les moines du collège de logique pratiquent en effet chaque jour des joutes oratoires pour tester leur maîtrise des plus hauts concepts de la métaphysique bouddhique et aiguiser leur vivacité d'esprit.

Le collège tantrique (3) abrite un temple dédié aux seize Arhats et un temple des Yidams et des protecteurs qui entourent Yama. Deux « maisons » méritent une courte visite, l'Ara Khamtsang (4) et le Pumpora Khamtsang (5).

De l'autre côté de l'allée principale, le Tsoqchen contient un petit temple dédié à Chenrézig à onze têtes qui est entouré de thankhas et le temple principal de Maitréya, dont la statue monumentale est remarquable par sa frise où sont représentés différents animaux mythiques couronnés par le garuda.

Dans la dernière chapelle, on admirera les Serthangs, thankhas peints à l'or sur fond rouge (voir Thankhas) de style chinois tout comme les statues et la marqueterie de l'autel.

De l'autre côté de la colline, à l'ouest du monastère, s'étend le cimetière céleste de Séra (voir les funérailles célestes). Les cérémonies ont lieu en général au lever du soleil mais les touristes n'y sont pas les bienvenus.

Ganden

Le monastère de Ganden est la troisième université monastique de la région de Lhassa. Bien que moins importante que Séra et Drépung, c'est la plus ancienne car elle fut établie par Tsong Khapa vers 1409. C'est à partir de Ganden que la réforme de Tsong Khapa s'est développée pour donner naissance à l'ordre des Guélugpas.

Situé dans un vaste amphithéâtre naturel, Ganden est sans doute l'illustration la plus parlante de l'ampleur des destructions au Tibet. Des centaines de bâtiments de l'ancien monastère, il ne reste que quelques pans de murs semblables à une armée de fantômes. Mais depuis 1981, près de dix bâtiments ont été reconstruits, témoignages de la ferveur du peuple, de la détermination des moines à continuer d'exister et peut-être de la volonté des Chinois de faire oublier les années folles de la Révolution Culturelle.

Le monastère abritait près de 3 500 moines répartis en deux collèges et en douze maisons régionales dont certaines sont reconstruites aujourd'hui.

Un des temples des protecteurs est interdit aux touristes et aux femmes, exceptées celles de l'Amdo, parce qu'elles viennent de la région de naissance de Tsong Khapa et car, comme nous l'expliqua le moine-bedeau, « les Occidentales, il suffit de leur dire de ne pas y aller pour qu'elles s'y précipitent ! ».

L'une des particularités de Ganden réside dans le fait que ses abbés sont élus par les moines ; comme le dit un dicton populaire, chaque Tibétain, quelle que soit son origine sociale, peut devenir le détenteur du trône de Ganden : « Si un fils a des qualités, le Ganden Tripa n'est pas le possesseur » (de son trône qui peut revenir à ce garçon).

Aujourd'hui, le Ganden Tripa vit en Inde et un régent a été élu par les moines. C'est lui qui préside les fêtes du nouvel an à sa place en tant que chef de l'école guélugpa.

Dans la salle du trône (sitri) qui s'ouvrait sur le grand temple d'assemblé aujourd'hui détruit, le trône était adossé à un arbre qui, selon la légende, prenait ses racines chez les Nagas pour s'élever jusqu'aux mondes divins.

Le Lingkhor, le chemin de pèlerinage qui fait le tour de la colline et du monastère est célèbre : selon les textes, faire une fois ce Lingkhor équivaut, en termes de mérite, à lire les cent huit volumes de Kangyur, le canon bouddhique.

L'une des stations de ce pèlerinage est un trou percé dans la roche. En se plaçant à trois mètres, en fermant les yeux, le pèlerin doit essayer de mettre son doigt dans le trou du rocher, pour savoir s'il est capable de rendre à sa propre mère, l'immense compassion qu'elle lui a donné depuis sa conception : personne n'y parvient...

3. Autour de Lhassa

Yangpachen et le lac Namtso

Quelques kilomètres avant la ville-garnison de Yanbaqain, en venant de Shigatsé, le monastère de Yangpachen est en cours de reconstruction. Construit au XVe siècle par le quatrième Shamar Trulku de l'école Kagyupa, le monastère fut récupéré par les Guélugpas après l'interruption de la lignée de réincarnation des Shamarpas (coiffes rouges). A la suite de rivalités politiques, les Dalaï-Lamas interdirent les réincarnations des Shamar Trulkus et leur coiffe fut, dit-on, enterrée sur un chemin près de Lhassa pour que les passants la piétinent. Réautorisée officiellement par le présent Dalaï-Lama, la douzième incarnation des Shamar Trulkus vit actuellement à Swayambunath au Népal. Aujourd'hui Yangpachen a la particularité d'abriter des moines des deux écoles, Guélugpas et Kagyupas.

Le monastère était célèbre pour avoir édité le « Debter Ngönpo », l'une des plus importantes chroniques de l'histoire du Tibet, rédigée au XVe siècle par Gö Lotsawa et traduit en anglais par Roerich sous le titre de *Blue Annals*.

Peu de choses anciennes subsistent à Yangpachen si ce n'est, au premier étage, une belle collection de statues, dont les plus anciennes pourraient être du XVIIe siècle.

De Yangpachen, plusieurs cols permettent de traverser la chaîne du Nyangchen Thangla et de rejoindre le lac Namtso, mais l'accès normal se fait par Damxung, petit bourg qui sert de relais sur la route de Golmud. Paysage saisissant et grandiose : dans un écrin de pics enneigés, les eaux turquoises du lac se perdent dans l'azur du ciel. Les vastes troupeaux de yaks et de moutons s'égaillent sur l'immensité verte, autour des tentes noires. Les nomades vivent là toute l'année, sur les rives du lac gelé en hiver ou remontant vers les hautes altitudes du Nyangchenthangla en été. Au cœur du lac, le Tashido, « la pierre de bon augure » est un immense rocher sur une presqu'île qui fut le centre de retraite des Karmapas de Tsurphu. Les nombreuses grottes abritent aujourd'hui encore des nomades ermites qui, durant l'hiver, viennent passer là quelques mois en retraite.

Le monastère de Tsurphu

Au cœur de la vallée de Tolung, à une cinquantaine de kilomètres au nord-ouest de Lhassa, le monastère de Tsurphu fut, depuis sa fondation en 1187, le siège des Lamas Karmapas (coiffes noires) de l'école Kagyupa.

Düsum Kyenpa (1110-1193), l'un des trois principaux disciples de Gampopa, fut le premier lama du Tibet à se réincarner. Depuis seize générations, les lamas Karmapas se sont transmis, en une lignée ininterrompue, les enseignements Kagyupas et la doctrine du Mahamudra.

Certains d'entre eux furent les gurus des princes mongols et des empereurs de Chine ; propageant ainsi le Bouddhisme hors des frontières du Tibet, ils amassèrent à Tsurphu des trésors inestimables.

Le seizième Karmapa quitta le monastère en 1959, emportant avec lui quelques-uns de ces trésors et de nombreux textes fondamentaux, et établit son siège à Rumtek au Sikkim. Ayant fondé dans le monde entier de nombreux centres bouddhistes, il s'éteignit en 1981 dans un hôpital de Chicago (voir Incinération du seizième Karmapa).

Le monastère qui fut, à l'instar de Sakya, l'un des plus riches du Tibet, n'est plus aujourd'hui qu'un champ de ruines dans un cadre austère. Rien n'a résisté à la destruction et les pans de murs qui subsistent sont autant de témoignages saisissants des années noires de la Révolution Culturelle.

Aujourd'hui quelques dizaines de moines ont reconstruit le temple principal. Certains d'entre eux ont rapporté au monastère les quelques statues qu'ils avaient cachées chez eux ou qu'ils avaient enfouies dans le sol. La plus célèbre est celle de Sangyé Nyenpa, un des maîtres de l'école Kagyupa au XVIᵉ siècle. Cette statue est considérée comme douée de la parole et constitue aujourd'hui l'un des derniers témoignages de la splendeur passée de Tsurphu.

Le chemin circulaire qui entoure le monastère et gravit la montagne, permet de découvrir de nombreux ermitages en cours de restauration. Depuis quelques années, le centre de retraite de trois ans accueille de nouveau les méditants qui sont ravitaillés par des nomades laïcs de la région qui poussent leurs mules et leurs yaks sur l'abrupt sentier qui mène au monastère.

Le monastère de Réting

Au nord-est de Lhassa, le monastère de Réting fut construit en 1056 par Dromtön, le disciple d'Atisha et le fondateur de l'école Kadampa (voir Atisha). Dromtön, à la mort d'Atisha, médita à Réting pendant neuf ans, jusqu'à sa mort en 1064. Selon les chroniques tibétaines, le monastère fut détruit en 1240 par les armées mongoles qui tuèrent plus de cinq cents personnes.

Au nord-est de Réting, Tsong Khapa, le fameux réformateur et le fondateur de l'école Guélugpa, compila le « Lamrim Chenmo », la grande voie graduée vers l'éveil, dans un ermitage appelé Sengué Draq, la « Roche du Lion ». Le Lamrim, qui est une présentation générale des doctrines du Mahayana, reste le texte fondamental de l'école Guélugpa et il est étudié par tous les moines de cet ordre.

Réting passa aux mains de l'école Guélugpa lorsque cette école intégra en son sein l'ancienne école Kadampa.

Le monastère contenait les reliquaires d'Atisha et de Dromtön ainsi que de nombreux trésors. Il connut son apogée au début du XXᵉ siècle lorsque, comme ce fut parfois le cas auparavant, son abbé fut nommé régent du jeune treizième Dalaï-Lama.

Aujourd'hui le monastère est très endommagé mais la reconstruction du temple principal et des logements des moines est en cours.

Drigung

Le monastère de Drigung se trouve à une centaine de kilomètres au nord-est de la capitale sur la rive gauche de la rivière Kyichu.

Drigung est le siège de l'école Drigung Kagyu fondée par un disciple de Phagmodrupa, Dringung Rinpoché (1143-1217). Cette école s'est perpétuée jusqu'à nos jours, notamment au Ladakh, avec les monastères de Phyang et de Lamayuru.

Le monastère, détruit en 1290 par les Mongols alliés aux Sakyas, fut reconstruit et devint un centre de méditation florissant.

Près de six cents moines vivaient à Drigung et une soixantaine méditaient en retraite, isolés du monde.

La région administrative de Drigung était gérée par le Dzongsar situé à quelques kilomètres en aval. Construit au XVIᵉ siècle, il n'en reste aujourd'hui que des ruines.

Drigung, qui domine une étroite vallée fertile, est plus un ermitage qu'un monastère à proprement parler. Le bâtiment principal abrite les temples, les cuisines et quelques appartements, mais les moines vivent dans de petits ermitages qui sont accrochés sur le versant abrupt de la montagne. Les moines se réunissent autour de l'abbé pour certains rituels dans le grand temple, mais le plus souvent vivent dans leur cellule en semi-retraite. De ce village monastique émane une atmosphère de paix et l'ensemble est, à notre avis, l'un des plus beaux exemples de l'architecture tibétaine.

A quelques heures de marche, on peut atteindre le centre de retraite de Terdom où vivent environ cent cinquante nonnes dans un cadre saisissant. Terdom où vécut Yéshé Tsogyal est surtout connu pour ses sources chaudes et sulfureuses.

Ladakh

Leh

Indus

Charol Tso

Rudok

Spiti

Gugué

Sutlej

Gartok

Tsaparang

Töling

Tirtapuri

Mt Kailash
Darchen

Parka

Kamet

INDE

Badrinath

Manasarowar

Tsangpo

Purang

Gurlamandatta

Simbiling

Kojarnath

Gange

NEPAL

IV — Le Tibet de l'Ouest

Thirtapuri

C'est au cœur des grandes plaines de l'Ouest, le Chang Thang que se cachait autrefois le royaume de Gugué. Il connut son apogée aux Xe et XIe siècles, grâce au mouvement intellectuel et artistique qui se développa autour des personnalités d'Atisha et de Rinchen Zangpo. Cette région, bordée par les sommets himalayens du Gurla Mandata et du Kamet, donna naissance à la plus florissante école de peinture du Tibet, grâce à Rinchen Zangpo qui invita des artistes de l'Inde, du Cachemire et de l'actuel Pakistan (voir La seconde diffusion du Bouddhisme).

Pour des raisons que l'on ignore encore, ce royaume s'éteignit vers 1650, juste après le passage du missionnaire de Andrade (voir les explorateurs).

Pour les Hindous, les Thirtas sont des gués, des passages entre le monde des dieux et celui des hommes. Ces lieux sont ainsi chargés d'une influence spirituelle particulière. Thirtapuri fut depuis des siècles une étape importante pour les pèlerins de l'Inde, sur la route du mont Kaïlash.

Avant d'affronter la montagne, ils peuvent venir se purifier dans les eaux chaudes d'une source qui jaillit en geyser ou se recueillir un instant dans le petit monastère aujourd'hui reconstruit.

En suivant le lit de la rivière, le moine qui nous accompagne nous fait visiter son petit ermitage accroché à la paroi rocheuse où l'on accède par une simple trappe. Les drapeaux de prières flottent au vent, une longue rangée de Chötens borde le chemin d'accès, et textes et statues sont disposés dans le sanctuaire comme dans tous les monastères du Tibet. Mais c'est en voyant quelques pèlerins tourner autour des Chötens par la gauche que nous nous rendons compte qu'il vient de nous arriver la même mésaventure que celle que connut Lama Govinda lorsqu'il visita la région dans les années trente : nous sommes dans un monastère bön et notre moine appartient à cette école qui fut chassée au XIᵉ s. du Kaïlash par Milarépa et qui, depuis lors, s'est installée non loin de la montagne sacrée !

Töling et Tsaparang

Les deux anciens centres politiques et religieux du royaume de Gugué apparaissent soudain au détour d'une étroite vallée sablonneuse enfermée dans de hautes falaises de grès sculptées par les vents. On ne peut s'empêcher de penser aux Bouddhas de Bamyan, en Afghanistan ou aux Colosses de Memnon sur la rive droite du Nil... La roche est constellée de niches, de grottes et de passages qui abritaient soldats et ouvriers, sans doute à l'origine de la splendeur du royaume.

Malgré des dégâts importants, il reste à Töling quelques-uns des chefs-d'œuvre décrits par Lama Govinda et Tucci. Töling abrita jusque dans les années cinquante, un centre monastique florissant grâce à la générosité des nombreuses tribus de la région mais, aujourd'hui, il ne reste que deux sanctuaires, le Temple Blanc et le Temple Rouge où s'affairent quelques moines pour sauver ce qui peut l'être encore et les visages paisibles des Bouddhas émergent des ruines.

A Tsaparang, c'est le bedeau qui nous raconta que, depuis cinq générations, sa famille a veillé sur la forteresse. Sous la pression des Gardes Rouges, les Tibétains de la région durent détruire eux-mêmes les vestiges de la grandeur de leurs ancêtres... Cinquante ans après, nous suivîmes le sentier décrit par Lama Govinda pour accéder à la citadelle. C'est un étroit boyau creusé à l'intérieur du rocher. Au sommet, le Temple Rouge est construit comme un mandala en relief. Sur le sol, des cottes de mailles entassées ont du être abandonnées là par les derniers guerriers de Gugué. Les peintures murales sont de la même facture que celle des autres temples de Tsaparang, véritables chefs-d'œuvre qui ont traversé l'histoire, vestiges oubliés au bout du monde. (1)

Le lac Manasarovar

Sur l'immensité des plateaux, son dôme apparaît soudain comme un pilier vertical, unissant le ciel et la terre, le monde des hommes et celui des dieux. Mais avant de pouvoir rendre hommage à la divinité du mont

_____

1) Voir *Le chemin des nuages blancs*, *op. cit.*

Kailash, la montagne sacrée

Reinhold Messner, le premier alpiniste a avoir gravi les quatorze sommets de plus de 8 000 mètres, avait demandé aux Chinois l'autorisation de faire l'escalade du Mont Kaïlash. Il obtint l'autorisation d'y faire une expédition en 1987 ; finalement il renonça à son projet.

Au cours d'un colloque, il a raconté pourquoi il n'escaladerait jamais la sainte montagne :

« M'étant rendu sur place pour faire l'état des lieux, je sentis que cette montagne, ne devait pas être escaladée ; elle doit rester intacte dans toute sa sacralité comme un cristal d'azur qui ne peut être atteint qu'au travers de la prière et de la méditation.

Pour sentir la montagne, j'avais décidé de m'unir aux pèlerins. La vision du Kaïlash est enthousiasmante. De quelque endroit qu'on l'observe, il est égal à lui-même. Il garde continuellement une forme et un rythme constant que semble scander le chant des pèlerins qui en font le tour.

Chaque Tibétain porte en lui depuis l'enfance, l'image du Kailash. Il l'absorbe avec le lait de sa mère... Un épisode en particulier m'en a donné la clé :

Le long du chemin qui tourne autour de la montagne, un pèlerin était mort. Les autres le laissait là, sans y toucher, parce qu'il était mort au sommet de la félicité et il resterait là jusqu'à ce qu'il se confonde avec la montagne car la mort au pied du Kaïlash est la plus heureuse et la plus belle que puisse souhaiter un Tibétain.

J'ai éprouvé une extraordinaire légèreté, la joie de l'enfant qui rencontre la Mère (le lac Manasarovar) sentant sur mes épaules le Kaïlash, le Père... et j'ai compris pourquoi un Tibétain avait souri en secouant la tête lorsque je lui avais demandé « Mais ce Kaïlash, vous le voyez vraiment comment le Père ? »

Il avait répondu :

— « Pourquoi me demandes-tu cela ? Il est là, regarde-le, tu ne le reconnais pas ? »

Kaïlash, les pèlerins doivent se purifier dans les eaux glacées du lac Manasarovar. Selon la légende, la reine Maya vint y faire ses ablutions avant de pouvoir recevoir en son sein, le Bouddha. Depuis lors, le lac est considéré comme la résidence des divinités paisibles tandis que son homologue, le lac Rakshastal accueille les dieux courroucés et terrifiants.

Les deux lacs communiquent par un étroit chenal : lorsque les eaux du Manasarovar montent, elles s'écoulent dans le Rakshastal, quinze mètres plus bas. Ce phénomène considéré comme de bon augure ne s'est plus produit depuis trente ans.

Le lac Manasarovar et les huit monastères qui l'entourent, était considéré comme la représentation de la Roue de la Vie. En effectuant la circumambulation rituelle du lac, le pèlerin faisait symboliquement tourner la Roue de la Vie pour le bien-être de tous les êtres. De ces monastères, il ne reste aujourd'hui que Chiu Gompa, le monastère du « petit oiseau », au pied duquel les chercheurs d'or tamisent inlassablement le sable pour rechercher, sans doute, la pépite de plusieurs kilos appelée le Chien d'Or. Cette pépite fut offerte au Dalaï-Lama, mais celui-ci craignant qu'elle ne suscite des jalousies ou désordres, ordonna qu'elle fût rendue aux eaux du lac.

Le mont Kailash

C'est au Kailash que quatre des plus grands fleuves du monde prennent leur source, ce qui contribua sans doute à sacraliser la montagne. Selon la légende, les eaux s'écoulent de quatre « bouches » de quatre animaux mythiques, dans les quatre directions de l'espace. En fait, il est maintenant prouvé que le Gange prend sa source sur le versant sud des Himalayas, mais la Karnali, l'un de ses affluents, vient effectivement de la région du Kailash.

L'Indus naîtrait de la bouche du Lion de Cristal ;
La Sutlej, affluent de l'Indus, de la bouche de l'Eléphant d'Or.
Le Brahmapoutre, de la bouche du Cheval de Lapis-lazuli.
Le Gange, de la bouche du Taureau d'Argent.

Pour les Tibétains, le mont Kailash est associé symboliquement au centre de l'univers, au mont Méru, résidence des dieux... Au sommet se tient Chakrasamvara (tib : Demchog), entouré de son mandala de 64 divinités. Les Hindous associent la montagne à la résidence de Shiva le bienfaisant, le maître des renaissances. Ainsi, pour tous les pèlerins, effectuer le tour de la montagne, c'est pénétrer dans l'univers des dieux et se purifier de son humanité contingente et conditionnée pour renaître au monde.

La Khora peut se faire en plusieurs jours. Certains méditants s'installent avec leur tente pour de longues retraites mais la plupart l'effectuent en un jour. Partant de Tarchen à l'aube, ils parcourent ainsi les quelque cinquante kilomètres et les mille mètres de dénivelé qui séparent la plaine du col de Tara (5 700 mètres). Pour que le pèlerinage soit complet, ils doivent effectuer treize fois la Khora en vingt-six jours. Certains n'hésitent pas à le faire en se prosternant dans la poussière, à chaque pas.

Comment ne pas admirer ce groupe de pèlerins venus de Bombay et qui se hissent péniblement vers le col, en sari et en espadrille ! Depuis 1981, les Indiens sont autorisés à retourner au mont Kaïlash. Ils sont des milliers à postuler, mais seuls quelques dizaines peuvent s'y rendre chaque année. Et si la mort attend l'un ou l'autre sur le chemin, le pèlerin aura ainsi réalisé son rêve le plus cher, son aspiration la plus haute et, paisible, il partira vers de meilleures réincarnations...

En descendant du col de Tara, purifié de ses actes passés, le pèlerin pourra voir dans les eaux noires du lac Gorikund, ses vies futures. Enfin, avant de redescendre vers le monde des hommes, il s'arrêtera quelques instants devant la grotte de méditation de Milarépa.

Tout le monde connaît ici le combat qui opposa celui-ci au maître bön Naro Bönchuk pour la conquête de la montagne sacrée (voir encart). En conclusion, nous disent les cent mille chants de Milarépa, « Naro Bönchuk s'attacha au Chöten Kongsen, quant aux disciples de Milarépa, ils gardèrent continuellement le pouvoir sur la blanche montagne et les deux lacs » (1). Cet épisode marqua le déclin de la suprématie bön au Tibet de l'Ouest et coïncida avec l'arrivée d'Atisha au monastère de Töling.

---

1) Voir : *Les cent mille chants de Milarépa,* op. cit.

Bien d'autres fois Milarépa et Naro Bön Tchoung s'essayèrent à divers prodiges. A la fin, les exploits du Jetsün apparaissaient toujours les plus merveilleux. le bönpo lui dit :

— Pour moi, tu es un illusionniste et je ne suis pas convaincu par tes artifices. Aussi, le quinzième jour de ce mois, celui de nous deux qui arrivera le plus vite au sommet du Mont Tisé contrôlera la montagne. Et nous verrons qui a obtenu les ultimes pouvoirs divins.

— Comme tu as dit, il sera fait, répliqua le yogi. Mais quelle misère d'envisager les sublimes pouvoirs divins dans la manifestation d'intuitions brumeuses ! Il est nécessaire de voir le vrai visage de l'esprit [16] pour obtenir les excellents siddhis. Cela fait, il est essentiel de pénétrer dans l'enseignement de la lignée qui est mienne, puis de méditer.

— Quel est le mal ? Quel est le bien dans ma pensée et la tienne ? ajouta le bönpo. Alors que nos pratiques sont similaires, quelle est la différence entre Bön et Dharma ? Les miracles précédents étaient-ils des hallucinations ? Les tiens paraissaient les plus forts sans doute... Il en sera maintenant décidé par la course au sommet du Tisé.

Le Jetsün accepta que cela en décide. On dit qu'à ce moment le bönpo pria fébrilement sa divinité. Milarépa, quant à lui, ne modifia sa conduite en rien.

Vint l'aube du quinzième jour. Portant un manteau d'herbes et de plantes, monté sur un tambour, Naro Bön Tchoung avançait dans le ciel en jouant de sa cymbale à battant. Les disciples du Jetsün le virent, mais leur Maître continuait de dormir. Rétchungpa l'appela :

— Vénérable ! Naro Bön Tchoung a enfourché son tambour, il s'est envolé tôt ce matin. Il est parvenu à mi-hauteur du Mont Tisé.

Le Maître demeurait immobile.

— Laisserez-vous ce site au bönpo ? demanda Rétchungpa.

Comme tous les disciples le pressaient, insistaient sur l'urgence, le Jetsün adopta le regard et les gestes terribles.

— Regardez à présent !

Tous regardèrent et s'aperçurent que le bönpo n'était plus capable de s'élever, qu'il virevoltait sur place.

L'aurore vint et le soleil entama sa montée. Le Grand Ascète fit claquer ses doigts, il déploya comme des ailes sa robe de coton, puis s'envola. En un instant, et au moment où le soleil s'y posait, il parvint à la pointe du Mont Tisé. Là, Milarépa vit distinctement les Lamas de la lignée et Khorlo Dompa entouré des divinités de sa suite. Ils se réjouissaient, assis sur un chemin aux couleurs diaprées d'arc-en-ciel. En dépit de sa sérénité, Milarépa connut un bonheur extrême. (1)

---

(1) LAMOTHE M.J., *Les cent mille chants de Milarépa*, p. 272, Ed. Fayard.

Glossaire

Abidharma :
Troisième volet des trois corbeilles enseignées par le Bouddha. Ensemble des enseignements relatifs à la connaissance de l'esprit (psychologie).

Amban :
Représentant du gouvernement chinois à Lhassa. Sorte de gouverneur, dont les pouvoirs ont varié au cours de l'histoire mais se sont limités le plus souvent à un rôle de figuration.

Annatta (skt) :
Doctrine du non-soi particulièrement développée dans l'école du Mahayana. (La Voie du Milieu).

Amrita (skt) :
Nectar d'immortalité, terme utilisé dans le Vajrayana.

Avalokiteshvara (skt) :
En tibétain : Chenrézig ; Bodhisattva de la Compassion, protecteur du Tibet et des Dalaï-Lamas qui sont considérés comme ses émanations dans le monde.

Atiyoga (skt) :
Dernier des six yogas tantriques de l'école des Anciens (Nyingmapa).

Bardo Thödol :
Traduit sous le titre de « Livre des Morts Tibétains », cet enseignement qui « libère du monde par l'écoute », expose les états intermédiaires et les renaissances. (Mort et Réincarnation).

Bodhisattva (skt) :
Ceux qui, libérés du cycle des renaissances, ont renoncé à atteindre l'état de Bouddha pour accomplir par compassion le bien des êtres jusqu'à ce que tous soient libérés du monde (Samsara).
Certaines divinités sont des Bodhisattvas et représentent les qualités de l'esprit de l'Eveil actif dans la vie.

Chenrézig :
Voir Avalokiteshvara.

Bön :
Religion originelle du Tibet qui prit naissance au Shangshung (Tibet de l'Ouest) et prévalait avant l'introduction du Bouddhisme. Spécialisée dans la magie blanche et noire, le culte des démons et des forces de la nature.
Le Bön s'est transformé au cours des siècles intégrant progressivement des éléments proches du Bouddhisme.

Chakra (skt) :
Khorlo en tibétain. Cercles d'énergie utilisés dans les pratiques tantriques, le but étant de purifier les chakras principaux par des exercices de yoga.

Chakra samvara (skt) :
Khorlo Demchog en tibétain. Yidam de l'Anuttara tantra, un des tantras les plus pratiqués au Tibet et appelé la « Félicité des Chakras ».

Cham :
Festival de danses masquées qui peut durer deux ou trois jours, ayant lieu en général les 10e, 15e ou 29e jours de la lune.

Chöd :
Rituel fondé sur le Prajnaparamita qui fut instauré par Machiq Labdrön, célèbre Yogini tibétaine, disciple du sage indien Dampa Samgyé, dans lequel le yogi donne son corps en offrande aux divinités et aux démons pour « couper » (chöd) l'attachement à l'égo.

Chögyal : Littéralement roi du Dharma. Nom donné à la grande dynastie tibétaine des rois qui, à partir de Songtsen Gampo, ont favorisé l'avènement du Bouddhisme au Tibet.

Chökyong : Protecteurs de la doctrine bouddhiste.
Certains sont « libérés du monde » et sont des aspects courroucés de divinités paisibles et compatissantes. Certains protecteurs mondains sont d'anciens démons qui furent subjugés par les grands maîtres tantriques du passé, notamment Padmasambhava.

Chöten : Stupa en sanskrit. Dans la tradition indienne, ces monuments servaient à abriter les reliques des Bouddhas et des grands maîtres. Plus tard, ils ont servi aussi de monuments votifs. Ils peuvent être de petite ou de très grandes constructions.

Chuba : Longue robe tibétaine, sans manches et attachée dans le dos, portée par les femmes.

Dakini (skt) : Masculin : daka. Khadroma en tibétain, littéralement : celle qui se déplace dans l'espace, ce qui correspond à l'étymologie des anges de la traditon chrétienne. Aspect de Sagesse (elles peuvent être les parèdres de grands yogis tantriques) ou parfois malignes ou terrifiantes. (Lama, Yidam et Protecteurs).

Dési : Gouverneur. Au cours de l'histoire, ils occupèrent souvent des postes de Premier ministre ou de régent.

Dharma (skt) : Chös en tibétain. Ensemble des enseignements bouddhiques donnés par le Bouddha. Dans un sens général, signifie la « loi » naturelle qui conduit vers la vérité.

dharma : Phénomène du monde conditionné.

Dharmakaya (skt) : Corps de Vacuité du Bouddha, non formel. C'est l'Eveil ultime, sans point de référence, l'esprit naturel, non né et libre.

Dzokchen : La Grande Perfection. Lignée d'enseignements de l'école Nyingmapa. Synonyme de Atiyoga, le sommet des neuf véhicules selon cette école.

Eveil : Bodhi en sanskrit, état de Bouddha. Selon l'Hinayana, état de l'esprit libéré de l'ignorance et des émotions négatives. Selon le Mahayana, cet Eveil sera ultime par le développement de la compassion et la pratique des moyens habiles pour le bien de tous les êtres.

Guélugpa : Ecole réformée, dite des Bonnets Jaunes, fondée par Tsong Khapa au XVe siècle. (Voir les Ecoles Bouddhistes).

Guéshé : Plus haute distinction de l'école Guélugpa qui sanctionne plus de douze années d'études et une parfaite maîtrise dans toutes les branches du savoir.

Gyaling : Sorte de hautbois, à double hanche vibrante, joué en son continu dans l'orchestre monastique.

Guhyasamaja (skt) : Yidam de l'Anuttara Tantra, de couleur bleue, il a six bras et quatre têtes et est représenté en union charnelle avec sa parèdre.

Hayagriva (skt) : Tamdrin en tibétain. Protecteur du Dharma, il occupe le rang de Bodhisattva et est souvent vénéré comme un yidam. Il a en général trois têtes, six bras avec de grandes ailes. Il a une tête de cheval dans son chignon.

Hinayana (skt) : Petit véhicule. Appellation à connotation parfois péjorative de la Voie du Théravada, le Bouddhisme orthodoxe de Sri Lanka et du Sud-Est asiatique.
Selon une autre interprétation, le petit véhicule est la motivation de se libérer soi-même du monde par rapport au grand véhicule qui vise à libérer tous les êtres sans exception. (Si tu croises le Bouddha dans la Rue).

Jonangpa : Voir les Ecoles Bouddhistes.

Joyaux : Dans la tradition bouddhiste, le Bouddha, son enseignement (le Dharma) et la communauté (le Sangha), sont appelés les trois Refuges ou les trois Joyaux car ils sont comme les joyaux, rares et précieux.

Jowo : Représentation du Bouddha Sakyamuni sous les traits d'un jeune homme, portant en général une coiffe de gloire d'or incrustée de pierres précieuses. La première statue du Jowo aurait été apportée de Chine par la princesse chinoise Kunchog Wencheng au VIIe siècle.

Kadampa (skt) :	Ecole fondée par Atisha au XIᵉ siècle (voir Ecoles Bouddhistes).
Kagyupa :	Ecole fondée par Marpa le traducteur et Milarépa, le fameux yogi poète (voir les Ecoles Bouddhistes).
Kalachakra (skt) :	Düskhor en tibétain, « la Roue du Temps ». Cycle de l'Anuttara Tantra, qui constitue une branche du Vajrayana, lié à la tradition de Shambhala.
Kangyur :	Canon bouddhique en 108 volumes traduit du sanskrit et que l'on trouve dans la plupart des temples importants.
Karma (skt) :	Doctrine bouddhiste de la loi des actes, des causes et des effets, selon laquelle nous sommes le fruit de nos actes passés et nous produisons aujourd'hui les causes de ce que nous serons plus tard (dans cette vie et les suivantes).
Kashag :	Gouvernement tibétain des Dalaï-Lamas. Sorte de conseil des ministres, il comprend trois laïcs et un religieux nommés par le Pontife. Regroupe les pouvoirs exécutifs et législatifs et nomme les hauts fonctionnaires.
Kazakh :	Turcs et musulmans, les Kazakhs occupent depuis le XVIIIᵉ siècle la Dzoungarie mais la grande majorité d'entre eux vivent aujourd'hui en URSS. Fuyant la révolution, une partie s'est installée au Tibet, au Qinhaï et au Kansu. Il reste aujourd'hui deux communautés de Kazakhs, l'une dans les pâturages de l'Altaï, l'autre au Kansu.
Khatag :	Echarpe blanche, de soie ou de crêpe, que l'on offre à un hôte de marque, un lama ou à une divinité. Dans la tradition religieuse, la khatag symbolise la pureté du corps, de la parole et de l'esprit, que l'on offre à un maître spirituel.
Khora :	Circumambulation rituelle de monuments sacrés, de lieux de pouvoir ou encore de montagnes, pratiquée par les moines et les laïcs.
Khorlo Demchoq :	Voir Chakrasamvara.
Kyang :	Hémione ou âne sauvage vivant en Asie Occidentale. Certains troupeaux peuvent atteindre plusieurs centaines de têtes.
Lamrim :	Voie graduelle vers l'Eveil enseignée par Atisha et systématisée par Tsong Khapa.
Lotsawa :	Traducteur en tibétain.
Madhyamika (skt) :	Voie du Milieu, au-delà des extrêmes éternalistes et nihilistes, qui est la base philosophique commune à toutes les écoles bouddhistes du Tibet. Cette école de pensée fut fondée par Nagarjuna (la Voie du Milieu).
Mahakala (skt) :	Chef des protecteurs du Dharma, il est en général bleu nuit et peut avoir deux, quatre ou six bras.
Mahamudra (skt) :	Littéralement : le grand symbole ou geste. Transmission méditative de l'école Kagyüpa. Dans cet état, toutes les expériences sont transformées en connaissance transcendante et moyens habiles.
Mahasiddha (skt) :	Yogis réalisés, adeptes des Tantras. On parle en général des quatre-vingt-quatre mahasiddhas de l'Inde qui furent la source de la transmission du Vajrayana au Tibet. Leurs biographies regorgent d'exploits, de miracles et de comportements hors des normes.
Mahayana (skt) :	Grand Véhicule. Doctrine qui unit la vacuité et la compassion enseignées par le Bouddha à Rajgir en Inde, sur le pic des Vautours (voir Hinayana).
Mandala (skt) :	Kyil Khor en tibétain. Représentation symbolique de l'univers ou du palais céleste d'une divinité, ces diagrammes peuvent être peints, fabriqués en sable pour une initiation ou représentés en trois dimensions. Au cours d'une initiation, l'aspirant est introduit dans ce monde symbolique de la divinité qui lui est dévoilé par son maître spirituel.
Manjushri (skt) :	Jampalyang en tibétain. Ce Bodhisattva représente la qualité de Sagesse ou de Connaissance du Bouddha : dans la main droite, il tient l'épée qui tranche les doutes, et dans la main gauche un texte de la Prajnaparamita.

Mantra (skt) : Parole de force qui « lie l'esprit » à la divinité de méditation. Son effet ne vient pas de son sens, le plus souvent symbolique, mais de sa récitation, le méditant s'unissant à la divinité dont le mantra est l'essence même. (La Transformation des Apparences).

Milam : Yoga du rêve (voir Yoga).

Mönlam : Littéralement : « souhait ». Nom de la grande prière de la pleine lune suivant le nouvel an à Lhassa. (Nouvel an à Lhassa).

Mudra (skt) : Gestes symboliques, positions des mains des divinités. Au cours de méditations du Vajrayana, l'esprit est concentré sur la visualisation, la parole récite le mantra de la divinité tandis qu'avec le corps, le méditant effectue les mudras de celle-ci. Ces mudras représentent aussi les offrandes que le méditant offre mentalement à la divinité .

Naga (skt) : Lu en tibétain. Etres marins à corps humain et à queue de poisson. Ils sont associés aux trésors et auraient gardé la Prajnaparamita que Nagarjuna vint chercher chez eux.

Nirmanakaya (skt) : Trulku en tibétain. Corps d'émanation du Bouddha sous forme humaine, comme le Bouddha historique par exemple.

Nirvâna (skt) : Libération ou état de Bouddha par opposition à Samsara, le monde conditionné de la souffrance mue par la loi du Karma. Dans le Mahayana, le Bodhisattva suivant la Voie du Milieu, fait le vœu de ne tomber ni dans le gouffre du monde, ni dans la béatitude du Nirvâna en tant que cessation (voir Eveil).

Nyingmapa : Ecole des Anciens fondée par Padma Sambhava (voir les Ecoles Bouddhistes).

Öd Sal : Claire lumière (voir Yoga).

Panchen-Lama : Ce titre fut donné à un lama du Tashilungpo de Shigatsé par son disciple, le cinquième Dalaï-Lama. Panchen vient de Pandita Chenpo, le « grand érudit ». L'actuel Panchen-Lama vit à Pékin (voir Dalaï et Panchen-Lama).

Paramita (skt) : Perfection.
Les six perfections sont les qualités transcendantes pratiquées dans le Mahayana : la générosité, la discipline, la patience, la persévérance, la méditation et la connaissance (Prajnaparamita).

Palden Lhamo : Sri Dévi, la Dame à la Mule, protectrice particulière des Dalaï-lamas, elle est montée sur une mule, son tapis de selle est une peau humaine.

Prajnaparamita (skt) : Perfection de la Sagesse (voir Paramita). Ensemble de textes exposant les enseignements de la Vacuité.

Powa : Transfert de conscience (voir Yoga).

Radong : Longues trompes « téléscopiques » en cuivre, jouées par paire pour obtenir un son continu.

Sadhana (skt) : Dans le Vajrayana, rituel de méditation sur une divinité (voir Rituels).

Sambhogakaya (skt) : Corps de Béatitude du Bouddha, corps formel pur qui communique avec autrui. Il est représenté iconographiquement par les Yidams et les Protecteurs.

Samsara (skt) : Cycle des existences conditionnées liées par la loi du Karma, par opposition au Nirvâna, la libération.

Shijé : Voir Yama.

Shunyata (skt) : Tongpa Nyi en tibétain. Doctrine qui expose la vacuité d'existence propre des phénomènes et non le vide comme on le croit souvent (la Voie du Milieu).

Siddha (skt) : Voir Mahasiddha.

Stupa (skt) : Voir Chöten.

Sutra (skt) : Do en tibétain. Paroles attribuées au Bouddha compilées dans le Kangyur. Recouvrent l'Hinayana et le Mahayana.

Tamdrin : Voir Hayagriva.

Tara (skt) : Drolma en tibétain. Une des divinités les plus populaires du Tibet, elle est la compatissante, la salvatrice. La Tara Verte est représentée avec la jambe ouverte, elle est prompte à bondir pour le bien d'autrui. La Tara Blanche a les jambes en position de méditation, elle est l'aspect de la longévité.

Tantra (skt) :	Gyüd en tibétain. Littéralement, « continuité » ou fil conducteur entre la base, le chemin et le fruit de la bouddhéité. Ensemble de textes de méditation utilisé dans le Vajrayana et attribué au Bouddha Sakyamuni. Selon la classification des nouveaux Tantras il y a quatre niveaux de trantras, kriya, upa, yoga et anuttara (voir les Ecoles Bouddhiques du Tibet).
Tumo :	Chaleur intérieure. (Voir Yoga).
Tathagata (skt) :	Synonyme du Bouddha, littéralement « celui qui s'en est allé dans la telléité » des choses telles qu'elles sont, c'est-à-dire la vérité.
Chanaq Dorjé :	Vajrapani, le détenteur du Vajra. Bodhisattva qui représente la troisième qualité du Bouddha, après sagesse et compassion : le pouvoir. De couleur bleue, souvent courroucé, il tient le vajra dans sa main droite, symbole de la puissance du Bouddha.
Telléité :	Choses telles qu'elles sont ; Dharmata en sanskrit.
Tengyur :	Les 250 volumes environ de textes de commentaires, de rituels, de pratiques qui constituent avec le Kangyur, l'ensemble des textes canoniques et leurs commentaires en tibétain et que l'on voit dans la plupart des temples importants.
Terma :	Par opposition à Kama qui sont des enseignements transmis de maître à disciple, les Termas sont des enseignements, ou parfois des objets, censés avoir été cachés par des maîtres du passé pour être « découverts » plus tard, à une époque pour laquelle ils sont appropriés.
Thamzing :	Séances d'interrogatoire, d'autocritique et de dénonciation publiques mises au point par les communistes Chinois et utilisées au Tibet.
Trulku :	Corps d'émanation du Bouddha (voir Nimanakaya). Dans la tradition tibétaine, c'est l'appellation des incarnations qui manifestent les qualités spirituelles d'un maître du passé (voir Mort et Réincarnation).
Théravada (skt) :	« Voie des Anciens ». Bouddhisme originel enseigné par le Bouddha au Parc des Gazelles à Sarnath et appelé la « première mise en mouvement de la Roue du Dharma » (voir Hinayana).
Torma :	Gâteaux d'offrande, littéralement « que l'on jette ». Certains sont de simples moulages de tsampas, d'autres peuvent être très sophistiqués, peints et décorés de beurre. Simples offrandes, elles sont parfois des symboles de la divinité, catalyseurs de l'énergie spirituelle de celle-ci.
Tsong Dü :	Assemblée non élue composée de nobles, de dignitaires religieux et de hauts fonctionnaires, réunis ponctuellement par le Dalaï-Lama pour traiter d'affaires importantes.
Vajra (skt) :	Dorjé en tibétain. Sceptre adamantin qui représente l'indestructabilité de l'enseignement et des moyens habiles du Vajrayana, la compassion, les techniques de méditation, yoga, etc. C'est la force masculine active toujours liée à la cloche qui représente le principe féminin passif de la sagesse immuable.
Vajradhara (skt) :	Dorjechang en tibétain. Bouddha primordial, de couleur bleu nuit, il tient unis le vajra (le pouvoir) et la cloche (la sagesse). Il est, dans la tradition du Vajrayana, la manifestation de l'esprit éveillé du Bouddha.
Vajrapani (skt) :	Détenteur de Vajra (voir Chanaq Dorjé).
Vajravarahi (skt) :	Dorjé Pagmo en tibétain. Dakini et yidam semi-courroucées. Son corps est rouge. Dans une main elle tient une serpette et dans l'autre un crâne humain. Parèdre de Chakra Samvara (Demchoq).
Vajrayana (skt) :	Véhicule de diamant ou véhicule foudroyant car il est rapide comme la foudre. Fondé sur les concepts du grand véhicule, le Vajrayana est un ensemble de pratiques et de techniques de méditation pour atteindre l'état de Bouddha en une seule vie.
Vinaya (skt) :	Dülwa en tibétain. Règles d'éthique et de discipline énoncées par le Bouddha. Le canon bouddhique se décompose en trois branches : le Vinaya, les Sutras ou paroles mêmes du Bouddha, et l'Abidharma qui expose tout ce qui a trait à la conscience et à l'esprit.

Yama (skt) :	ou Yamantaka (Shijé en tibétain). Le maître de la mort qui tient dans ses griffes la roue de la vie.
Yidam :	Divinité de méditation donnée par un lama à son disciple au cours d'une initiation et qui devient sa divinité de tutelle. Littéralement : « le lien de l'esprit » vers l'Eveil. (Voir Lamas, Yidams et Protecteurs).
Yoga (skt) :	Six yogas de Naropa. Exercices de yoga spirituel pratiqués le plus souvent en retraite et qui constituent la voie des moyens du Vajrayana pour réaliser l'Eveil. Ils furent transmis à Naropa par son maître indien Tilopa.

BIBLIOGRAPHIE

1. Ouvrages généraux

Gonsar Rinpoché, La Culture Tibétaine ; *Inst. Vajra Yogini Lavaur 1986.*
Gyatso Tséring, Tibetan Marriage Custom ; *L.T.W.A. Dharamsala 1979.*
Kipling R., Kim ; *1901.*
Kolm S.C., Le Bonheur-Liberté ; *P.U.F. Paris 1982.*
Mac Donald D., Cultural Heritage of Tibet ; *Light and Life Pub. New Delhi.*
Namkhai Norbu, Tibetan Nomads (en tibétain) ; *Shang-Shung Ed. Areidoso 1983.*
Nimri Aziz B., Kapstein M. ; *Souding in Tibetan Civilization - Manohar Delhi 1985.*
Pallis M., Cimes et Lamas ; *Paris 1955.*
Stein R.A., La Civilisation Tibétaine ; *Le Sycomore - L'Asiathèque Paris 1962.*
Thubten Sangay, Tibetan Birth Ceremonies ; *L.T.W.A. Dharmasala 1975.*
Thubten Sangay, Tibetan Ceremonies of the Dead ; *L.T.W.A. Dharamsala 1974.*
Thubten Jigme Norbu, Le Tibet ; *Stock 1969.*
Tucci G., Tibet, Pays des Neiges ; *Albin Michel Paris 1969.*
Tucci G., Le Tibet ; *Albin Michel Paris 1967.*
Tucci G., Tibet ; *Ed. Nagel - Genève 1973.*
Tucci G., Transhimalaya ; *Vikas Pub. Genève 1973.*
Wylie V.T., The Geography of Tibet ; *Is. M.E.O. 1962.*

2. Histoire et traductions

Aten, Un Cavalier dans la Neige ; *Librairie d'Amérique et d'Orient - Maisonneuve Paris 1981.*
Avedon J.F., *Loin du Pays des Neiges ; Calmann-Levy 1985.*
Barber N., The Flight of the Dalaï-Lama ; *Hodder & Stoughton London 1960.*
Chattopadhyana A., Atisa and Tibet ; *Motilal Banrasidass P. Delhi 1981.*
Choephel G., The White Annals ; *L.T.W.A. Dharamsala 1978.*
Collectif, Tibet ; *The Facts.*
Collectif, Le Tibet et la République Populaire de Chine, *Commission Intern. des Juristes Genève 1960.*
Das S. Ch., Contributions on the Religion and History of Tibet ; *Manjusri New Delhi 1970.*
Das S. Ch., Tibetan Studies ; *K.P. Bagghi and Company - New Delhi 1984.*
David-Neel A., La Vie Surhumaine de Guésar de Ling ; *Ed. du Rocher 1978.*
Dowman K., Le Fou Divin ; *Albin Michel Paris 1982.*
Douglas N., Karmapa ; *Arche Milano - Milano 1979.*
Epstein I., Tibet Transformed ; *New World Press - Beijing China 1983.*
Garma C.C.Chang, Song of Milarepa (two volumes) ; *Shambhala Ed. London 1977.*
Glimpses of Tibet, Information Office of this Holiness the Dalaï-Lama Today ; *Dharamsala 1978.*
Hopkirk P., Bouddhas et Rôdeurs sur la Route de la Soie ; *Arthaud 1980.*
Lama Kazi Dawa, Milarépa ou Jetsun Kahbum ; *Librairie d'Amérique et d'Orient. Maisonneuve Paris 1975.*
Lamothe, Milarépa, les Cent Mille Chants ; *Fayard 1986.*
Lowell Thomas Jr, The Silent War in Tibet ; *Secker and Warburg - London 1960.*
Naudou J., Les Bouddhistes Kasmiriens au Moyen Age ; *P.U.F. Paris 1968.*
Paljor K., Tibet, the Undying Flame ; *Dharamsala 1977.*
Peissel M., Les Cavaliers du Kham ; *R. Laffont Paris 1972.*

Pemba T., Tibet, l'An du Dragon ; *Maisonneuve et Larose Paris 1975.*
Roerich G.N., The Blue Annals ; *Motilal Barnasidas Delhi 1979.*
Shakabpa W.D., Tibet : A Political History ; *Potala Publication. New York 1984.*
Snellgrove D. - Richardson H., A Cultural History of Tibet ; *Prajna Press Boulder 1980.*
Toussaint J.Ch., Le Grand Guru Padmasambhava ; *Ed. Orientales Paris 1979.*
Tungpa Ch., Born in Tibet ; *Le Seuil Paris.*
Trungpa Ch., Pratique de la Voie Tibétaine ; *Le Seuil Paris.*
Trungpa Ch., Méditation et Action, *Le Seuil Paris.*
Yonghusband F., India and Tibet, *Oxford Univ. Press 1985.*

3. Religion

Aksharananda A., Aspect du Tantrisme ; *Les Chevaliers du Lotus d'Or - Castellane 1981.*
Bareau A., En suivant Bouddha ; *Edition Lebaud 1985.*
Beyer St., The Cult of Tara ; *Univ. of California Press 1978.*
Bina Roy Burman, Religion and Politics in Tibet ; *Vikas Publishing House - New Delhi 1979.*
Bleichsteiner R., L'Eglise jaune ; *Payot Paris 1950.*
Blofeld J., Le Bouddhisme Tantrique du Tibet ; *Ed. du Seuil Paris 1976.*
Bokar Rinpoché, La Méditation - Profondeur de la Sagesse - Le Pur et l'Impur ; *Claire Lumière - Eguilles 1985-1986.*
Caroutch Y., Renaissance Tibétaine. *Ed. Friant Paris 1982.*
Chatterjee A.K., The Yogacara Idealism, *Motilal Barnasidass 1975.*
Dalaï-Lama 7e, Poèmes de Transformation Spirituelle ; *Tushita Books - Dharamsala 1979.*
David-Neel A., Mystiques et Magiciens du Tibet ; *Plon 1929.*
Dowman K., Sky Dancer ; *R.K.P. London 1984.*
Dowman K., The Legend of the Great Stupa of Bodanath ; *A. Diamond Sow Press - Kahtmandu 1973.*
Eliade M., Le Chamanisme ; *Payot Paris 1951.*
Garma C.C.Chang, Six Yogas of Naropa ; *Snow Lion Pub. New-York.*
Geshe Rabten, Vie et Enseignements ; *Ed. Dharma Peymeinade 1980.*
Geshe Kelsang - Gyatso, Claire Lumière de Félicité ; *Ed. Dharma 1986.*
Geshe Kelsang - Gyatso, Meaningful to Behold ; *Wisdom Cumbria 1980.*
Govinda A., Le Fondement de la Mystique Tibétaine ; *Ed. Albin Michel Paris 1960.*
Hopkins J., Meditation on Emptiness ; *Wisdom Public. London 1983*
Lati Rinpoché - Hopkins J., La Mort, l'Etat Intermédiaire et la Renaissance ; *Dharma publi. Peymeinade 1979.*
Lhundup Sopa, Practice and Theory of Tibetan Buddhism ; *Rider 76 Delhi.*
Mullin G.H. ; Six Texts Related to Tara Tantra ; *Tibet House New Delhi 1980.*
Nebesky - Wojkowitz R., Tibetan Religious Dances ; *Mouton Paris 1976.*
Nebesky - Wojkowitz R., Where the Gods are Mountains ; *Weidenfeld and Nicholson London 1956.*
Nebesky - Wojkowitz R., Oracle and Demons of Tibet ; *Akademische Druk U. - Gras 1975.*
Nyingma Meditation - Centre, Cristal Mirror, Vol. IV.V.VI., *Dharma P. Berkeley USA 1984.*
Ruegg D.S., Le Traité du Tathagata-Garbha ; *Ecole Française d'Extrême-Orient Paris 1973.*
Stein R.A., Vie et Chants de Drukpa Kunleg, le Yogin ; *Maisonneuve et Larose Paris 1972.*
Schneltzer, La Méditation Bouddhique ; *Dervy Livres Paris.*
Tenzin Gyamtso, - 14e Dalaï-Lama, Kindness, Clarity and Insight ; *Snow Lion P. New York 1984.*
Toussaint, Le grand Guru Padmasambhava ; *Ed. Orientales Paris 1979.*
Trungpa Ch., The Rain of Wisdom ; *Shambhala London 1980.*
Trungpa Ch., Pratique de la Voie Tibétaine ; *Le Seuil Paris 1976.*
Trungpa Ch., Méditation et Action ; *Fayard - Sagesses Paris 1972.*
Trungpa Ch., Regards sur l'Abhidharma ; *Ed. Yiga Tcheu Dzinn - Toulon s/Arroux 1981.*
Trungpa Ch. - Guenther, L'Aube du Tantra ; *Dervy Livres Paris 1980.*
Tsultrim Allione, Women of Wisdom ; *R.K.P. London 1985.*
Tsultrim Gyamtso Kh., Méditation sur la Vacuité ; *Kagyu Teckchen Shedra Montignac 1980.*
Tucci G. - Heissig W., Les Religions du Tibet et de la Mongolie ; *Payot Paris 1973.*
Waddel L.A., Tibetan Buddhism ; *Dover Publi. - New York 1972.*
Wu J., L'Age d'Or du Zen, *Ed. Marchal Paris 1980.*

4. Récits de voyages et géographie

Allen Ch., A Moutain in Tibet, *Futura P. London 1983.*
Blanc Ph., Tibet d'Hier et d'Aujoud'hui ; *Guy le Prat Ed. Paris 1985.*

Collectif, Tibetan Guides to Places of Pilgrimage ; *Dharamsala 1985*.
Das S. Ch., Journey to Lhassa and Central Tibet ; *M. Banasidas. New Delhi*.
David-Neel A., Le Lama aux Cinq Sagesses ; *Plon Paris*
David-Neel A., Le Vieux Tibet face à la Chine Nouvelle ; *Plon Paris 1981*.
David-Neel A., A l'Ouest Barbare de la Vaste Chine ; *Plon Paris 1981*.
David-Neel A., Le Voyage d'une Parisienne à Lhassa ; *Paris*.
David-Neel A., Au Pays des Brigands Gentilshommes ; *Plon Paris 1980*.
Doux-Lacombe G., Ladakh ; *Ed. Delta 1978*.
Ferrari A., Kyentsé Guide to the Holy Places of Central Tibet ; *Is. MEO Roma 1958*.
Govinda A., Le Chemin des Nuages Blancs ; *Ed. Albin Michel Paris 1969*.
Guibaut A., Missions Perdues au Tibet ; *Ed. A. Bonne Paris 1967*.
Harrer H., Sept Ans d'Aventures au Tibet, Retour du Tibet ; *Arthaud*.
Hedin S., Adventures in Tibet ; *Manas P. Delhi 1985*.
Hopkirk P., Trespassers on the Roof of the World ; *Oxford Un. Press. 1982*.
Howard-Bury C.K.A., A la Conquête du Mont Everest ; *Payot Paris 1929*.
Huc R.E., La Cité Interdite ; *Gallimard 1975*.
Huc R.E., Souvenirs d'un voyage dans la Tartarie et le Tibet ; *Astrolabe Paris 1987*.
Jest C., La Turquoise de Vie, Ed. Métaillé AM Paris 1985.
Kingdom Ward F., Plant Hunting on the Edge of the World ; *Codogan Books London 1985*.
Lane F.C., Histoire des Montagnes ; *Fayard Paris 1954*.
Maraini F., Tibet Secret ; *Arthaud Paris 1952*.
Migot A., Au Tibet, sur les Traces du Bouddha ; *Ed. du Rocher 1978*.
Pranavananda S., Kailas Manasarovar ; *S. Pranavananda Delhi 1985*.
Pranavananda S., Exploration in Tibet ; *Univ. of Calcutta 1950*.
Radhu A.W., Caravane Tibétaine ; *Fayard Paris 1981*.
Rock J.F., The Amnyé Ma-chen Range and Adjacent Regions ; *Is. MEO Roma 1956*.
Situ Chögyl Gyamtso, An Account of a Pilgrimage to Central Tibet during the Years 1918 to 1920 (en tibétain) ; *Palampur 1972*.
Snelling J., The Sacred Mountain ; *East West Press London 1983*.
Suyn H. Lhassa, ville-fleur. Fleur ; *Stock 1976*.
Taylor M., Le Tibet de Marco Polo à Alexandra David-Neel ; *Payot Paris 1985*.
Tucci G., To Lhassa and Beyond, *Gulab Primlami P ; New Delhi 1983*.

5. Art

Clark W.E., Two Lamastic Phantheons ; *Harward Univ. Press 1965*.
Collectif, Dieux et Démons de l'Himalaya ; *Ed. des Musées Nationaux Paris 1977*.
Jackson D. & J., Tibetan Thankha Painting ; *Shambhala Publications - Boulder Co; 1984*.
Pratapaditya Pal, Art of Tibet ; *Univ. of California Press 1983*.
Singh M., Himalayan Art ; *Unesco New York 1968*.
Tarthang Tulku, Sacred Art of Tibet ; *Dharma Publishing Berkeley 1972*.
Van Goidsenhoven J., Art Lamaïque, Art des Dieux ; *Laconté Bruxelles 1970*.

6. Médecine.

Finckh E., Foundations of Tibetan Medecine ; *Watkins Londres 1978*.
Meyer F., Gso-Ba Rig-Pa : Le Système Médical Tibétain ; *CNRS Paris 1981*.
Shamar Rinpoché, Sangye Menla, Approche Spirituelle de la médecine Tibétaine ; *Dhagpo Kagyü Ling Montignac 1982*.
Yeshé Donden, Hopkins J., Health Through Balance ; *Snow Lion Publi. New York 1986*.

7. Revues

Bhutchung K. Tsering, Tibetan Bulletin ; *Information & Publication Office - Dharamsala - Feb-March 1987*.
La Nouvelle Revue Tibétaine, Csoma de Koros A. n° 10 ; *N.T.R. Paris janv. 1985*.
Gyatsho Tshering, Le Tibet Journal ; *Ed. Dharma Anduze 1985*.
Gyatsho Tshering, The Tibet Journal ; *Ed. Board L.T.W.A. Dharamsala 1977-1978-1979*.
Hermès n° 4, Empreinte du Tch'an chez les Mystiques Tibétains, *Ed. Deux Orléans - 1985*.
National Geographic, April 1972 - April 1977 - February 1980 ; *Washington*.
Pedron Yeshi, Chö Yang ; *Indraprastha Press - New Delhi Spring 1986*.
Tibetan Medecine, *L.T.W.A. Dharamsala*.
Tibetan News, *Dharamsala*.

INDEX

A

B

C

D

E

G

H

Han Suyin : 74
Hayagriva : 130
Hemis : 153
Hepori : 278
Hinayana : 97, 98
Hoshang : 47

I

Initiation : 105, 108, 109

J

Jamyang Chöje : 298
Jekundo : 66, 243
Jokhang : 24, 26, 28, 81, 85, 71, 73, 287
Jomo Lungma : 246
Jonangpa : 130, 136
Jowo : 27, 287

K

Kadampa : 50, 52, 130, 133
Kadroma : voir Dakini
Kaguypa : 50, 51, 52, 130, 133, 134, 135
Kaïlash : 138, 139, 140, 311, 312
Kalachacra : 99, 136
Kalimpong : 69
Kamalashila : 32, 47
Kangling : 137
Karmapa : 51, 52, 53, 55, 135, 150, 151, 163, 305
Karma Gadri : 214
Kashag : 61
Kham : 58, 60, 64 à 67, 137
Khampa : 68, 69, 70, 72, 73, 75, 76, 80, 162
Khatag : 160
Khotan : 213
Kokonor : 60, 232
Kongtrul Lodrö Thaye : 137
Kubera : 48
Kubilay Khan : 51, 52, 136, 249
Kumbum : 54, 258
Kuntuzangpo : 217
Kyang : 162, 175
Kyenri : 214
Kye Rim : 108

L

Labrang : 170, 241
Lama : voir Guru
Lamdre : 136
Lamrin : 134, 297

T

U

V

W

Y

X

Remerciements

*Nous tenons à remercier tous ceux qui ont collaboré
à la réalisation de ce livre.
Katia Buffetrille, Tenpa Gyaltsen Négi,
Jean-Pierre Rigal, Jean Leroy,
Jean Christophe Lamy,
l'équipe de Terres d'Aventure et
Jean-François Vezies, Marie Madeleine Peyronnet et
la Fondation Alexandra David-Neel, Carlo Luyckx
ainsi que Messieurs Ohl, Jaques et Dompnier
de l'Association Regard et
Mesdames Paule Vacher et Eliane Jacquemyns.*

Editions Shambala
31, rue Capouillet 1060 Bruxelles

Diffusion en Belgique
L'Appel du Livre
31, rue Capouillet 1060 Bruxelles

Diffusion en France
Dervy-Livres
26, rue Vauquelin 75005 Paris

Dépôt légal 4ᵉ trimestre 1988
ISBN 2-950 2612-0-5